Seen und Wasserfälle in Südtirol

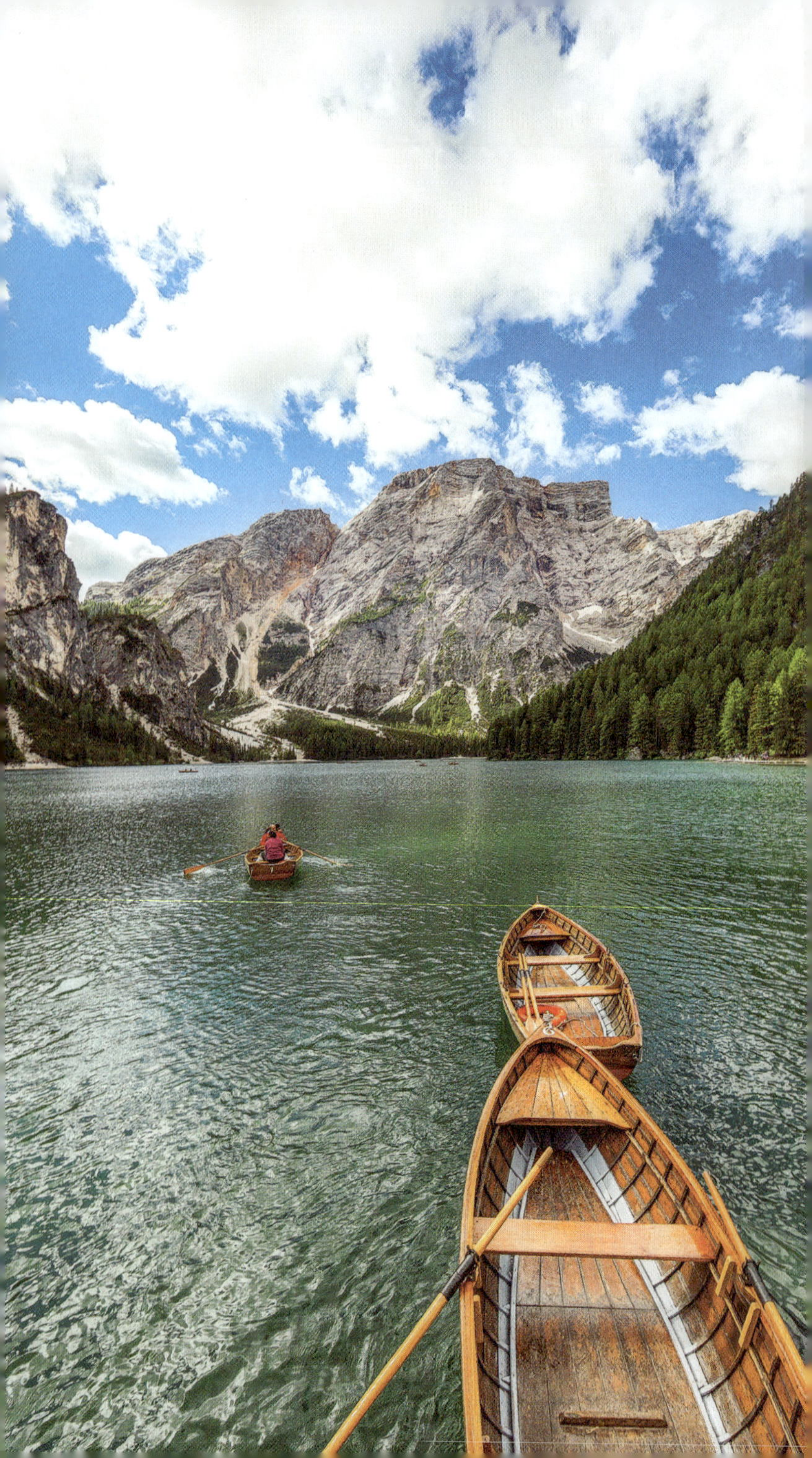

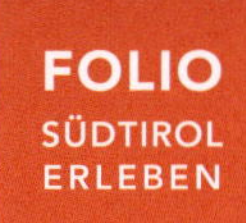

Anja Eichelsdörfer

Seen und Wasserfälle in Südtirol

Die schönsten Wanderungen

Folio Verlag Wien – Bozen

HINWEIS

Alle Angaben erfolgen nach bestem Wissen und Gewissen. Sämtliche Informationen wurden gewissenhaft recherchiert, doch Ruhetage oder Öffnungszeiten können sich kurzfristig ändern. Daher empfehlen wir Ihnen, sich vorher zusätzlich telefonisch zu informieren. Die beschriebenen Wanderungen werden auf eigenes Risiko unternommen; Autorin und Verlag übernehmen keinerlei Haftung.

SYMBOLE

- Tipp
- Einkehrtipps
- Wissens- und Sehenswertes
- Charakteristik
- Start
- Schwierigkeit
- Gehzeit
- Höhenleistung
- Strecke
- Öffnungszeiten
- Anfahrt + Parkplatz
- Öffentliche Verkehrsmittel
- Zusatzinfos

BILDNACHWEIS

Umschlagfoto: Pragser Wildsee, Foto: Frieder Blickle
Frieder Blickle: S. 2
IDM Südtirol (Frieder Blickle): S. 16, 20
Tourismusverein Algund (Frieder Blickle): S. 6/7, 27, 29
Alle anderen Fotos stammen von Anja Eichelsdörfer.

2., aktualisierte Auflage 2024

Redaktion: Adele Brunner
Korrektorat: Joe Rabl
Grafikkonzept: no.parking, Vicenza
Satz und Druckvorstufe: Typoplus, Frangart
Kartografie: geomarketing, Bozen
Printed in Italy

ISBN 978-3-85256-900-0

www.folioverlag.com

Inhaltsverzeichnis

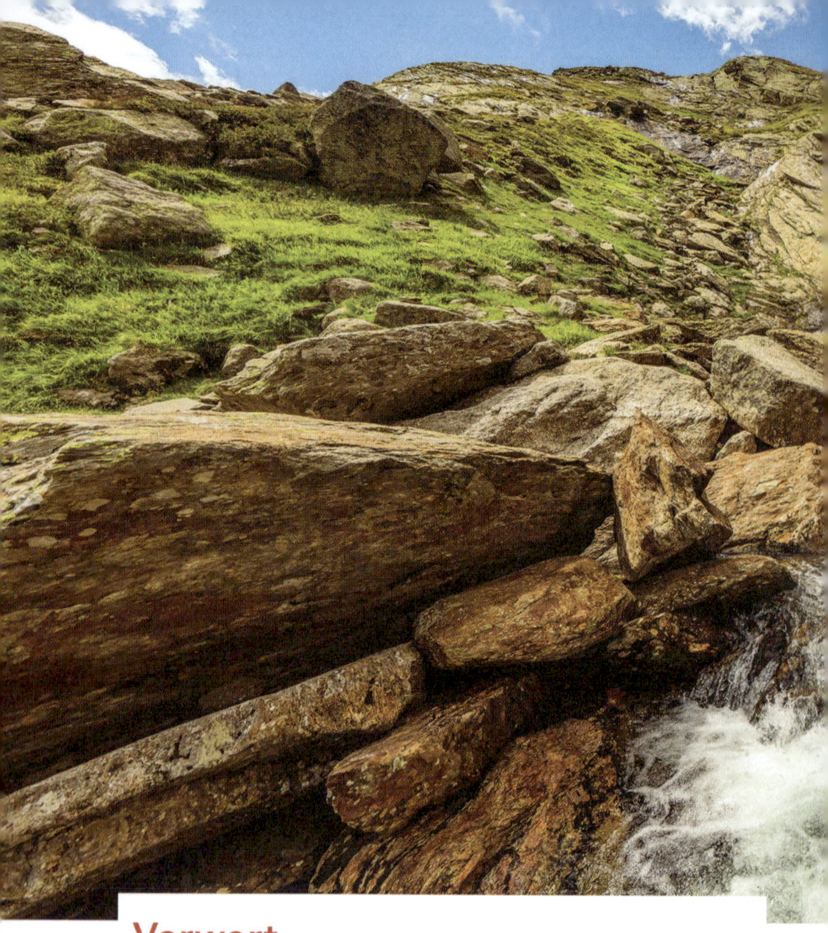

Vorwort

In Südtirol gibt es eine große Anzahl an funkelnden Bergseen und rauschenden Wasserfällen. Viele davon lassen sich zu Fuß erreichen – auch von weniger geübten Wanderern.
Von einfachen Spaziergängen bis hin zu anspruchsvolleren Touren, die Trittsicherheit und Schwindelfreiheit erfordern, ist in diesem Buch für jeden etwas dabei. Der Schwerpunkt liegt jedoch auf Wanderungen, die von der technischen Schwierigkeit jeder meistern kann und die sich damit ideal für Familien mit Kindern und mit Hunden eignen. Bei einigen Touren kann allerdings ein wenig Kondition nicht schaden, denn wer die grandiose Kulisse von hochalpinen Seen wie dem Sesvennasee oder den Spronser Seen erleben will, muss dafür viele tausend Schritte tun und viele hundert Höhenmeter überwinden.
Neben sehr beliebten Südtiroler Seen wie dem Karersee und dem Pragser Wildsee habe ich auch weniger bekannte Bergseen ausge-

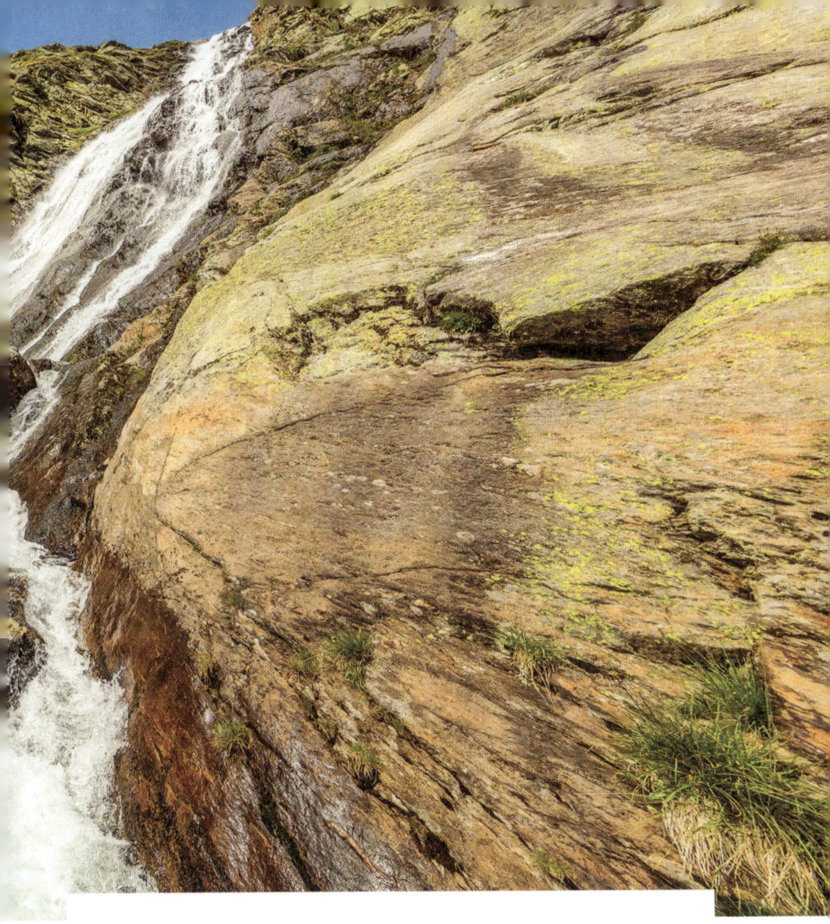

wählt, bei denen man die Wanderwege mitunter ganz für sich alleine hat: Die traumhafte Landschaft des Ultentals kann man zum Beispiel auf dem Weg zum Langsee erleben; abseits der üblichen Touristenströme gelangt man hier zum Ursprung der Falschauer, die weiter durch das gesamte Ultental und die Gaulschlucht bei Lana fließt.
Eine detaillierte Anfahrtsbeschreibung ermöglicht es auch Ortsunkundigen, den richtigen Startpunkt zu finden. Damit man möglichst viel von der herrlichen Landschaft sieht, sind fast alle Wanderungen als Rundweg konzipiert, Tipps zu Sehenswürdigkeiten und Einkehrmöglichkeiten gibt es natürlich auch. Mein besonderer Dank gilt meinem Mann Andreas, der mich bei fast allen Touren begleitet hat.
Ich wünsche Ihnen viele schöne Momente beim Erkunden der Seen und Wasserfälle!

Anja Eichelsdörfer

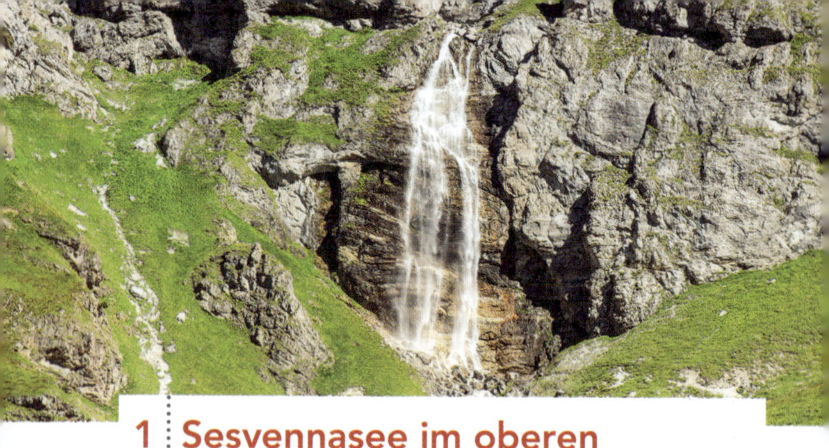

1 Sesvennasee im oberen Vinschgau

Die Wanderung zum Sesvennasee im oberen Vinschgau bietet viel Abwechslung: Aus einem gemütlichen Talspaziergang wird eine alpine Tour, die uns auf über 2.600 m bringt und über einen nahezu ebenen Panorama-Höhenweg und einen sehr steilen Abstieg zurück zum Ausgangsort führt. Außerdem kommen wir an einem beeindruckenden Wasserfall, der alten Pforzheimer Hütte und dem Pforzheimer See vorbei. Und mit etwas Glück kann man auch das eine oder andere Murmeltier entdecken.

Vom Parkplatz am Eingang von Schlinig folgen wir Weg Nr. 1 („Sesvennahütte"), der uns in leichtem Anstieg durch das Dorf führt. Kurz nach der Kirche biegen wir links ab, um auf Weg Nr. 1 zu bleiben. Am Nordischen Skizentrum Schlinig halten wir uns links und zweigen kurz danach rechts ab. Wir verlassen wenige Minuten später die asphaltierte Straße und wandern nun, an einem kleinen Bach entlang, auf einem breiten Almweg in mäßigem Anstieg durch das Schlinigtal. Bald sehen wir vor uns auch schon die „Schwarze Wand" mit ihrem mächtigen Wasserfall. Wir queren den Bach über eine Brücke und erreichen nach etwa 40 Min. die Schlinger Alm. Etwa 10 Min. später biegen wir rechts auf einen kleinen Pfad ab und steigen jetzt, immer den Wasserfall vor Augen, weiter bergauf. Wir erreichen schließlich einen breiteren Weg und gehen über eine kleine Steilstufe am Wasserfall vorbei. Danach wird es wieder etwas flacher. Am Wegesrand erinnert die „4mannSäule" an ein Lawinenunglück im Jahr 2012, das alle vier Beteiligten überlebten. Wir sehen von hier auch schon die Pforzheimer Hütte und die Sesvennahütte. Neben der Pforzheimer Hütte liegt der Pforzheimer See, in Kombination ein tolles Fotomotiv! 5 Min. später erreichen wir die Sesvennahütte. Jetzt folgt der anstrengendste Teil der Tour, denn bis zum etwa 2 km entfernten See müssen wir fast 400 Hm

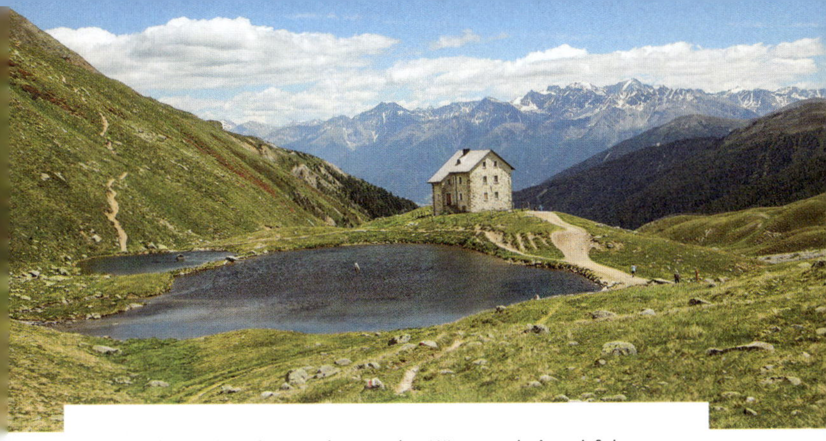

überwinden. Wir gehen rechts an der Hütte vorbei und folgen nun Weg Nr. 5 in Richtung Sesvennasee. Auf einem kleinen Pfad schlängeln wir uns den Hang hinauf.

ⓘ In den Geröllhaufen links des Weges kann man häufig Murmeltiere entdecken. Wer leise ist, kann das typische Murmeltierpfeifen hören, mit dem diese Gefahren (in diesem Fall also uns) ankündigen.

Der Anstieg ist zwar anstrengend, bietet dafür aber fantastische Ausblicke auf die mächtigen Berge der Sesvennagruppe. Wir kommen an einem weiteren kleinen See vorbei und erreichen dann eine Abzweigung. Rechts würde es in etwa ½ Stunde zum Furkelsee gehen, wir wandern geradeaus weiter (Nr. 5A „Föllakopf“, „Sesvennasee“). Eine halbe Stunde später stehen wir dann auch schon vor dem See und genießen die wunderschöne Landschaft. Für den Rückweg kehren wir auf demselben Weg zurück zur Sesvennahütte.

ALTE PFORZHEIMER HÜTTE

Die ehemalige Alpenvereinshütte wurde Ende des 19. Jahrhunderts durch die Sektion des damaligen DuOeAV (Deutscher und Österreichischer Alpenverein) erbaut und im Sommer 1901 eröffnet. Als Südtirol nach dem Ersten Weltkrieg Italien zugesprochen wurde, diente sie zunächst nur noch als Stützpunkt für italienische Grenzwächter und Zöllner, die hier versuchten, sowohl den Schmugglern als auch den Wilderern das Handwerk zu legen. 1964 fiel die Pforzheimer Hütte einem Brand zum Opfer und verfiel dann im Laufe der Jahre immer mehr. Das änderte sich erst, als 1998 der italienische Staat das Gebäude an das Land Südtirol übertrug. Der Förderverein *Cunfin* kümmerte sich um die Instandsetzung der Hütte, die Stiftung *Forum Prävention* führt aktuell die Arbeiten weiter, mit dem Ziel, die Hütte für Angebote im soziokulturellen Bereich zu erschließen. Direkt bei der Hütte liegt der kleine Pforzheimer See.

Dort folgen wir Weg Nr. 18 und biegen dann kurz danach, eine Brücke überquerend, rechts ab.

ⓘ Der Hauptweg führt weiter zum Schlinigpass (Donau-Etsch-Wasserscheide). Von hier könnte man zum Beispiel zur sehenswerten Uinaschlucht in der Schweiz weiterwandern.

Nach einem kurzen Anstieg spazieren wir auf dem aussichtsreichen Höhenweg, der am Westhang des Watles entlangführt, nahezu eben dahin. Der Steig weist keine Schwierigkeiten auf, Trittsicherheit und Schwindelfreiheit sind aber trotzdem Voraussetzung. Eine ¾ Stunde später biegen wir rechts ab und sind nun auf dem leicht bergab führenden Weg Nr. 8A unterwegs. An der nächsten Abzweigung, die wir etwa ½ Stunde später erreichen, nehmen wir rechts Weg Nr. 1A in Richtung Schlinig. Auf einem kleinen Steig wandern wir erst über einen Hang bergab, dann durch ein kleines Waldstück zum Teil in kleinen Serpentinen steil bergab. Sobald wir den Wald verlassen haben, wird der Abstieg deutlich weniger anstrengend. Wir folgen weiter Weg Nr. 1A, bis wir wieder Schlinig und kurz danach den Parkplatz erreichen.

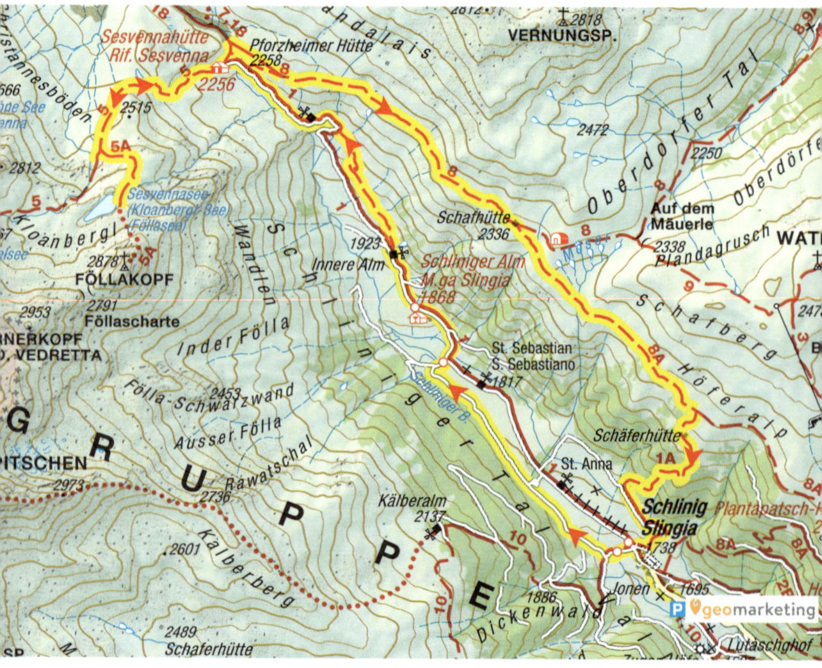

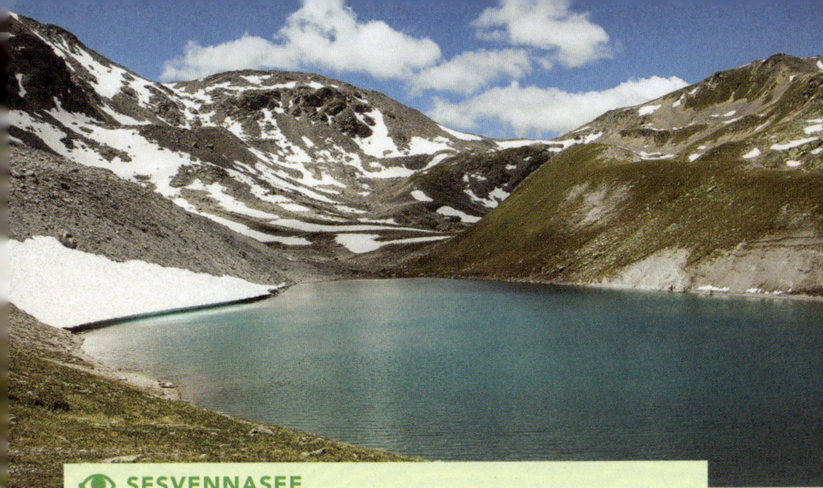

SESVENNASEE

Der Sesvennasee ist ein kleiner, eiskalter Bergsee am Talschluss des Schlinigtals im oberen Vinschgau, nicht weit von der italienisch-schweizerischen Grenze entfernt. Er liegt auf einer Höhe von 2.634 m, inmitten der zu den zentralen Ostalpen gehörenden Sesvennagruppe. Schneereste halten sich um den See recht hartnäckig, selbst Anfang Juli kann man meist noch das eine oder andere kleine Schneefeld entdecken.

EINKEHRTIPPS

Schliniger Alm: Südtiroler Spezialitäten, Almkäse aus eigener Produktion. Schlinig, Tel. 347 9770667, Mitte Mai–Anf. Nov. geöffnet
Sesvennahütte: AVS-Schutzhütte mit großer Sonnenterrasse, Südtiroler Küche, selbstgemachter Apfelstrudel und Kuchen. Tel. 389 0948748, www.sesvenna.net, im Sommer Anf./Mitte Juni–Mitte/Ende Okt. geöffnet

INFOS IN KÜRZE

Anstrengende Wanderung mit herrlichem Bergpanorama, sehr steiler Abstieg
Schlinig, großer, gebührenpflichtiger Parkplatz am Dorfeingang, 1.700 m
Schwer
6–6½ Stunden
1.060 Hm

16,1 km
Bei Burgeis die Vinschger Straße verlassen und weiter auf schmaler, kurviger Bergstraße bis Schlinig. Großer, gebührenpflichtiger Parkplatz am Eingang des Dorfes.
Bus 277, Haltestelle: Schlinig

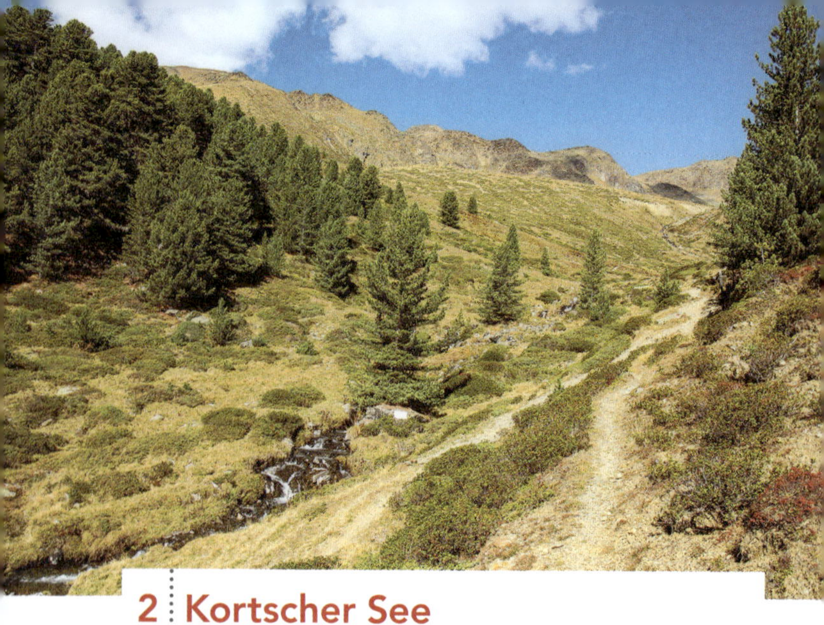

2 Kortscher See

Das Schlandrauntal ist ein landschaftlich besonders reizvolles Seitental des Vinschgaus und liegt nach wie vor abseits der vielbegangenen Routen. Hübsche Almen im Tal sorgen zusätzlich dafür, dass nur wenige Wanderer den anstrengenden, aber technisch nicht anspruchsvollen Anstieg bis zum Kortscher See (2.510 m) auf sich nehmen. Mit etwas Glück hat man den Bergsee dann ganz für sich allein und kann die magische Hochgebirgslandschaft in aller Stille genießen.

Wir gehen in Talatsch an der Feuerwehrwache vorbei, biegen links ab (Nr. 4A, Archäologischer Wanderweg) und wandern den Hang hinauf. Das Stück ist recht steil, dafür hat man auch den schwersten Anstieg gleich am Anfang hinter sich. Wir überqueren eine Zufahrtsstraße, schlagen vor einem Bauernhof erst den linken und gleich danach den rechten Weg ein und steigen weiter steil bergan.

KORTSCHER SEE

Der Kortscher See (2.510 m) ist ein mit Fischen besetzter, relativ großer Bergsee im hinteren Schlandrauntal. Weiter oben liegen noch weitere Seen, die Schwarze Lacke (erreichbar in 20–25 Min.) und der Hungerschartensee (erreichbar über das Taschljöchl in etwa 1 Stunde). Kortscher See, Schwarze Lacke und Hungerschartensee sind auch unter dem Begriff Taschlseen bekannt.

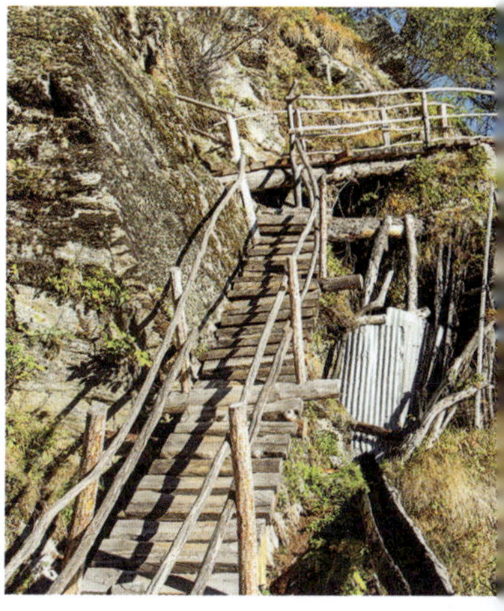

An einer Gabelung mit zahlreichen Wegweisern biegen wir scharf rechts ab (Nr. 15, „Schlanderser Alm"). Die Markierung am Zaun, den man überklettern muss, kann man leicht übersehen. Es geht nun relativ eben am Neuwaal entlang, mit traumhaftem Ausblick auf die umliegenden Berge. Obwohl der Weg stellenweise mit Brettern, Stufen und Geländern gesichert ist und technisch keine Schwierigkeiten aufweist, ist er doch recht schmal und führt ausgesetzt am Hang lang – hier sollte man schwindelfrei sein. An der nächsten Kreuzung wandern wir geradeaus weiter („Schlanderser Alm", „Neuwaal"), kommen durch lichten Wald, bis wir schließlich auf den Schlandrauner Almweg (Nr. 4) stoßen und nun weiter in Richtung Schlanderser Alm unterwegs sind. Auf dem breiten Almweg geht es am rauschenden Schlandraunbach weiter ins Tal hinein und an der Schlanderser Alm 🍴 vorbei, die etwas oberhalb liegt. Knapp 20 Min. nach der Alm biegen wir rechts ab (Nr. 4, „Kortscher See"), queren den Bach und suchen uns ein bisschen den Weg. Beim Bildstock geht es in den Wald hinein. Jetzt immer weiter auf Weg Nr. 4 durch lichten Wald den Hang hinauf, schon bald können wir unter uns die Kortscher Alm sehen. Nach etwa einer ¾ Stunde verlassen wir den Wald und steigen über weite Berghänge weiter hinauf in Richtung Kortscher See. Etwa 5–10 Min. später biegen wir links ab (Markierung am Felsen), queren den Bach und halten uns dann rechts. Nach einem Stück bergauf wird es zunächst flacher, dann müssen wir noch einmal eine letzte Felsstufe hinauf und werden, oben angekommen, mit einem herrlichen Blick auf den Kortscher See belohnt. Danach geht es etwa ½ Stunde über den Hinweg zurück, dann halten wir uns rechts (Nr. 4B, „Kortscher Alm"), überqueren kurz danach den

🍴 EINKEHRTIPPS

Schlanderser Alm: Almwirtschaft mit einfacher, regionaler Küche. Schlandrauntal, Schlanders, Tel. 0473 730799, Anf. Juni–Mitte Okt. geöffnet
Kortscher Alm: Bio-Alm mit hausgemachten Käse- und Milchprodukten. Schlandrauntal, Schlanders, Tel. 320 5711682, Mitte Juni–Anfang Okt. geöffnet

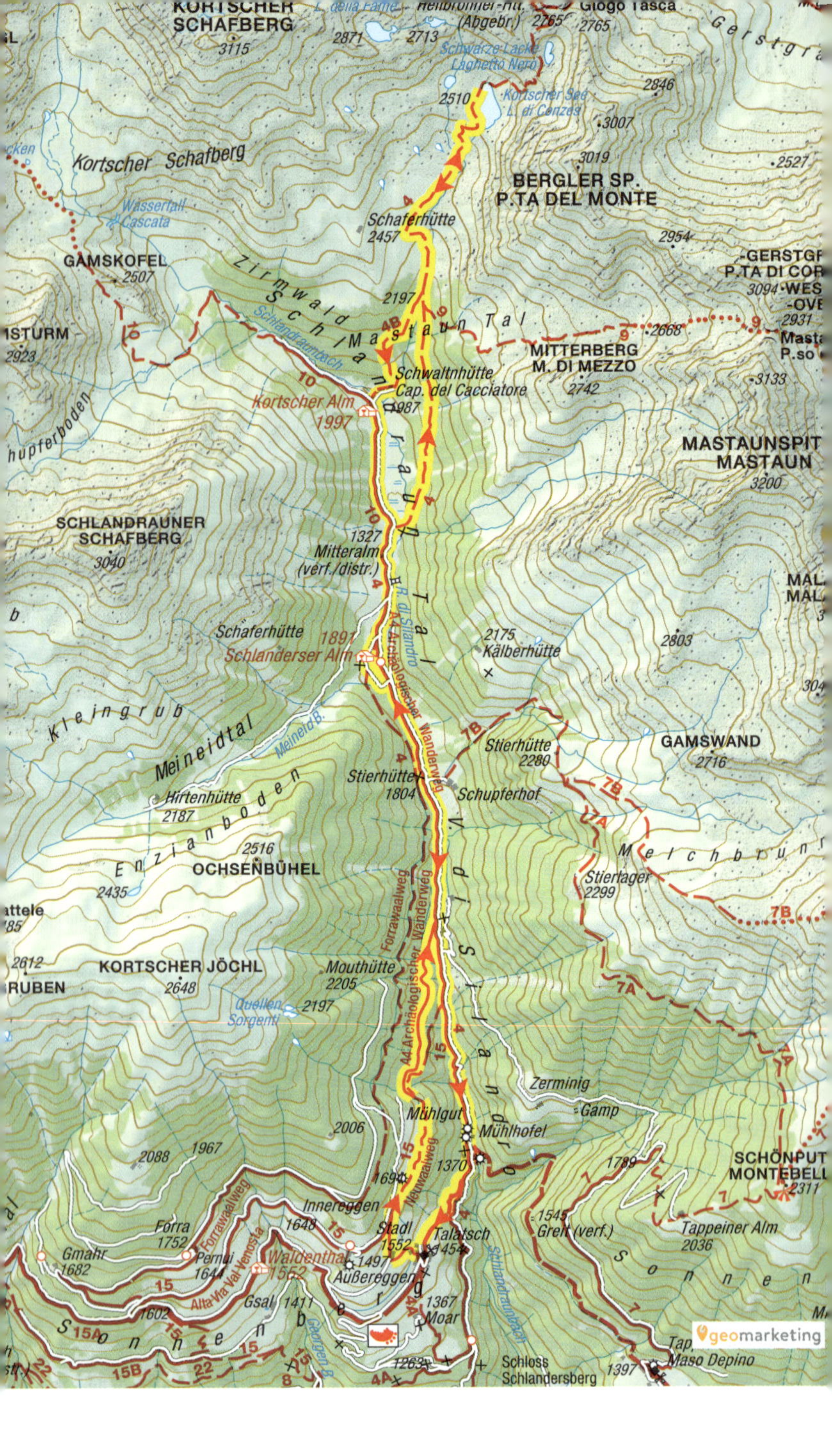

KORTSCHER SCHAFBERG
3115
Heilbronner-Hü.
(Abgebr.)
2871
2713
2765
Giogo Tasca
2765
Schwarze Lacke
Laghetto Nero
Kortscher See
L. di Cenzes
2510
2846
•3007
Kortscher Schafberg
3019
•2527
BERGLER SP.
P.TA DEL MONTE
Wasserfall
Cascata
Schaferhütte
2457
2954
GAMSKOFEL
2507
-GERSTGR
P.TA DI COR
3094
-WES
-OVE
2931
Zirmwald
Schlandraun Tal
Mastaun Tal
2197
9
4B
10
•2668
Masta
P.so
ISTURM
2923
Schlandraunbach
MITTERBERG
M. DI MEZZO
Schwaltnhütte
Cap. del Cacciatore
1987
2742
•3133
Kortscher Alm
1997
MASTAUNSPIT
MASTAUN
3200
SCHLANDRAUNER
SCHAFBERG
3040
1327
Mitteralm
(verf./distr.)
R. di Silandro
Tal
MAL
MAL
Schäferhütte
1891
Schlanderser Alm
2175
Kälberhütte
2803
44 Archäologischer Wanderweg
Kleingrub
Meineidtal
Meineid B.
7B
Stierhütte
2280
GAMSWAND
2716
Stierhütte
1804
Schupferhof
Hirtenhütte
2187
Enzianboden
2516
Melchbrunn
V. di Silandro
OCHSENBÜHEL
Stierlager
2299
2435
Forrawaalweg
7A
7B
2612
KORTSCHER JÖCHL
2648
Mouthütte
2205
Quellen
Sorgenti
2197
15
Zerminig
Gamp
Mühlgut
Mühlhofel
2006
2088
1967
1694
Neuwaalweg
1370
1789
SCHÖNPUT
MONTEBELL
2311
Inneregen
1545
Greit (verf.)
Tappeiner Alm
2036
Forra
1752
Forrawaalweg
Stadl
1552
Talatsch
1454
Schlandraunbach
Gmahr
1682
Pernui
1644
1648
Waldenthal
1552
1497
Außereggen
Alta Via Val Venosta
Gsal
1411
1602
1367
Moar
Sonnenberg
Sonnen
Tappeiner
Maso Depino
1397
1263
Schloss
Schlandersberg
Georgen B.
15A
15B
22
geomarketing

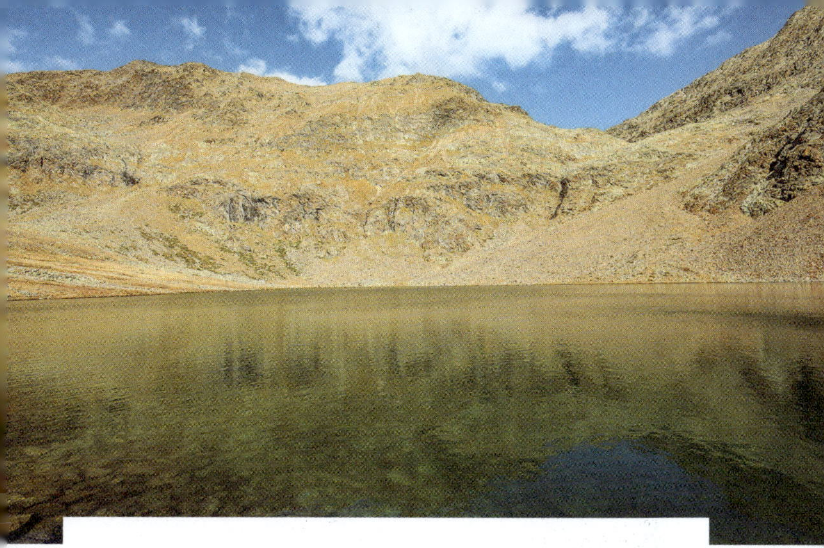

Bach und wandern an diesem entlang weiter bergab. Vor uns sehen wir das hübsche Schlandrauner Tal und erreichen dann etwa 20 Min. nach der Abzweigung wieder den Almweg und die Kortscher Alm. Wir folgen dem Almweg (Nr. 4) für einige Kilometer talauswärts und kommen schließlich wieder auf den Hinweg und noch einmal an der Schlanderser Alm vorbei. Dieses Mal biegen wir aber nicht auf den Neuwaal ab, sondern folgen der zum Teil steil bergab führenden Talstraße, und zwar so lange, bis rechts der Vinschger Höhenweg abzweigt. Auf diesem wandern wir die letzten 15–20 Min. noch einmal gut 100 Hm bergauf und erreichen dann wieder Talatsch.

Wer nicht schwindelfrei ist, kann den Kortscher See auch über den Almweg, über den wir zurückgehen, erreichen und verzichtet auf die Wanderung entlang des Neuwaals.

INFOS IN KÜRZE

Anstrengende, aber sehr abwechslungsreiche Wanderung. Der Weg am Neuwaal ist zum Teil recht schmal und ausgesetzt, hier sollte man keine Höhenangst haben und muss schwindelfrei und trittsicher sein.

Talatsch bei Kortsch, 1.470 m

Schwer

Ca. 7 Stunden

1.160 Hm

18,6 km

In Kortsch am Kreisverkehr der Ausschilderung „Sonnenberg" folgen, weiter auf schmaler, kurviger Bergstraße für etwa 5 km. An einer Linkskehre fährt man quasi geradeaus weiter (Ausschilderung Talatsch 17–21) zum Weiler Talatsch; einige Parkmöglichkeiten in der Nähe der Freiwilligen Feuerwehr.

Mit Öffis ist der Ausgangspunkt nicht erreichbar.

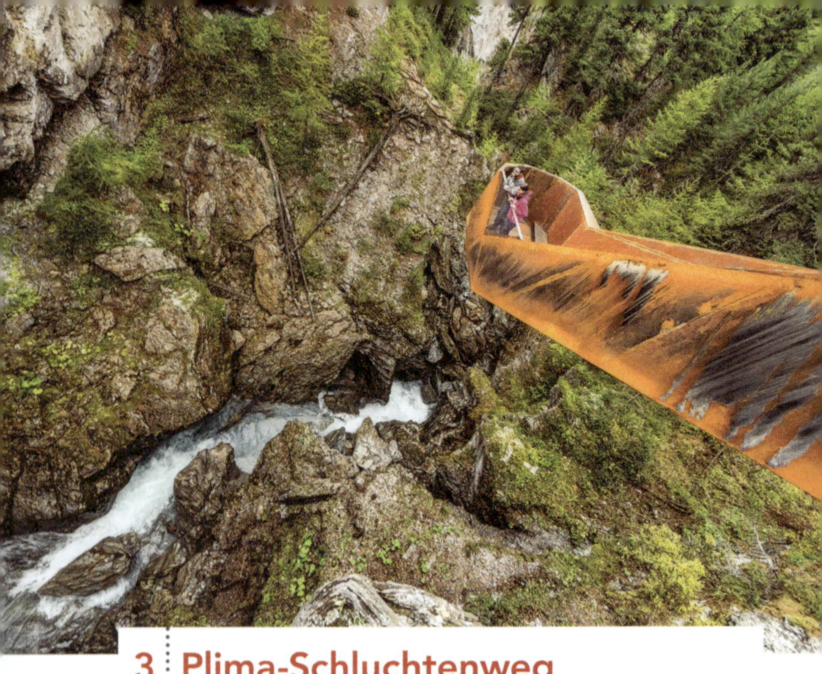

3 Plima-Schluchtenweg

Der Plima-Schluchtenweg wurde im Sommer 2017 eröffnet. Auf einem Lehrpfad, der auf gut 2.000 m startet, folgt man dem Lauf der Plima. Diese hat in jahrtausendelanger Arbeit eine tiefe Schlucht am Fuße der Zufallspitzen geschaffen. Auf seinem Weg ins Tal stürzt der Bach auch als beeindruckender Wasserfall in die Tiefe. Vier Konstruktionen aus Cortenstahl – unter anderem eine Hängebrücke – ermöglichen es, der Schlucht und dem rauschenden Wasser ganz nahe zu kommen bzw. die Schlucht aus einem ganz anderen Blickwinkel zu sehen.

Vom Parkplatz im Talschluss folgen wir der bergauf führenden, asphaltierten Fahrstraße und dem Schild „Erlebnis Plimaschlucht" und kommen kurz danach an einem Imbissstand vorbei. Am Parkplatz für die Zufallhütte und dem Wendeplatz endet die asphaltierte Straße. Hier zweigen wir links ab, überqueren zwei Brücken und können dann schon einen ersten Blick auf die wilde Plimaschlucht werfen. Wir kommen zu einem kleinen Weiher mit Rastplätzen und biegen hier rechts und wenige Minuten später erneut rechts ab. Der Weg führt noch ein Stück bergauf, dann biegen wir wieder zwei Mal rechts ab und sehen vor uns den ersten Erlebnispunkt in der Schlucht, die Kelle in der Klamm. Hierbei handelt es sich um eine kleine Aussichtsplattform in Kellenform, die weit in die Plimaschlucht hinein- und hinunterragt, sodass man dem tosenden Bach ganz nahe kommt. Zurück auf dem Wanderweg, geht es leicht bergauf weiter zum zweiten Aussichtspunkt – der Panoramasichel. Diese Aussichtsplattform ragt über die Schlucht und bietet einen schönen Blick in die Klamm, auf die umliegenden Berge und ins Tal. Bis zur dritten Stahlkonstruktion, der Aussichtskanzel, benötigen wir nur ein paar Minuten. Vor der Kanzel biegen wir scharf links ab, um wieder auf den Schluchtenweg zu kommen. Diesem folgen wir weiter bergauf und zweigen kurz danach rechts ab. Vor uns stürzt über mächtige Felsen die Plima in die Tiefe. Von der Zufallhütte kann man gleich noch besser sehen, wie riesig der Wasserfall tatsächlich ist. Bevor wir die Hütte erreichen, kommen wir aber noch zum vierten Erlebnispunkt der Wanderung, der Hängebrücke, die sich erstaunlich gut in die Landschaft einfügt. Wir überqueren

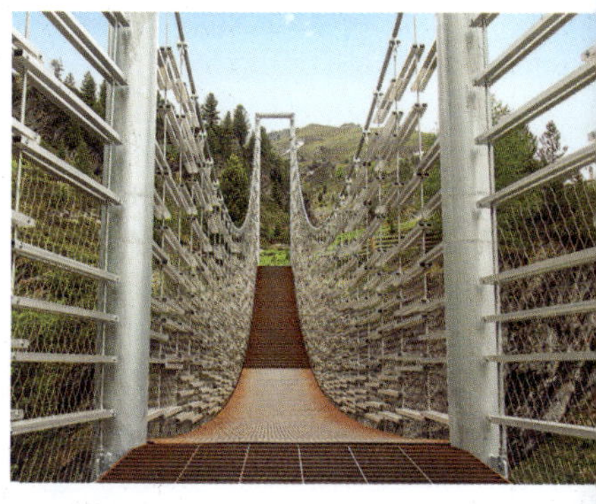

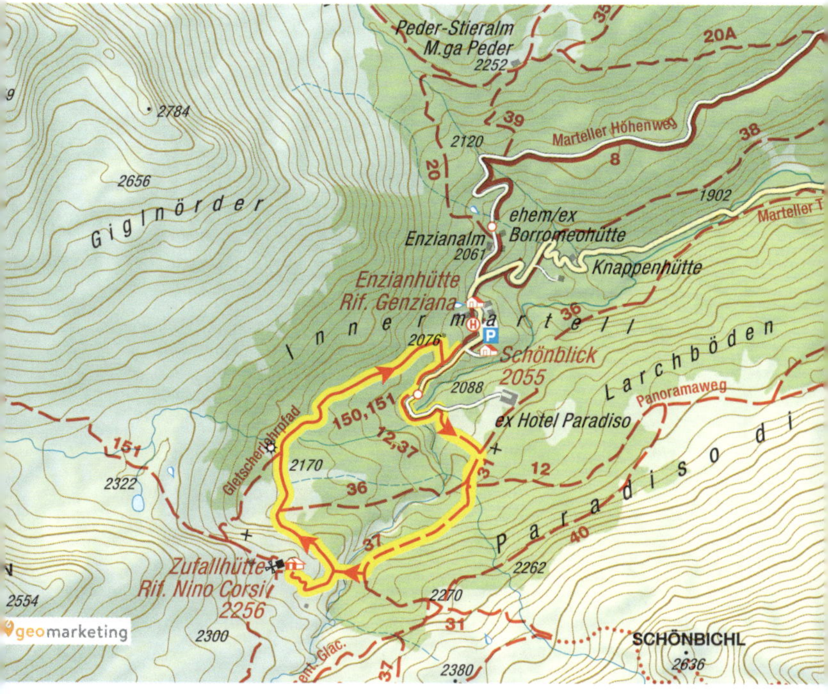

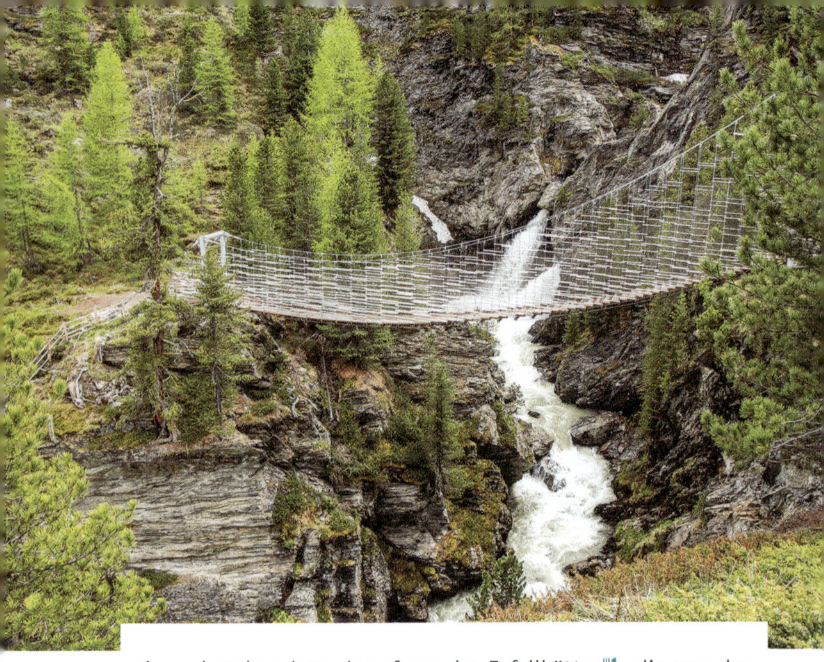

sie und stehen kurz darauf vor der Zufallhütte 🍴, die von den mächtigen Gipfeln des Cevedale- und Ortlermassivs umgeben ist. Bei der Hütte befindet sich eine kleine Kapelle und eine Ruine aus dem Ersten Weltkrieg (Infotafeln informieren über den Hochgebirgskrieg).

EINKEHRTIPPS

Alpengasthof Schönblick: Einkehrmöglichkeit am Parkplatz, Südtiroler Küche, hausgeräucherte Forellen. Kastelbell-Tschars, Tel. 0473 744776, www.gasthof-schoenblick.it, Anf./Mitte Mai–Mitte Okt. geöffnet

Zufallhütte: Bewirtschaftete Hütte in traumhafter Umgebung, Kinderspielplatz, Südtiroler Spezialitäten. Martell, Tel. 335 6306603, www.zufallhuette.com, Anf./Mitte Juni–Mitte Okt. geöffnet

PLIMA

Der Plimabach (auch die Plima genannt) wird vom Schmelzwasser der Gletscher im hinteren Martelltal gespeist. Auf seinem insgesamt 28,5 km langen Weg durchfließt er das gesamte Tal, bevor er bei Goldrain in die Etsch mündet. Seinen Weg ins Tal, der über kleinere und größere Wasserfälle führt, kann man bei dieser Wanderung ganz nah miterleben.

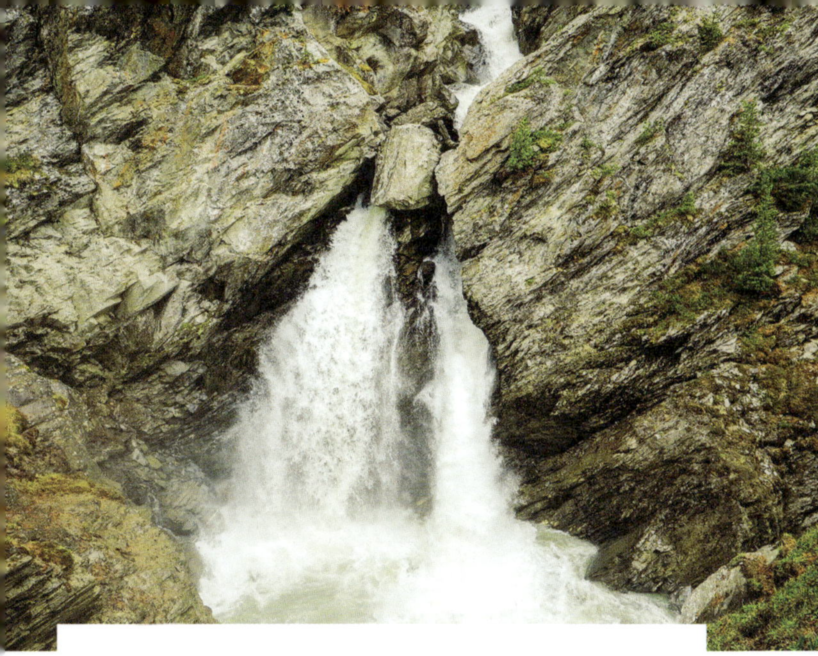

ⓘ Geübte, konditionsstarke Wanderer können hier auf den Gletscherlehrpfad Martelltal abbiegen. Der Lehrpfad startet bei der Enzianhütte und ist als Rundwanderweg (10 km, 600 Hm) mit neun Abschnitten konzipiert. Bei der Zufallhütte befindet sich Abschnitt 2. Der Lehrpfad führt unter anderem an der Gletscherstirn des Hohenferners vorbei.

Wir kehren bis kurz vor die Hängebrücke zurück und biegen dann links ab (Weg Nr. 103, dann Nr. 150) und gehen an der nächsten Verzweigung geradeaus weiter („Parkplatz"). Nun führt der Weg zuerst nahezu eben über breite Almwiesen und dann weiter bergab durch einen lichten Wald. Etwas oberhalb des Parkplatzes kommen wir schließlich wieder an der Fahrstraße heraus.

INFOS IN KÜRZE

Einfache Familienwanderung, bei der es viel zu sehen und erleben gibt
Martelltal, Parkplatz am Talschluss, 2.050 m
Einfach
1½ Stunden
220 Hm

3,6 km
Von der Stilfserjoch-Straße bei Goldrain ins Martelltal abbiegen und der schmalen, kurvigen Talstraße bis zum gebührenpflichtigen Parkplatz am Talschluss folgen.
Bus: Linie 264, Haltestelle: Enzianhütte

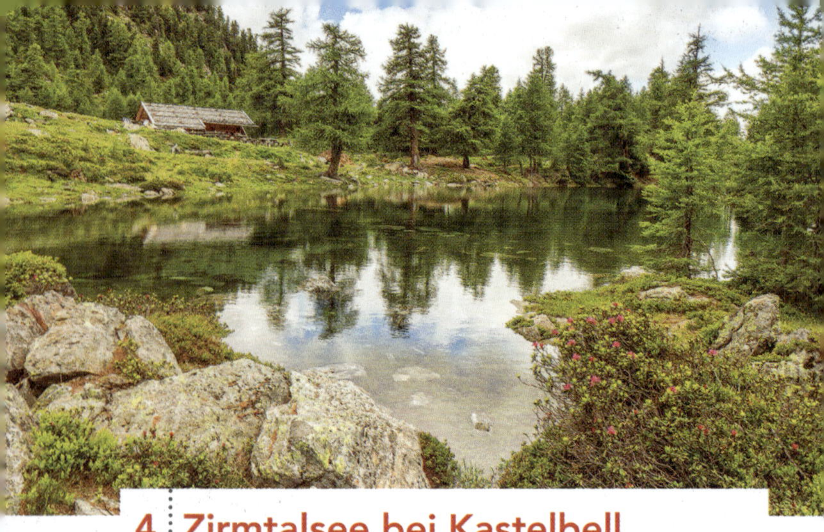

4 Zirmtalsee bei Kastelbell

Einer der idyllischsten Bergseen Südtirols liegt im unteren Vinschgau – der Zirmtalsee. Umgeben von Lärchen und Zirbelkiefern und dahinter aufragenden Bergen, ist er ein herrlicher Ort zum Verweilen. Ganz ohne Anstrengung erreicht man den See aber nicht. Die Rundwanderung hat einige steilere Stellen zu bieten, sodass sowohl Kondition als auch Trittsicherheit benötigt werden. Dafür werden wir mit schönen Ausblicken und drei netten Einkehrmöglichkeiten – eine davon direkt am See – belohnt.

Vom Parkplatz „Alte Säge“ in Freiberg aus folgen wir der bergauf führenden Schotterpiste in Richtung Marzoneralm (Nr. 7). Rund 20 Min. später verlassen wir die Forststraße und gehen in einer Rechtskurve weiter geradeaus. Der kleine Pfad ist eine Abkürzung zur Marzoneralm 🍴, die wir gut 5 Min. später auch schon vor uns liegen sehen. Oberhalb der Alm halten wir uns rechts und folgen dem Weg für etwa 50 m bis zu einem Zaun. Hier biegen wir links ab (Nr. 18), gehen am Zaun entlang und kurz darauf im Wald weiter.

ZIRMTALSEE

Der Zirmtalsee (ein Südtiroler Naturdenkmal) liegt unterhalb der Baumgrenze am Nörderberg im unteren Vinschgau auf einer Höhe von 2.110 m. Er ist rund 230 m lang, 110 m breit und maximal 3–4 m tief. Der bezaubernde Waldsee ist umgeben von mächtigen Lärchen und Zirbelkiefern und aus seinen Wassern ragt eine kleine, vegetationslose Insel. Rund um den See finden sich noch weitere kleine Gewässer, weshalb manchmal auch von den Zirmtaler Seen die Rede ist.

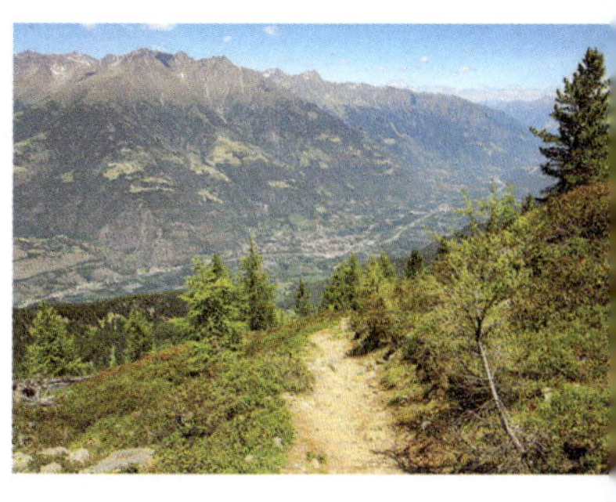

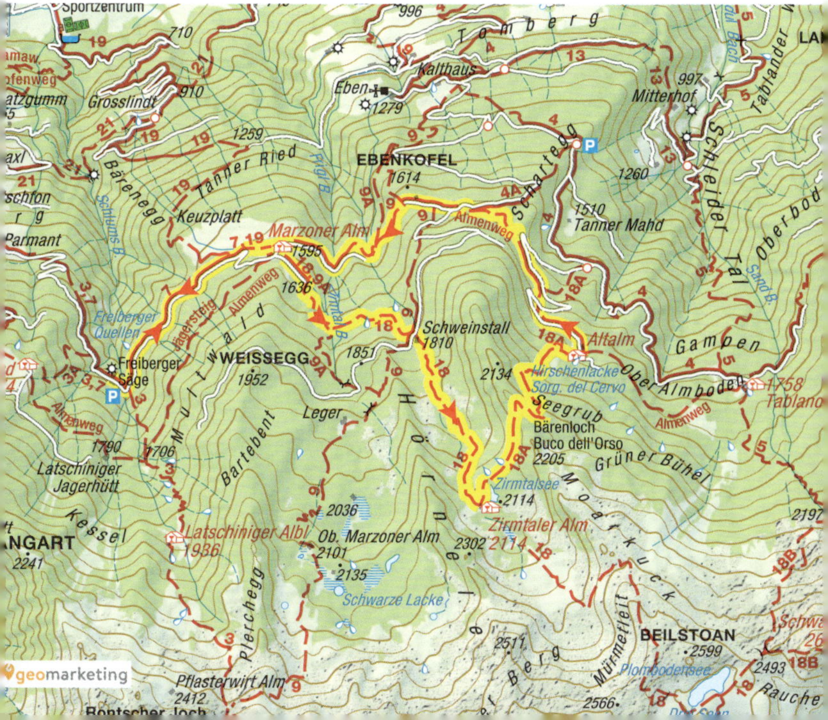

Eine Viertelstunde später halten wir uns links (Nr. 18). Nach ein paar Minuten überqueren wir eine Brücke und wandern dann in steter Steigung auf einem kleinen Waldsteig bergauf. Markierungen helfen uns, den Weg zu finden. Wir kommen schließlich an einer Forststraße heraus und queren diese. Wir befinden uns jetzt bei der einstigen Schweinstallalm. Auf Weg Nr. 18 geht es weiter bergauf. An einer Gabelung, bei der kleine Holzbohlen den Weg über Bäche passierbar machen, können wir uns sowohl rechts als auch links halten. Nach einer weiteren Bachquerung gehen wir geradeaus weiter. Der felsendurchsetzte Weg wird nun merklich steiler. Wir kommen aus dem Wald heraus und sehen vor uns eine kleine Hütte, die Zirmtalalm liegen, und direkt daneben den idyllischen Zirmtalsee (Naturdenkmal), unser heutiges Ziel. Für den Rückweg biegen wir auf Höhe der Alm links ab und folgen Weg Nr. 18A, der ein kurzes Stück eben am See entlangführt und nach dem See noch einmal leicht bergauf. Danach geht es auf einem kleinen Waldsteig – mit herrlichen Blicken in den Vinschgau – zum Teil recht steil bergab. Eine knappe Stunde später erreichen wir mit der Alt-Alm (1.841 m) auch schon die nächste Einkehrmöglichkeit. Vor der Alm zweigen wir links ab und wandern nun auf dem Almenweg in Richtung Marzoneralm. Nach 5 Min. gemütlichem Spazieren auf einer Forststraße biegen wir scharf rechts ab, sind jetzt wieder auf einem Waldsteig unterwegs und queren wenige Minuten später erneut die Forststraße. Wenn wir das nächste Mal auf diese treffen, biegen wir links und kurz darauf auf den links abzweigenden Pfad ab. Im leichten Auf und Ab wandern wir nun weiter, müssen uns teilweise ein wenig den Weg freikämpfen und erreichen dann wieder die Forststraße, wo wir erneut links abzweigen. An den nächsten Gabelungen folgen wir weiter dem Almenweg. Nach einer Brücke halten wir uns rechts (der breitere Weg ist für Mountainbiker gedacht) und erreichen 5 Min. später zum zweiten Mal die Marzoneralm. Von dieser kehren wir über den Hinweg zum Parkplatz zurück.

EINKEHRTIPPS

Marzoneralm: Große Sonnenterrasse, Naturkegelbahn, regionale Südtiroler Küche. Kastelbell-Tschars, Tel. 335 5605862, www.marzoneralm.it, Anf. Mai–Ende Okt. geöffnet
Zirmtalalm: Einkehrmöglichkeit direkt am See, Südtiroler Spezialitäten. Kastelbell-Tschars, Tel. 388 9898660, de-de.facebook.com/Zirmtal-Alm-827754500589889, Anf. Juni–Mitte Okt. geöffnet
Alt-Alm (auch **Tomberger Alm**): Bewirtschaftete Alm mit Sonnenterrasse, Kegelbahn, Fischteich. Kastelbell-Tschars, Tel. 0473 624193, Anfang Juni–Mitte Okt. geöffnet

INFOS IN KÜRZE

Abwechslungsreiche Rundwanderung, stellenweise etwas steiler
Parkplatz Alte Säge, Freiberg, oberhalb von Kastelbell, 1.480 m
Mittel
Ca. 4¾ Stunden
730 Hm
11,7 km
In Kastelbell der Ausschilderung zum Weiler Freiberg folgen. Auf der schmalen, asphaltierten Bergstraße bleiben, bis diese in eine Schotterpiste übergeht. Auf dieser ca. 1½–2 km weiter bis zum Parkplatz „Alte Säge". (Am Ende der asphaltierten Straße fehlt ein Hinweisschild, dass es über die Schotterpiste zum Parkplatz geht.)
Mit Öffis ist der Ausgangspunkt nicht zu erreichen.

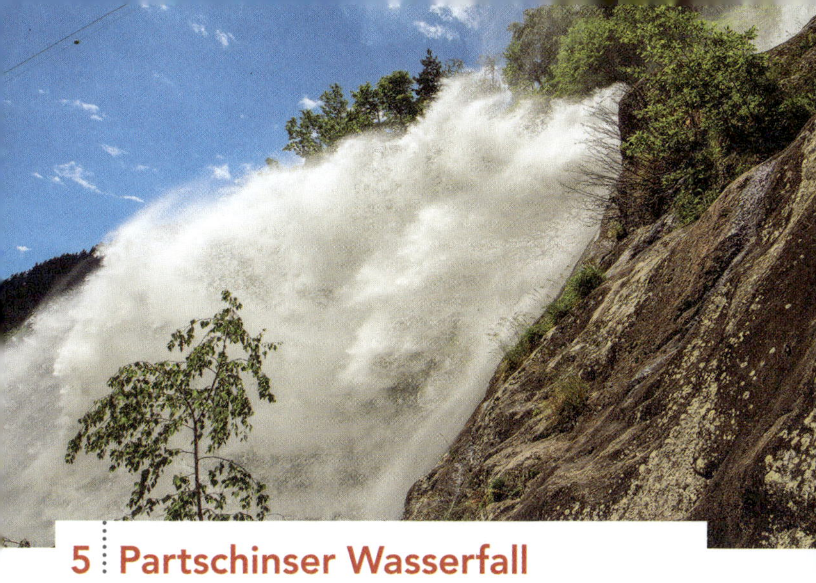

5 Partschinser Wasserfall

Die Tour zum Partschinser Wasserfall führt fast nur bergab, denn man wandert von der Bergstation der Texelbahn zur Talstation. Sobald man die Gondel verlassen hat, genießt man einen traumhaften Ausblick auf den Meraner Talkessel, den Vinschgau und die umliegenden Berge. Danach geht es zum Teil recht steil bergab, immer wieder bietet der Weg dabei schöne Ausblicke auf den tosenden Wasserfall. An einem Aussichtspunkt kommt man ihm ganz nahe, bevor es über den Sagenweg und ein kleines Stück über den Partschinser Waalweg zurück zur Talstation der Texelbahn geht.

Von der Bergstation der Texelbahn folgen wir dem Weg ein paar Meter bergab und biegen dann scharf links ab. Wir kommen unter den Seilen der Bahn hindurch und halten uns gleich darauf rechts (Nr. 2B, „Wasserfall"). Ein kleiner Pfad, der unter anderem einen schönen Ausblick auf den Ifinger bietet, führt jetzt weiter bergab. An der nächsten Abzweigung geht es links weiter, jetzt im Wald. Im weiteren Verlauf kreuzen wir einmal die Fahrstraße, dann sehen wir sie zunächst rechts neben uns, steigen über Stufen hinab, bis wir erneut auf sie stoßen. Dieses Mal biegen wir links ab (Nr. 8, „Nasereithütte") und kommen kurz danach an der Elisabethquelle vorbei, die ihren Namen Kaiserin Elisabeth von Österreich, „Sisi", verdankt, die im September 1897 daraus getrunken hat. Etwas später verlassen wir die Fahrstraße (und Weg Nr. 8) und folgen dem rechts abzweigenden Pfad (manchmal schlecht zu erkennen, da hier auch Baumstämme gelagert werden). Diese kleine Abkürzung führt über eine weitläufige Almwiese und bietet traumhafte Ausblicke auf das Meraner Land. Wir erreichen erneut die Fahrstraße und halten uns rechts. Wir sehen schon einen ersten Mini-Wasserfall,

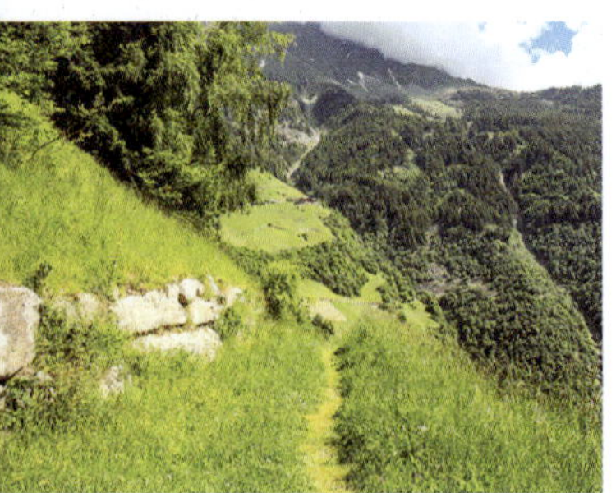

queren den Zielbach und kommen nach 5 Min. an eine Abzweigung, an der wir rechts in Richtung Wasserfall abzweigen. Wer nach rechts unten blickt, kann schon den Wasserfall sprudeln sehen. Es geht nun zum Teil recht steil bergab, Stufen erleichtern an manchen Stellen den Abstieg. An einer Gabelung halten wir uns rechts, stoßen auf einen asphaltierten Weg und kommen am Gasthaus Wasserfall vorbei. Kurz danach schlagen wir den rechts abzweigenden Weg ein, der zum Aussichtspunkt direkt am Partschinser Wasserfall führt. Die gewaltige Kraft des Wassers erleben wir hier hautnah mit, mit lautem Tosen stürzt der Wasserfall genau vor uns in die Tiefe, wir kriegen auch etwas Wasser ab. Vom Aussichtspunkt kehren wir wieder zurück zur Straße, biegen hier scharf rechts ab (Weg Nr. 23, „Talstation Texelbahn") und bleiben dann auf einem kleinen Steig (Nr. 23), der uns immer wieder schöne Ausblicke auf den Wasserfall beschert. Kurz danach teilt sich der Weg. Wer sich rechts hält, kann noch einmal einen Abstecher zum Wasserfall machen. Dort spürt man die enorme Kraft des Wassers, außerdem ist der Boden aufgrund der starken Gischt immer ein wenig rutschig. Wir kehren wieder zur Abzweigung zurück und halten uns dann links. Der Weg bleibt relativ nass und glitschig, bis wir wieder eine Fahrstraße erreichen. Dort biegen wir links ab (Nr. 8, „Talstation Texelbahn") und erreichen kurz danach das Gasthaus Birkenwald. Unterhalb des Gasthauses zweigen wir links ab (Nr. 8) und kurz danach erneut links, um die Fahrstraße wieder zu verlassen. Danach halten wir uns rechts und nehmen den bergab führenden Weg. Wir

EINKEHRTIPPS

Gasthaus Wasserfall: Restaurant mit Sonnenterrasse am Wasserfall, traditionelle Küche, Streichelzoo. Wasserfallweg 55, Partschins, Tel. 338 3462333, www.partschins-wasserfall.com, Apr.–Anf. Nov. geöffnet, Sa. Ruhetag

Gasthaus Birkenwald: Sonnenterrasse mit Wasserfallblick, Südtiroler Hausmannskost. Wasserfallweg 40, Partschins, Tel. 0473 968356, Anf. Apr.–Anf. Nov. geöffnet, Di. Ruhetag

Winklerhof: Hofschank mit Spiel- und Fußballplatz, Obst und Gemüse aus eigener Produktion. Sonnenbergweg 56, Partschins, Tel. 379 1909703, www.winklerhof.bz.it, Mitte Apr.–Mitte Nov. geöffnet, Mi. Ruhetag, Juni–Aug.: Di. und Mi. Ruhetag

PARTSCHINSER WASSERFALL

97 m stürzt der Zielbach im Zieltal bei Partschins über eine Felswand in die Tiefe. Damit ist der Partschinser Wasserfall (Südtiroler Naturdenkmal) zwar nicht der höchste Südtirols, durch seine enormen Wassermassen zählt er aber zu den bekanntesten. Im Frühling bis Frühsommer, also zur Zeit der Schneeschmelze, stürzen hier bis zu 6.000 l Wasser pro Sekunde in die Tiefe. Sein Rauschen kann man schon von Weitem hören, die Gischt und die Kraft des Wasserfalls dagegen von einer kleinen Aussichtskanzel aus nächster Nähe genießen.

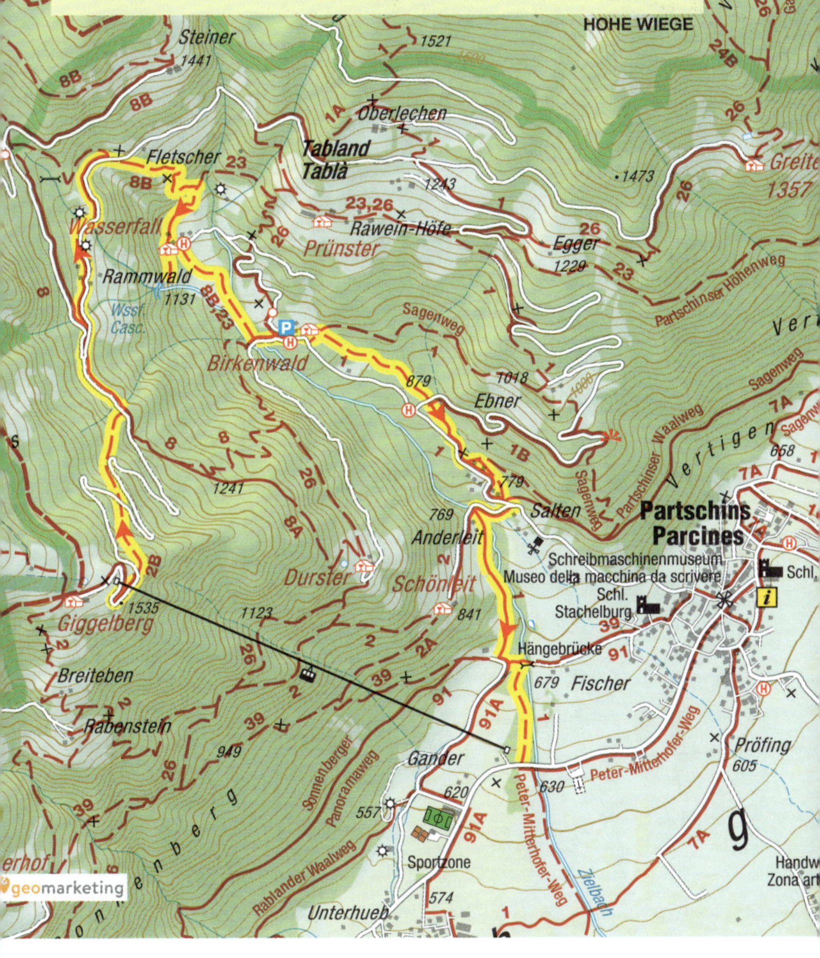

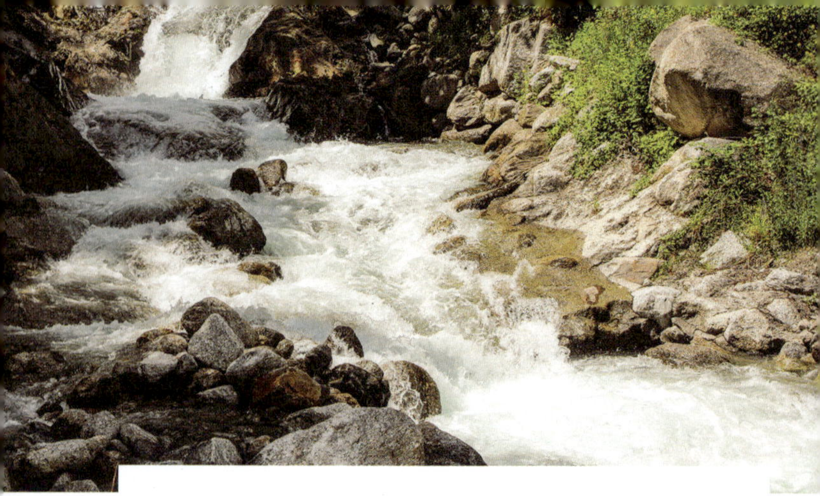

befinden uns jetzt auf dem Sagenweg. Wir kreuzen die Fahrstraße und biegen, wenn wir diese erneut erreichen, rechts ab. Nachdem wir die Versorgungsseilbahn passiert haben, halten wir uns links und wandern jetzt ein paar Meter auf dem Partschinser Waalweg entlang. Hinter der Brücke dann rechts abbiegen und auf Weg Nr. 1 bleiben. Wir überqueren erneut den Zielbach, wandern nun ein Stück am Bach entlang und danach durch eine Apfelplantage weiter bergab. Am Winklerhof halten wir uns links und folgen weiter Weg Nr. 1, der uns zur Talstation der Texelbahn bringt.

Wer genug Kondition hat, kann auch an der Talstation starten und dann zur Bergstation hinaufwandern (Gehzeit: + 1 Stunde). Schönere Ausblicke bietet aber die Wanderung in Richtung Tal.

Man kann die Tour beliebig abkürzen. Bushaltestellen befinden sich z. B. beim Gasthaus Wasserfall und Gasthaus Birkenwald.

INFOS IN KÜRZE

Abwechslungsreiche Wanderung mit tollen Panoramablicken, stellenweise steiler, rutschiger Abstieg

Bergstation der Texelbahn, 1.545 m

Mittel

Ca. 2½ Stunden

30 m im Aufstieg, 920 m im Abstieg

5,7 km

Texelbahn, Talstation: Zielstraße 11, Partschins, Tel. 0473 968295, www.texelbahn.com. März–Anf. Nov.

Anfahrt über die Vinschgauer Straße von Töll nach Partschins. Die Texelbahn ist ausgeschildert. Wer nicht so gerne schmale Straßen fährt, folgt besser nicht bei Töll der Ausschilderung, sondern biegt in Rabland auf die Lahnstraße ab. Parkplätze an der Talstation.

Bushaltestelle an der Talstation (Linie 266 und 268, Haltestelle: Texelbahn)

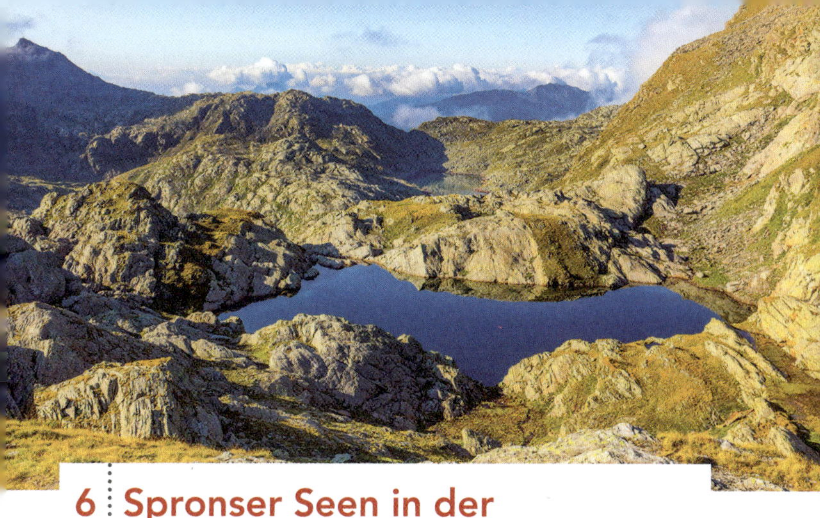

6 Spronser Seen in der Texelgruppe

Der Weg zu den Spronser Seen ist anstrengend, teilweise sehr steil und ausgesetzt. Aber wer genügend Ausdauer, Trittsicherheit und Schwindelfreiheit mitbringt, auf den wartet eine der lohnendsten Touren in der gesamten Texelgruppe – und die anspruchsvollste Wanderung dieses Buches. Damit es unterwegs nicht gefährlich wird, sollte diese Tour nur bei gutem Wetter und stabiler Wetterlage angegangen werden.

Unser Ausgangspunkt ist der Sessellift in Algund. Dieser bringt uns nach Vellau (in 30 Min. auch zu Fuß erreichbar). Von Vellau geht es mit dem abenteuerlichen Korblift hoch zur Leiteralm 🍴 auf 1.550 m, die direkt am Meraner Höhenweg liegt. Von der Bergstation sind es noch ein paar Meter bis zur Alm. Dort angekommen, halten wir uns links und folgen Weg Nr. 24. Die folgenden 1,5 km geht es steil nach oben, dann wandern wir relativ eben weiter. Am Schutzhaus Hochgang (1.839 m) biegen wir rechts ab Richtung Hochgangscharte, Weg Nr. 7. Jetzt geht es wieder steil bergauf, erst durch

SPRONSER SEEN

Als Spronser Seen wird eine Gruppe von zehn hochalpinen Seen im Meraner Land bezeichnet. Sie sind in der Texelgruppe zu finden, die zu den Ötztaler Alpen gehört. Wie die meisten Gebirgsseen wurden auch sie von Gletschern geformt. Der größte der zehn Seen ist der Langsee. Er misst etwa 1.000 × 300 m und hat eine Tiefe von bis zu 35 m.

Wäldchen und Steilgelände, später durch steiles Felsgelände, die Wege sind teils mit Stufen oder kleinen Treppen versehen und sind stellenweise seilversichert. Hat man nach insgesamt 5 km und fast 1.000 Hm steilen Anstiegs die Hochgangscharte (2.455 m) erreicht, fällt der Blick auf den größten der Spronser Seen, den Langsee. Eine wirklich fantastische Kulisse! An der nächsten Gabelung gehen wir rechts, Markierung Nr. 22, und dann hinunter zum See. Der Steig führt links direkt am See vorbei, danach kommen wir zum Grünsee, dem zweitgrößten Gewässer der Spronser Seen. Direkt am See, der nun zu unserer Linken liegt, mündet unser Steig in Weg Nr. 6, wo wir uns rechts halten. Nach einer Gesamtgehzeit von guten 3 Stunden erreichen wir die Oberkaseralm 🍴 (2.131 m). Kurz nach der Alm folgen wir nicht Weg Nr. 6, der nach links führt, sondern gehen weiter geradeaus Richtung Süden vorbei an Kasersee und Pfitscher Lacke. Der Weg führt nun wieder ein Stück bergauf zur Taufenscharte (2.230 m). Von dort geht es nun durch sehr steiles Gelände in Serpentinen wieder bergab (Nr. 25). Wir erreichen wieder Weg Nr. 24, der uns hinab zur Leiteralm bringt. Nach einer

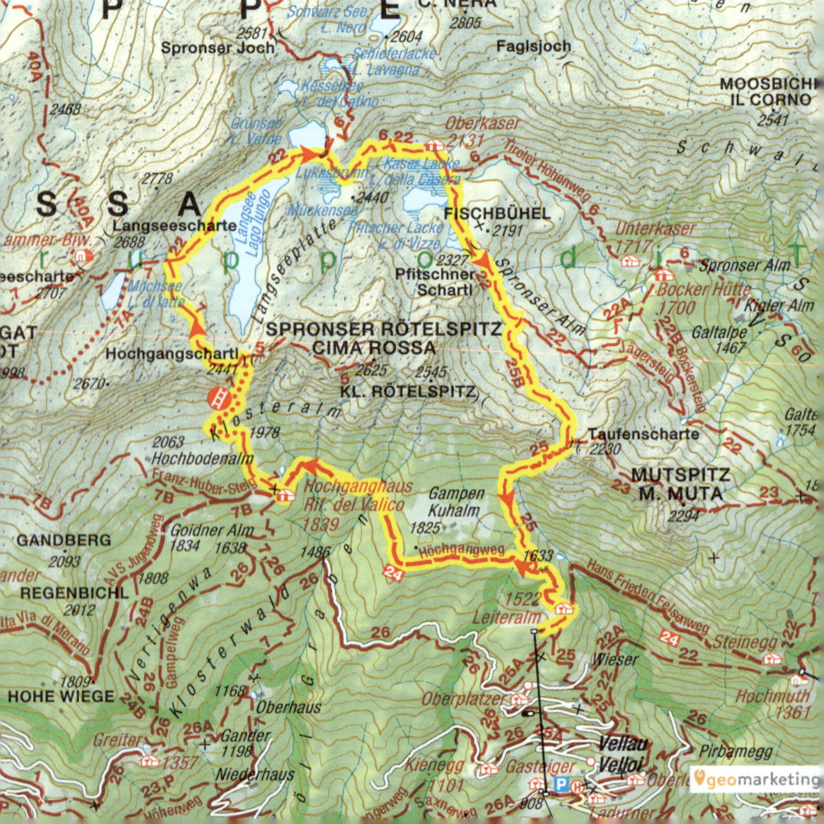

ausgiebigen Einkehr, die wir uns nach dieser Tour redlich verdient haben, bringt uns erst der Korblift nach Vellau und dann der Einer-Sessellift zurück zu unserem Ausgangspunkt in Algund.

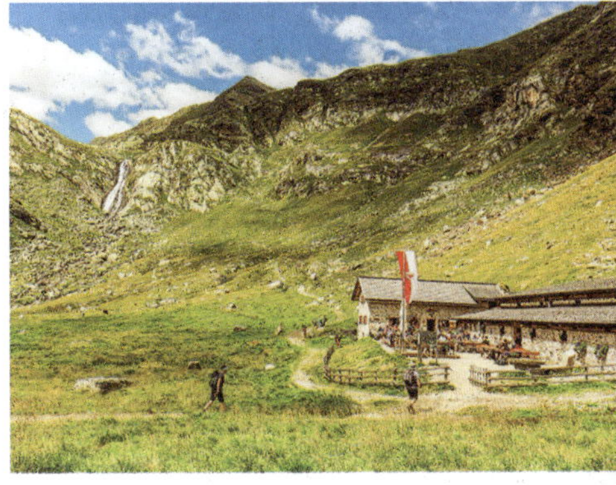

ⓘ Wer sich noch fit fühlt und sich an den fantastischen Panoramen noch nicht sattgesehen hat, kann von der Leiteralm über den nahezu ebenen, aber schmalen und ausgesetzten Hans-Frieden-Weg/Meraner Höhenweg zum Berggasthaus Hochmuth gehen (ca. 30 Min.). Von dort mit der Hochmuth-Bahn hinunter nach Dorf Tirol und mit Bus oder Taxi zurück nach Algund fahren.

EINKEHRTIPPS

Leiteralm: Berghütte am Meraner Höhenweg mit Sonnenterrasse, rustikale Küche. Algund, Tel. 338 3172484, www.leiteralm.com, April–Anf. Nov. geöffnet

Oberkaseralm: Schutzhütte bei den Spronser Seen, Südtiroler Küche, Wurst und Käse aus eigener Produktion. Spronsertal bei Dorf Tirol, Tel. 0473 923488, www.dorftirol.com/oberkaseralm, Anf. Juni–Mitte Okt. geöffnet

INFOS IN KÜRZE

Anspruchsvolle und anstrengende Tour, teils ausgesetzte und seilversicherte Passagen, schmale und steile Steige, die absolute Trittsicherheit und Schwindelfreiheit erfordern

Talstation Sessellift Vellau, Huebenweg 11, Algund

Schwer

6–7 Stunden

1.200 Hm

13,5 km

Über die Schnellstraße Meran–Bozen oder (von Norden) durch den Vinschgau bis Algund und weiter bis zur Talstation des Sesselliftes Algund–Vellau, am Dorfausgang Richtung Plars. Parkplatz an der Talstation.

Bus: Linie 213, Haltestelle: Sessellift Vellau/Plars (Algund)

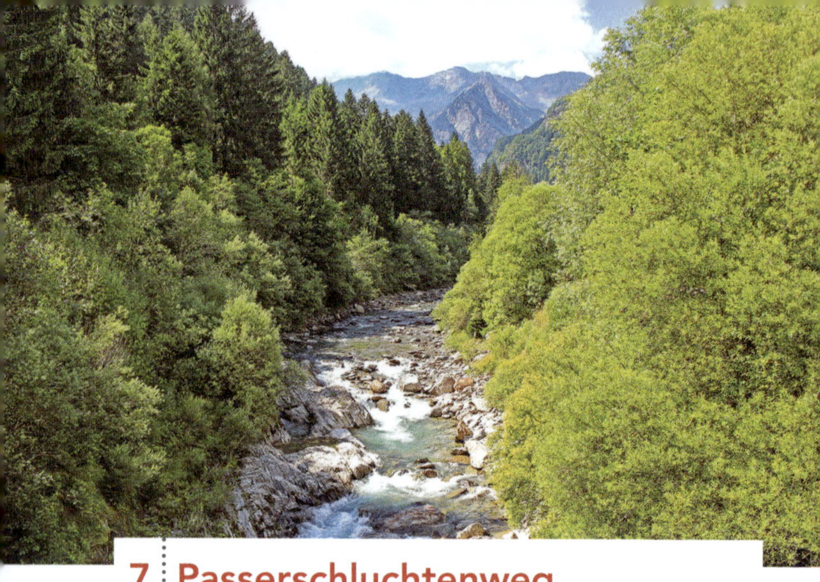

7 Passerschluchtenweg

Der Wanderweg durch die Passerschlucht wurde erst im Mai 2015 eröffnet. Auf einem schön angelegten Weg kann man nun entlang der rauschenden Passer – und auf Gitterstegen deutlich oberhalb des Wassers – von St. Leonhard in Passeier bis nach Moos in Passeier wandern. Dabei sieht man zu den Stuller Wasserfällen, die zu den höchsten Wasserfällen in Europa zählen.

Vom Sportplatz in St. Leonhard aus folgen wir zunächst der asphaltierten Fahrstraße und wandern rechts neben der Passer entlang, bis wir nach einer knappen Viertelstunde eine Brücke erreichen, auf der wir den Fluss überqueren. Nach der Brücke biegen wir rechts ab und gehen an der nächsten Kreuzung geradeaus weiter. Ein Verbotsschild weist noch einmal ausdrücklich darauf hin, dass der Passerschluchtenweg nicht mit dem Fahrrad befahren werden darf. Für Reiter besteht ebenfalls ein Verbot. Ein paar Minuten später

PASSERSCHLUCHTENWEG

Der Passerschluchtenweg macht den Weg durch die wilde Schlucht, die bis dahin nicht zugänglich war, nun für jedermann begehbar. Der Wanderweg mit zahlreichen Metallstegen und Brücken wurde im Sommer 2015 nach dreijähriger Bauzeit fertiggestellt und ist Teil der Wasserwege, die rund um Moos angelegt wurden. Beeindruckende Felsformationen legen heute Zeugnis davon ab, mit welcher Naturgewalt sich die Passer ihren Weg durch das Tal erzwungen hat.

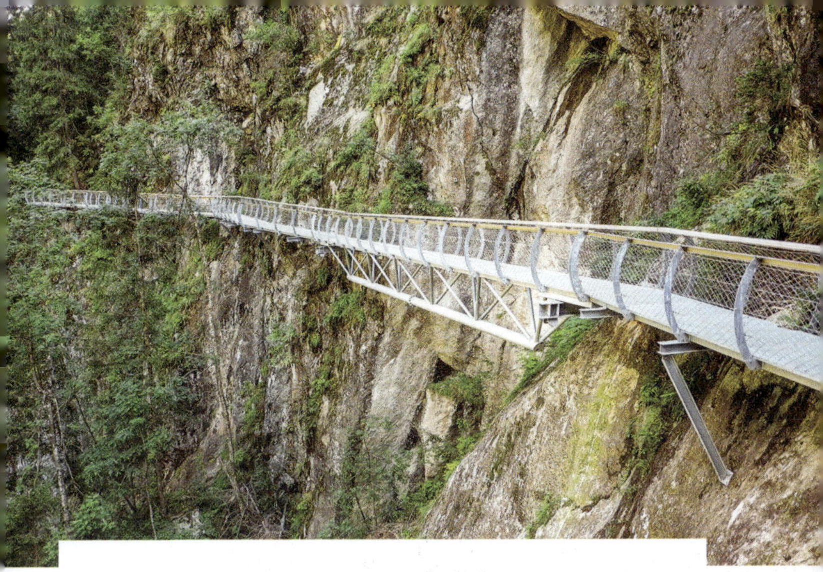

erreichen wir eine Forststraße und nehmen den rechts abzweigenden Weg Nr. 1. Bei der nächsten Abzweigung (Brücke) geht es geradeaus weiter. So langsam befinden wir uns nun in der Schlucht und bekommen herrliche Ausblicke auf die Passer. Wilde Steinformationen zeigen, mit welcher enormen Kraft der kleine Fluss sich im Laufe vieler Tausend Jahre seinen Weg durch die Schlucht gebahnt hat. Immer öfter führt der Weg jetzt über Gitterroste statt über normale Wanderwege. Schließlich kommen wir am alten Gomioner Kraftwerk vorbei, das auch besichtigt werden kann. Nun kommt der anstrengendste Teil der Wanderung: In leichten Serpentinen steigen wir ein gutes Stück bergauf. Dabei kommen wir an einem Aussichtspunkt vorbei, von dem wir einen guten Blick auf die Stuller Wasserfälle haben. Diese befinden sich auf der gegenüberliegenden Felswand. Nach dem Aussichtspunkt geht es noch ein Stück weiter bergauf, danach verläuft der Weg wieder eben und führt über zahlreiche Gitterstege an der sogenannten Prantlwand entlang. Wir befinden uns jetzt deutlich oberhalb der Passer. Die sich an der Felswand entlangschlängelnden Gitterstege sind auch ein tolles Fotomotiv! Zum Schluss wandern wir noch einmal bergab

EINKEHRTIPPS

Brückenwirt: Gasthof in der Nähe des Ausgangspunkts, mit sehr guter Pizza und selbstgebrautem Bier. Breitebnerstraße 2, St. Leonhard in Passeier, Tel. 0473 656191, www.hoellenbraeu.com, im Sommer täglich 11–23 Uhr, Pizza ab 11.30 Uhr
Sternbar: Einkehrmöglichkeit mit kleiner Sonnenterrasse im Herzen von Moos in Passeier.

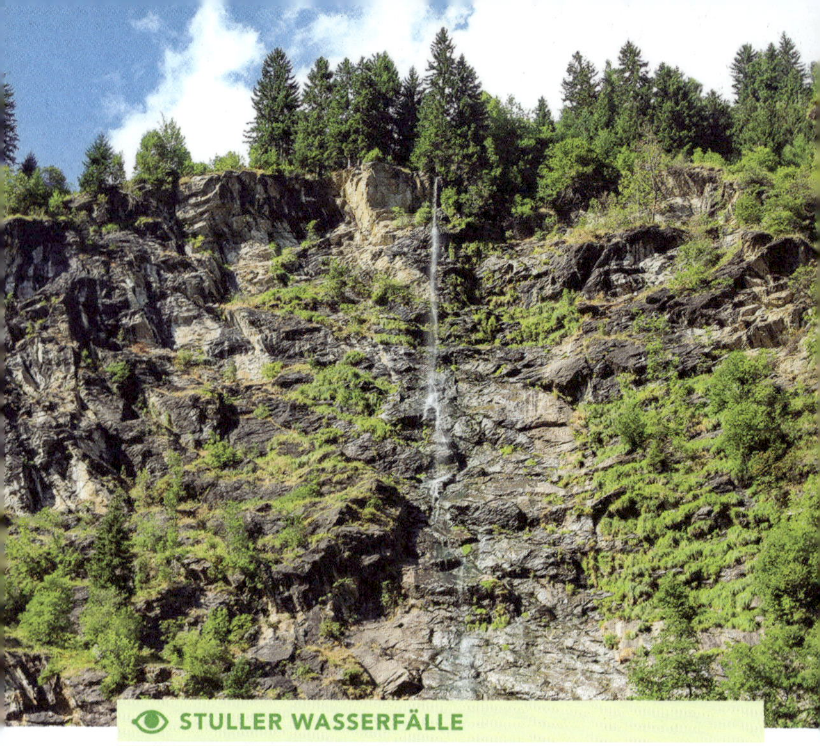

STULLER WASSERFÄLLE

Die Stuller Wasserfälle liegen beim Dorf Stuls im hinteren Passeiertal. Sie fallen in zwei Kaskaden herab, von denen die eine eine Höhe von gut 110 m und die andere eine Höhe von 230 m hat. Damit gehören sie zu den höchsten Wasserfällen Europas. Die Stuller Wasserfälle kann man nicht nur von der Passerschlucht aus gut sehen, sondern zum Beispiel auch von der Timmelsjochstraße.

INFOS IN KÜRZE

Abwechslungsreiche Familienwanderung; für Menschen mit Höhenangst und für Hunde aufgrund der Gitterstege nur bedingt geeignet

Sportarena Passeier (Gänsboden), 675 m

Einfach bis mittel

2½ Stunden (Hinweg)

370 Hm

6,5 km

St. Leonhard in Passeier kann man auf drei Arten erreichen: über Meran, das Timmelsjoch oder den Jaufenpass. In St. Leonhard folgt man dann der Ausschilderung nach Moos bzw. zum Sportplatz und biegt am Kreisverkehr an der Passer in den Gänsboden (zweite Ausfahrt) ab. Parkplätze am Sportplatz.

Mit Bus 240 ab Meran bis nach St. Leonhard und von hier zu Fuß zum Ausgangspunkt

und überqueren über eine große Brücke die Passer. Am anderen Ufer angelangt, folgen wir dem breiten, bergauf führenden Weg, der nach Moos führt.

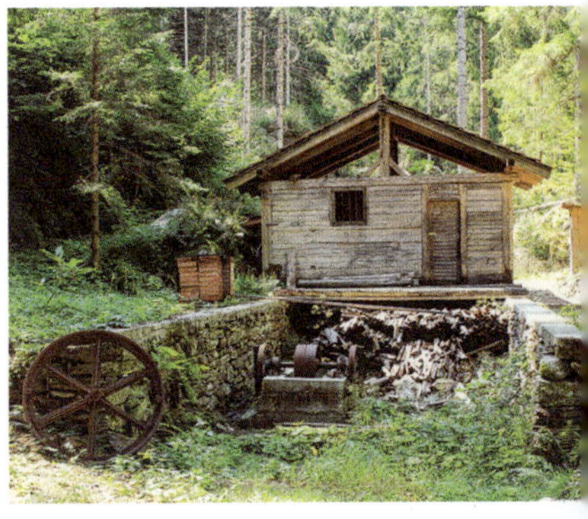

ⓘ Man kann über den Hinweg wieder zurück nach St. Leonhard gehen, die Wanderung in Moos starten (dann geht man meist bergab anstatt bergauf) oder mit dem Bus zurück nach St. Leonhard fahren.

ⓘ Empfehlenswert ist ein Besuch des Bunker Mooseums, wo man unter anderem einen Original-Bunker aus dem Zweiten Weltkrieg besichtigen kann. Bunker Mooseum, MuseumHinterPasseier, Dorf 29a, Moos in Passeier, Tel. 0473 648529, museum.hinterpasseier.it, Anf. Apr.–Ende Okt., 10–18 Uhr, Mo. Ruhetag.

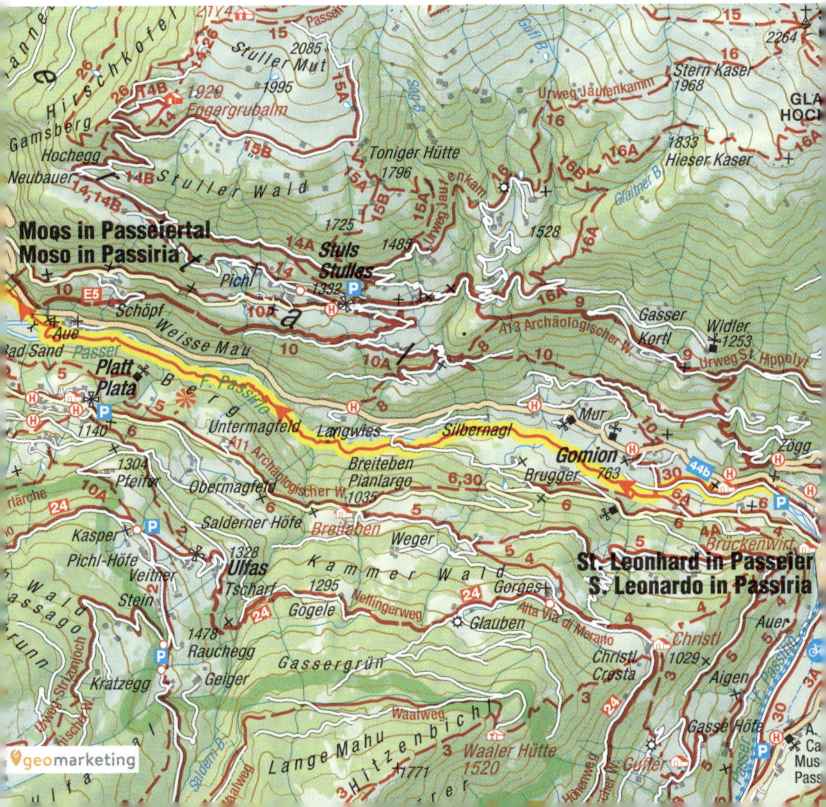

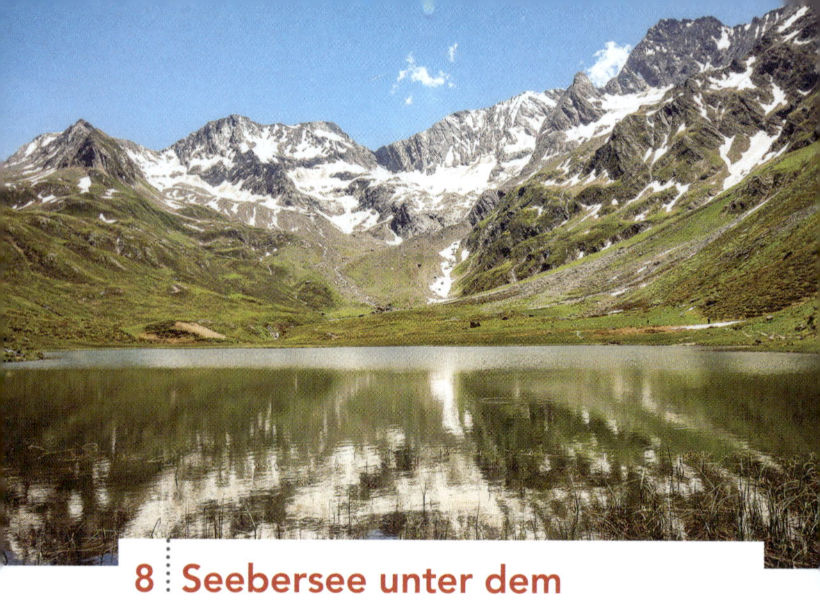

8 Seebersee unter dem Timmelsjoch

Nur wenige Meter abseits der vielbefahrenen Timmelsjochstraße im hinteren Passeier befindet sich mit dem Seebertal ein idyllisches, autofreies Südtiroler Tal. Im Talschluss beherbergt es einen ganz besonderen Schatz: den Seebersee, einen kleinen Bergsee vor der großartigen Bergkulisse der Ötztaler Alpen, der nur zu Fuß zu erreichen ist. Diese Rundwanderung führt über blühende Almwiesen, an zwei schönen Einkehrmöglichkeiten vorbei und bietet auf Schritt und Tritt ein herrliches Bergpanorama.

Die Straße, die von der Timmelsjochstraße hinab zum Seeberalm-Parkplatz (nicht gebührenpflichtig) führt, ist sehr schmal und stellenweise ausgesetzt. Es empfiehlt sich, nicht erst am frühen Nachmittag zu starten, da man dann mit Gegenverkehr rechnen muss und es keine Ausweichmöglichkeiten gibt. Vom Ende des Parkplatzes aus spazieren wir auf einer Forststraße gut 10 Min. gemütlich bergab und haben bereits zu Beginn der Tour einen traumhaften Ausblick auf die herrliche Landschaft des Seebertals. Außerdem

HUNDE AN DIE LEINE

Ein Schild zu Beginn der Wanderung informiert darüber, dass man Hunde an die Leine nehmen muss. Bitte unbedingt daran halten, denn die Wanderung führt über Almwiesen mit weidenden Kühen.

können wir im Tal schon die Seeberalm, die erste Einkehrmöglichkeit dieser Wanderung, sehen. Vom Parkplatz aus braucht man etwa 15–20 Min. zur Alm, das letzte Stück geht bergauf. Wir passieren jetzt ein Gatter und wandern dann an der Alm vorbei (oder kehren ein). Nun teilt sich der Weg: Wir entscheiden uns für den unteren Weg, da wir dann direkt am rauschenden Seeberbach vorbeikommen. Bald danach wandern wir an einer Brücke geradeaus weiter und folgen weiter der Ausschilderung zum Seebersee (Nr. 43).

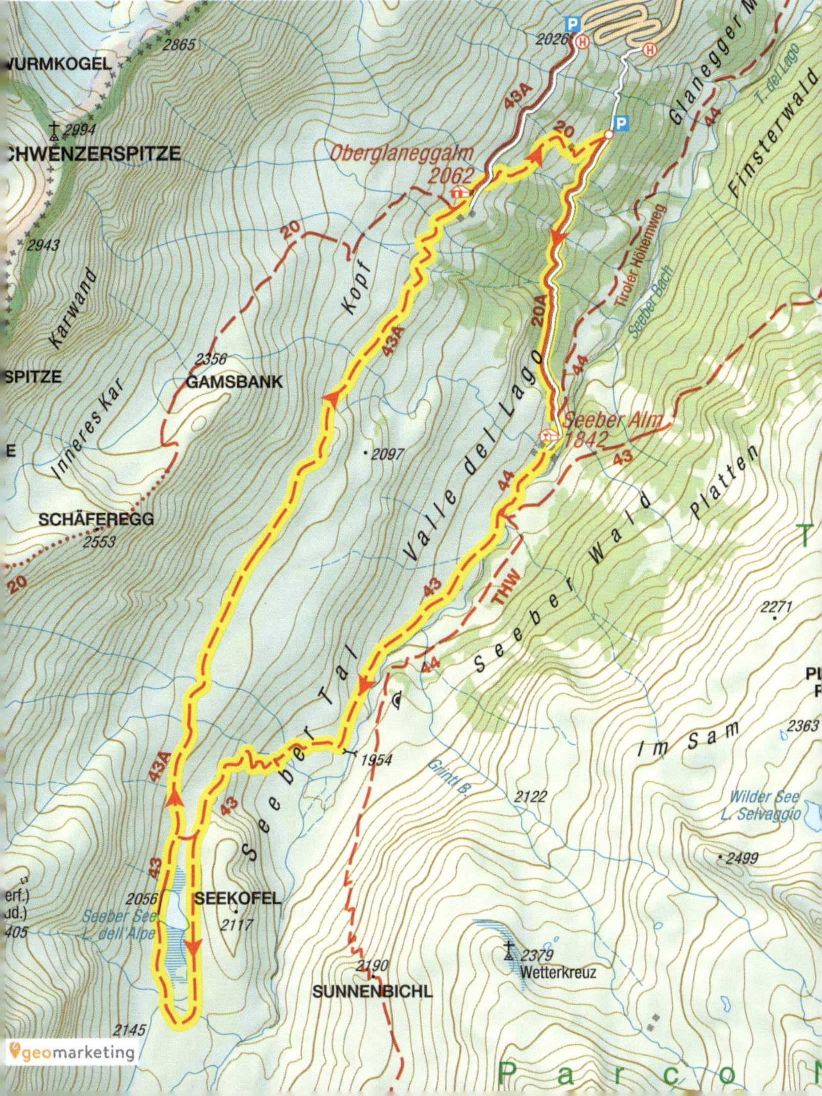

Der Weg führt stetig leicht – an manchen Stellen auch etwas steiler – bergauf durch eine herrliche Almenlandschaft. Dabei können wir an den Hängen zur Rechten und Linken immer wieder sprudelnde kleine Bäche sehen, die besonders im Frühsommer viel Schmelzwasser mit sich führen. Je länger wir unterwegs sind, desto mehr weitet sich das Tal. Kurz bevor wir den Talschluss erreichen, halten wir uns rechts und steigen in großen Serpentinen einen Hang hinauf. Nun geht es noch ein kurzes Stück durch relativ sumpfiges Gelände, danach haben wir den Seebersee erreicht. Von der Seeberalm bis zum Seebersee brauchen wir etwa 1 Stunde. Den See können wir in 15–20 Min. einmal umrunden. Wir entscheiden uns für den Uhrzeigersinn. Am südlichen Ufer verläuft der Weg in relativ großer Entfernung zum See. Abkürzen sollte man dennoch nicht, da das Gelände rings um den See relativ sumpfig ist. Sobald wir am nördlichen Ufer angekommen sind, folgen wir dem vom See wegführenden Pfad und wandern auf Weg Nr. 43A in Richtung Oberglaneggalm weiter. Der Weg schlängelt sich einen Hang hinauf, danach geht es über schöne Almwiesen und mit einem herrlichen Blick auf die umliegende Bergwelt relativ eben weiter. Etwa 25 Min. nach dem Seebersee kommen wir noch einmal an eine Abzweigung und gehen

SEEBERSEE

Der Seebersee im Talschluss des Seebertals im hinteren Passeiertal ist etwa 120 m lang, 70 m breit und hat eine Maximaltiefe von 3 m. Hinter dem See erheben sich die mächtigen Berge der Ötztaler Alpen wie Hochfirst (3.403 m) und Granat(en)kogel (je nach Quelle 3.304 oder 3.318 m). Der See selbst wird aus dem Gletscherwasser des Hochfirst gespeist. Baden ist übrigens verboten, da der See mit Forellen und Saiblingen besetzt ist. Fürs Angeln ist eine Angelkarte erforderlich, die man beim Gasthof Hochfirst erhält.

EINKEHRTIPPS

Seeberalm: Urige Almwirtschaft, die Alm wurde bereits 1288 das erste Mal urkundlich erwähnt, große Terrasse, typische Südtiroler Spezialitäten, auf der Alm hergestellte Lebensmittel. Timmelsjochstraße, Moos in Passeier, Tel. 342 9288539, geöffnet Juni–Mitte Okt., kein Ruhetag
Oberglaneggalm: Almgasthof, große Panoramaterrasse, typische Südtiroler Spezialitäten, leckere, selbstgemachte Kuchen. Timmelsjochstraße, Moos in Passeier, Tel. +43 699 10174786, geöffnet Juni–Mitte Okt., kein Ruhetag

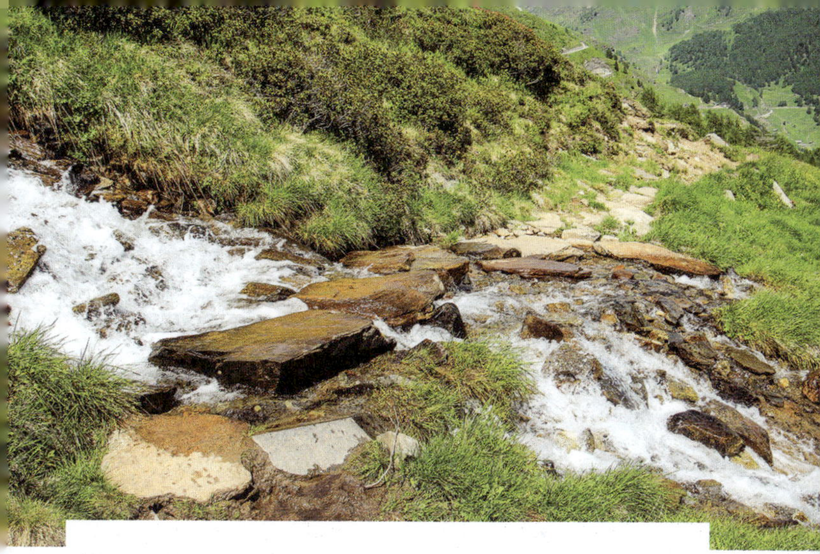

hier geradeaus weiter. Nun wandern wir über einen breiten Hang leicht bergab zur Oberglaneggalm, die man vom Weg aus bald sehen kann. Wir biegen rechts ab in Richtung Seeberalm-Parkplatz (Nr. 20) und erreichen etwa 1 Stunde nach dem Seebersee mit der Oberglaneggalm die zweite Einkehrmöglichkeit unserer Tour. Von der Alm nehmen wir den Zufahrtsweg zur Hütte ein paar Meter bergab und biegen dann rechts auf den schmalen Pfad in Richtung Seeberalm-Parkplatz (Nr. 20) ab. Bis zum Parkplatz ist es jetzt nur noch ein Fußmarsch von 20 Min. Der Weg führt zum Teil recht steil bergab, nach etwa 10 Min. teilt er sich und wir wandern auf dem unteren Pfad weiter. Auf den nächsten Metern folgt der schwierigste Teil und der einzige, bei dem man Trittsicherheit benötigt. Denn der steil bergab führende Pfad ist auch bei trockenem Wetter immer ein wenig rutschig. Wir kommen schließlich zu einem Geländer und biegen an dessen Ende links ab. Die letzten Meter kehren wir über einen breiten Wiesenpfad zurück zum Parkplatz.

INFOS IN KÜRZE

Bis auf den steilen Steig hinunter zum Parkplatz eine einfache Wanderung, die auch für Kinder und Hunde geeignet ist

Parkplatz Seeberalm an der Timmelsjochstraße

Einfach bis mittel

Ca. 3¼ Stunden

320 Hm

8 km

Von Moos in Passeier in Richtung Timmelsjoch, etwa 1 km nach dem Gasthof Hochfirst links auf die kleine, bergab führende Schotterstraße („Seeberalm" ist ausgeschildert, aber schlecht zu erkennen) abbiegen (bei der „Seeber Kehre"). Kurz darauf erreicht man den kostenlosen Seeberalm-Parkplatz.

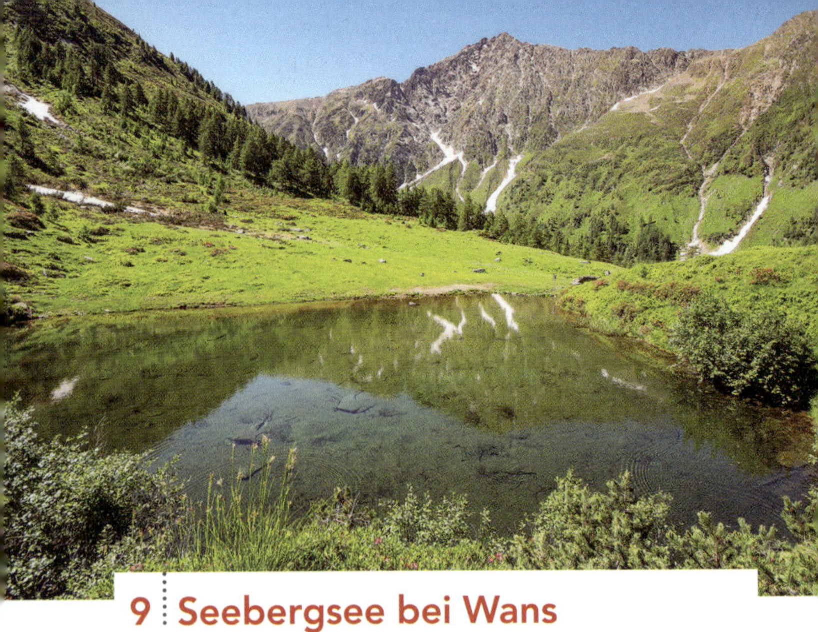

9 Seebergsee bei Wans

Abseits der belebten Jaufenstraße liegen Naturparadiese, die bis heute ihren ursprünglichen Charakter bewahrt haben. Dazu gehören auch die kleinen, unbekannten Seitentäler des Passeiertals wie das Sailertal und das Wanser Tal. Der kleine Seebergsee ist der Höhepunkt dieser Wanderung, ein Südtiroler Naturdenkmal, das man oft ganz für sich allein hat. Außerdem kommt man an drei schönen Einkehrmöglichkeiten vorbei.

Wer mag, kann den Ausflug mit einem Besuch der St.-Johann-Kapelle beginnen, die sich direkt beim Hofschank Wans 🍴 und beim Parkplatz befindet. Danach kehren wir zurück zum Hofschank, nehmen Weg Nr. 15, überqueren den rauschenden Sailerbach und biegen danach erneut links ab. Auf einem kleinen Steig wandern wir nun im Wald und am Waldrand in leichtem Anstieg weiter. Wir

SEEBERGSEE

Der kleine Seebergsee (1.744 m) in den Sarntaler Alpen ist ein wahres Kleinod! Nur wenige Wanderer finden – erstaunlicherweise – den Weg zu dem malerischen Bergsee am Fuße der Seespitze, in dessen relativ seichtem Wasser sich Saiblinge tummeln. Hübsche Almwiesen laden zum Rasten und Entspannen ein. Außerdem genießt man einen prächtigen Ausblick auf die umliegenden Berge, die zusammen mit dem See ein hübsches Fotomotiv abgeben.

überqueren eine Brücke, halten uns dann rechts und erreichen einen breiten Forstweg (Weg Nr. 12). Mit schönem Ausblick aufs Wanser Tal geht es die nächsten 20 Min. stetig bergauf, stellenweise kommt man auch ein bisschen ins Schnaufen. Dann biegen wir links ab (Weg Nr. 15), queren ein Bachbett und steigen durch lichten Wald weiter bergauf. Wir verlassen den Wald und erreichen etwa 1 Stunde nach dem Start die urige Seebergalm 🍴. Wir gehen an der Alm vorbei und folgen dann weiter dem bergauf führenden Pfad (Nr. 15, „Seebergspitz"). Einige Minuten später steht man dann – etwas unverhofft – auch schon vor dem hübschen Seebergsee (Südtiroler Naturdenkmal).

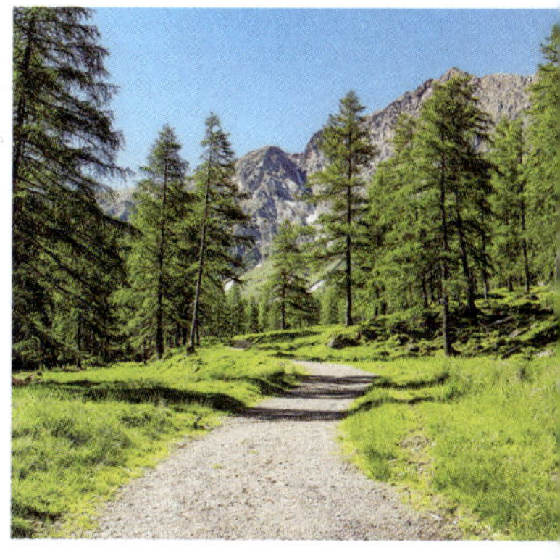

ⓘ Besonders reizvoll ist dieser Ausflug im Frühsommer, wenn rund um den See die Alpenrosen in voller Blüte stehen.

Ein kleiner Trampelpfad führt um den See herum. Zum Weiterwandern folgen wir nun Weg Nr. 14A zur Wanser Alm (auch Wansertalalm). Auf einem steinigen, schmalen Pfad geht es durch den

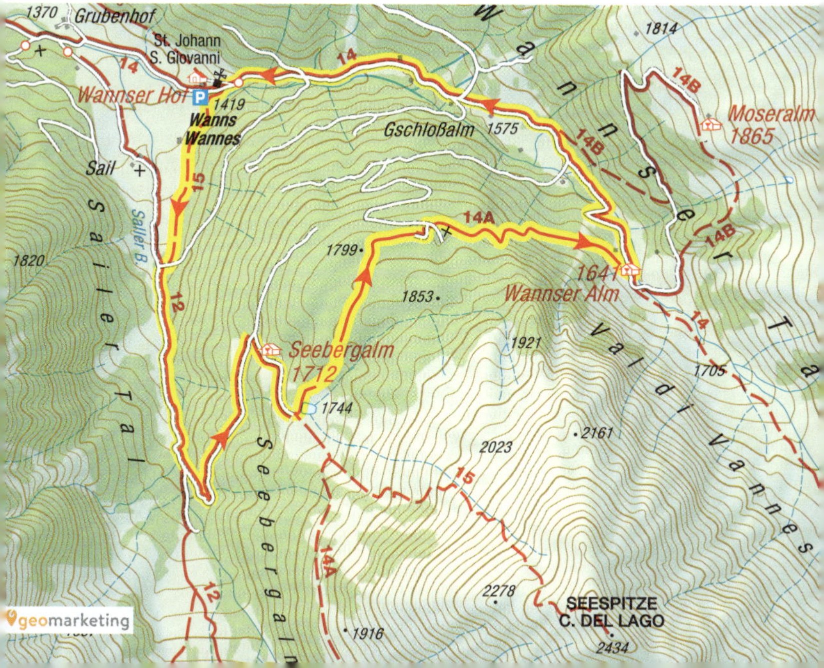

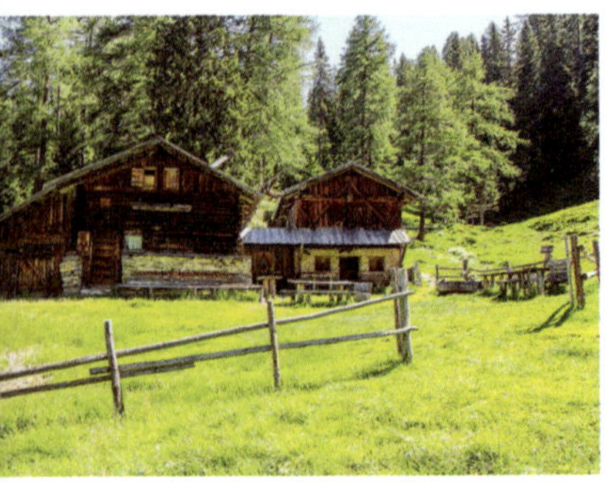

Wald noch ein Stück bergauf, dann folgt der stellenweise steile Abstieg zur Alm. Der Weg durch den Wald ist zwar durch Geländer, Treppen und Stufen gut begehbar gemacht, bei Nässe sollte man trotzdem auf den Abstieg verzichten und lieber auf dem Hinweg zum Ausgangspunkt zurückkehren. Wir kreuzen eine kleine Lichtung und gehen bei allen Wegkreuzungen immer geradeaus weiter. Die hübsch gelegene Wanser Alm 🍴 lädt zur Einkehr ein, zumal wir den anstrengendsten Teil nun hinter uns haben. Denn ab der Alm, wo wir links abbiegen, geht es auf einem breiten Weg (Nr. 14 in Richtung Wans/Walten) nur noch moderat bergab. Mit herrlichem Blick ins Tal und auf die dahinter aufragenden Berge spazieren wir gemütlich zum Ausgangspunkt zurück und kommen dabei an einem weiteren Naturdenkmal, dem Wanser Moos, vorbei.

🍴 EINKEHRTIPPS

Hofschank Wans: Rustikales Gasthaus, Lebensmittel (auch Fleisch) aus eigener Produktion, freilaufende Tiere. Walten 63, St. Leonhard, Tel. 0473 421707, ganzjährig geöffnet, Di. Ruhetag
Seebergalm: Urige Jausenstation in Nähe des Sees. Mitte Juni–Anf. Okt. geöffnet
Wanser Alm: Berghütte mit Sonnenterrasse und Talschluss-Blick, Brot, Kuchen, Käse, Säfte und vieles mehr aus eigener Produktion. Tel. 340 7012603, Anf. Juni–Anf./Mitte Okt. geöffnet

INFOS IN KÜRZE

Aussichtsreiche Wanderung zu einem idyllischen Bergsee, steiler Abstieg zur Wanser Alm
Hofschank Wans, 1.440 m
Mittel
Ca. 2¾ Stunden
400 Hm
6,4 km

Die Jaufenstraße in der Nähe von Walten verlassen (kleines Hinweisschild „Wanser Tal"). Weiter auf schmalem Sträßchen, bei einer Brücke links abbiegen und weiter bis zum Parkplatz beim Hofschank Wans.
Wer den Bus nimmt (Linie 239, Haltestelle: Innerwalten), geht ca. ½ Stunde zu Fuß zum Ausgangspunkt (Weg Nr. 18).

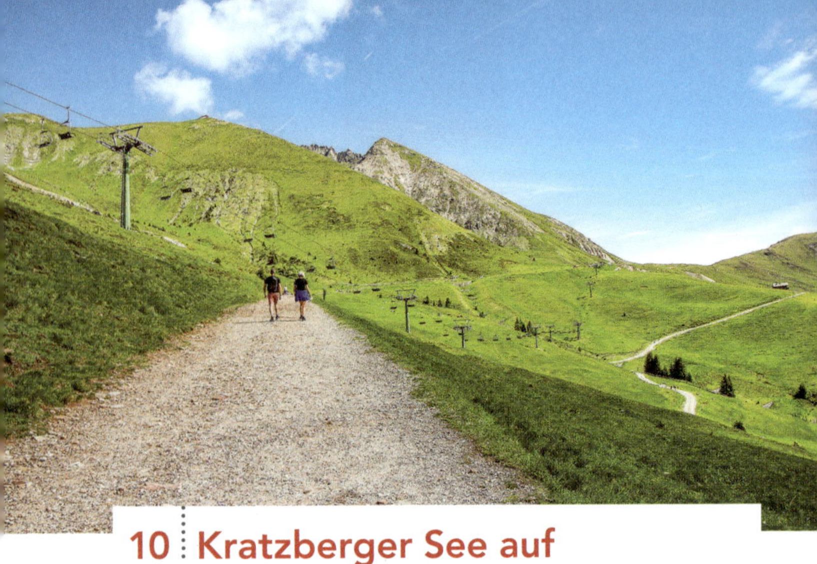

10 Kratzberger See auf Meran 2000

Meran 2000 gehört zu den schönsten Wandergebieten rund um Meran. Zahlreiche Wege durchziehen das Hochplateau, das sich im Winter in ein Skigebiet verwandelt. Diese Tour führt von der Bergstation am Piffinger Köpfl zunächst auf das Missensteiner Joch, ein Übergang zwischen Meran und dem Sarntal. Von hier geht es auf einem schmalen Steig, der durch die unberührte Natur der Sarntaler Alpen führt, weiter zum Kratzberger See. Der kleine Bergsee liegt in einer malerischen, kargen Landschaft unterhalb der Verdinser Plattenspitze.

Von der Bergstation Meran 2000 aus folgen wir dem breiten Wanderweg Nr. 3 in Richtung Missensteiner Joch. Kurz darauf erreichen wir eine Abzweigung und bleiben weiter auf Weg Nr. 3. Die nächsten 10 Min. geht es spürbar bergauf, danach wird es aber relativ eben, sodass wir das herrliche Bergpanorama (links von uns liegt der Ifinger) ohne Schnaufen genießen können. Wir kommen erneut an eine Gabelung und gehen geradeaus weiter, halten uns an der nächsten Wegkreuzung aber rechts (Richtung „Missensteiner Joch"). Der Weg wird gerölliger, zwischendurch wird er zur Schotterpiste, die in leichtem Auf und Ab am Hang entlangführt, bis er dann über Almwiesen in leichter Steigung zum Missensteiner Joch führt. Von hier genießen wir den Weitblick auf das Sagbachtal und die Sarntaler Alpen. Vom Joch aus folgen wir dem Weg noch ein paar Meter, biegen bei den Hinweisschildern links ab und stehen vor einem Zaun. Wir passieren das Gatter und befinden uns jetzt auf dem Gebirgsjägersteig (Nr. 4). Waren wir bisher alles andere als allein unter-

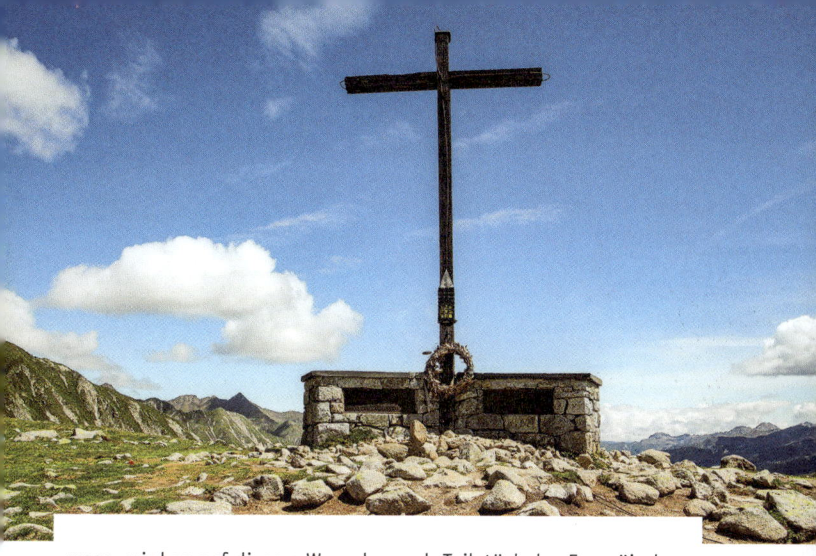

wegs, wird es auf diesem Weg, der auch Teilstück des Europäischen Fernwanderwegs E5 ist, nun etwas ruhiger. Der schmale Steig führt mitten durch eine herrliche Hochgebirgslandschaft, es gibt ein paar ganz leicht ausgesetzte Stellen. 20–25 Min. nach dem Gatter stehen wir dann auch schon vor dem Kratzberger See, der wie gemalt am Fuße der Verdinser Plattenspitze liegt. Vom See aus kehren wir auf dem Gebirgsjägersteig wieder zurück zu dem Gatter, gehen danach geradeaus bis zu den Schildern weiter und nehmen dann den Weg Nr. 4, der auch gleichzeitig wieder der E5 ist. Der Weg führt nun deutlich bergab. Kurz vor der Kirchsteiger Alm biegen wir rechts ab

MISSENSTEINER JOCH

Das Missensteiner Joch (2.130 m) war früher ein vielgenutzter Übergang zwischen dem Sarntal und dem Meraner Land. Man kann es schon von Weitem erkennen, da sich hier eine Gedenkstätte mit großem Holzkreuz befindet.

EINKEHRTIPPS

Waidmannalm: Hübsche Berghütte auf 2.040 m, große Sonnenterrasse, Knödel & Co., hausgemachte Kuchen. Piffinger Weg 30, Hafling, Tel. 0473 279461, instagram.com/waidmannalm, im Sommer Mitte Mai–Anf. Nov. geöffnet

Berggasthof Piffinger Köpfl: Einkehrmöglichkeit direkt an der Bergstation, schöne Panoramaterrasse, bodenständige Südtiroler Küche. Piffinger Weg 30, Hafling, Tel. 0473 279610, www.piffinger-koepfl.com, im Sommer Mitte Mai/Anf. Juni–Anf. Nov. geöffnet

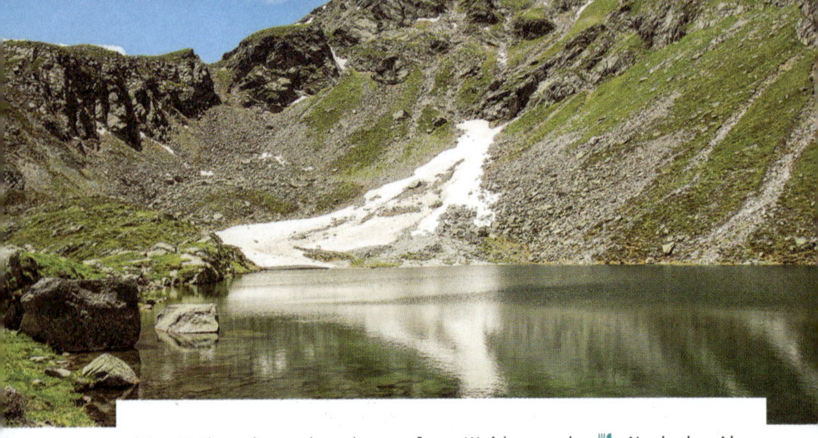

(Nr. 18A) und wandern bergauf zur Waidmannalm 🍴. Nach der Alm steigen wir kurz weiter bergauf und folgen dem Weg Nr. 18A und der Ausschilderung zur Bergstation. Bergab genießen wir die Aussicht und biegen schließlich auf den Weg Nr. 17B ab, der noch einmal kurz ansteigend durch den Wald führt. Oben angekommen, halten wir uns rechts und an der nächsten Abzweigung links und kehren auf dem Hinweg die wenigen Meter zurück zur Bergstation bzw. können nun noch dem Berggasthof Piffinger Köpfl 🍴 einen Besuch abstatten.

KRATZBERGER SEE

Der Kratzberger See (2.116 m) liegt unterhalb des Westkamms der Sarntaler Alpen, am Fuße der Verdinser Plattenspitze. Genau am See führt der Europäische Fernwanderweg E5 entlang. Der kleine Bergsee ist im Hochsommer ein beliebtes Ziel. Wer kühn genug ist, kühlt in dem kalten Wasser nicht nur seine Füße, sondern springt gleich komplett hinein.

INFOS IN KÜRZE

Größtenteils einfache Wanderung, stellenweise Trittsicherheit nötig

Bergstation der Bergbahn Meran 2000/Umlaufbahn Falzeben, 1.900 m

Mittel

Ca. 3¾ Stunden

330 Hm

11 km

Von Meran in Richtung Hafling, 1 km nach der Abzweigung nach Schenna rechts zum kostenlosen Parkplatz Naif an der Talstation Meran 2000; oder weiter in Richtung Hafling und auf Höhe einer Tankstelle links in Richtung Falzeben abbiegen und bis zum Parkplatz Falzeben fahren.

Bus Linie 1, Haltestelle: Seilbahn Meran 2000 oder Bus Linie 225, Haltestelle: Falzeben

ⓘ Bei der Bergstation liegt der Alpin Bob, eine Schienenrodelbahn, mit der man sowohl im Sommer als auch im Winter mit Geschwindigkeiten von bis zu 40 km/h talwärts sausen kann. Nach der Abfahrt wird man wieder zum Ausgangspunkt hochgezogen. Infos unter www.meran2000.com

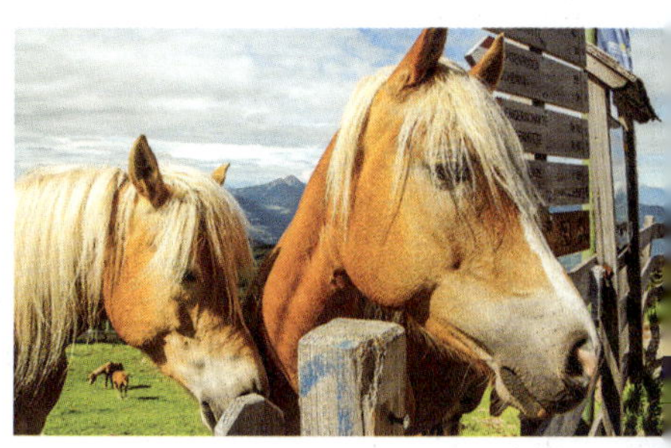

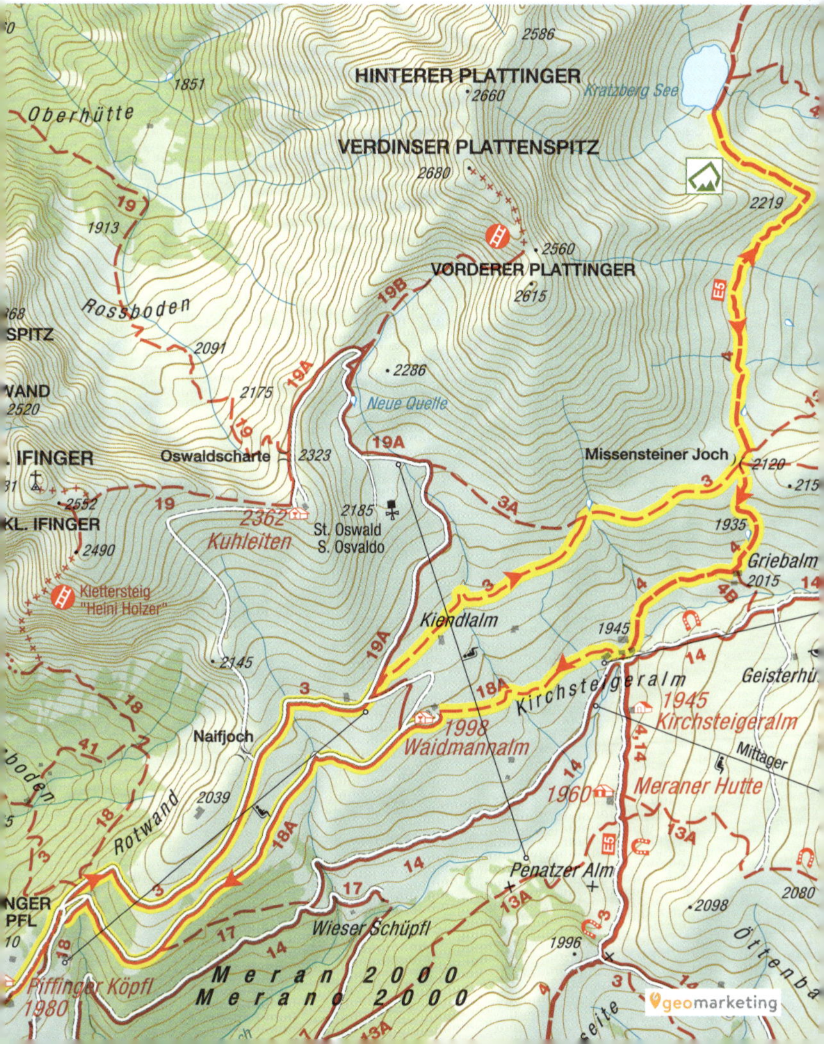

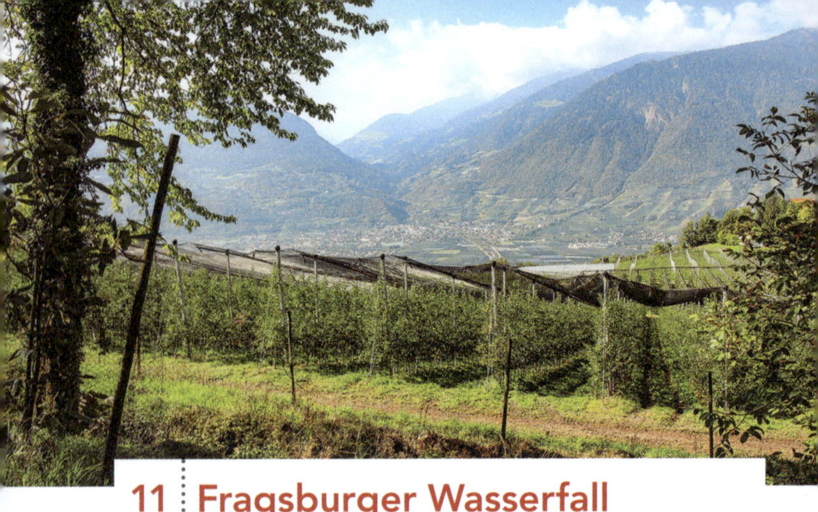

11 Fragsburger Wasserfall

Eine besonders schöne Wanderung – oder eigentlich mehr ein Spaziergang – startet beim Castel Fragsburg, das nur wenige Kilometer südlich von Meran liegt. In gut 20 Min. erreicht man von hier den Wasserfall des Sinichbaches, der von den Einheimischen aber meist Fragsburger Wasserfall genannt wird. Mit einer Fallhöhe von 135 m gehört er zu den höchsten Wasserfällen Südtirols.

Der Spaziergang zum Fragsburger Wasserfall ist absolut familientauglich und lässt sich auch mit einem Kinderwagen gut bezwingen. Vom „Parkplatz Wasserfall" folgen wir der ansteigenden Fahrstraße ein paar Meter und biegen dann auf den rechts abzweigenden Weg ab (Ausschilderung „Wasserfall"). Der breite Feldweg führt nun in leichter Steigung am Waldrand entlang. Vorbei geht es an zahlreichen Apfelbäumen, weshalb dieser Ausflug besonders schön sowohl

APFELLAND SÜDTIROL

Dass viele Wanderungen in Südtirol durch Apfelplantagen führen, hat seinen Grund: Rund 1 Million Tonnen Äpfel werden in Südtirol pro Jahr geerntet und damit gut 10 % der gesamten EU-Produktion. Mit einem Anbaugebiet von über 18.000 ha besitzt Südtirol innerhalb der EU das größte geschlossene Anbaugebiet. Mit dem Apfelanbau sind rund 7.000 Familienbetriebe beschäftigt, deren durchschnittlichen Betriebsgröße 2,5 ha beträgt. Die Apfelernte beginnt in Talnähe meist schon Mitte August, die letzten Äpfel werden im November geerntet. Wer die wunderschöne Apfelblüte in Südtirol ganz aus der Nähe erleben will, macht diesen Ausflug am besten Anfang bis Mitte April.

im Frühling ist, wenn die Apfelbäume in voller Blüte stehen, als auch im Herbst, wenn die Apfelbäume voller reifer Früchte hängen. Ein weiterer Grund, warum es nicht nur im Frühling, sondern auch im Herbst besonders reizvoll ist: Auf dem Weg zum Fragsburger Wasserfall kommen wir auch an zahlreichen Kastanienbäumen vorbei. Hier wachsen aber nicht die in Deutschland verbreiteten Rosskastanien, sondern Edelkastanien. Auch wenn es noch so verlockend ist: Die Südtiroler Bauern bitten darum, die Kastanien nicht zu sammeln, da sie auf deren Ernte und Verkauf angewiesen sind. Also lassen wir die Kastanien Kastanien sein und genießen die herrlichen Ausblicke auf das Meraner Land. Wir kommen an einer Wand aus rotem Porphyr vorbei (ein Schild weist auf möglichen Steinschlag hin) und sehen kurz danach auch schon den Wasserfall. Die Wassermassen stürzen über eine riesige Felswand hinab in eine kleine Schlucht. Wenige Meter später endet der Wanderweg. Direkt zum Wasserfall kommen wir leider nicht, da der Weg aus Sicherheitsgründen gesperrt ist. Aber zumindest können wir von der kleinen Aussichtsplattform gut den Fragsburger Wasserfall und die davor befindliche Hängebrücke erkennen. Zurück geht es auf dem gerade beschriebenen Panoramaweg.

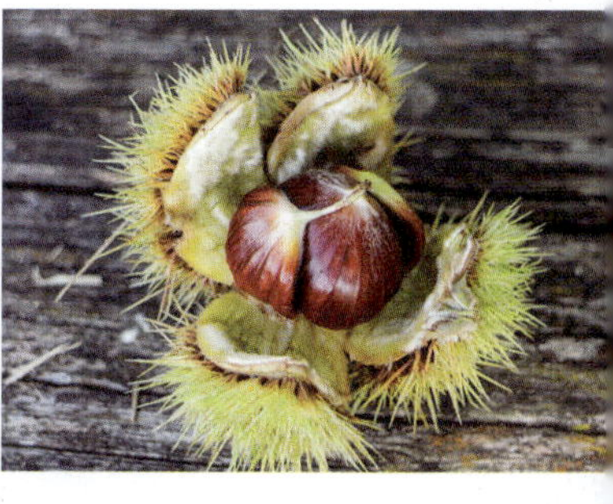

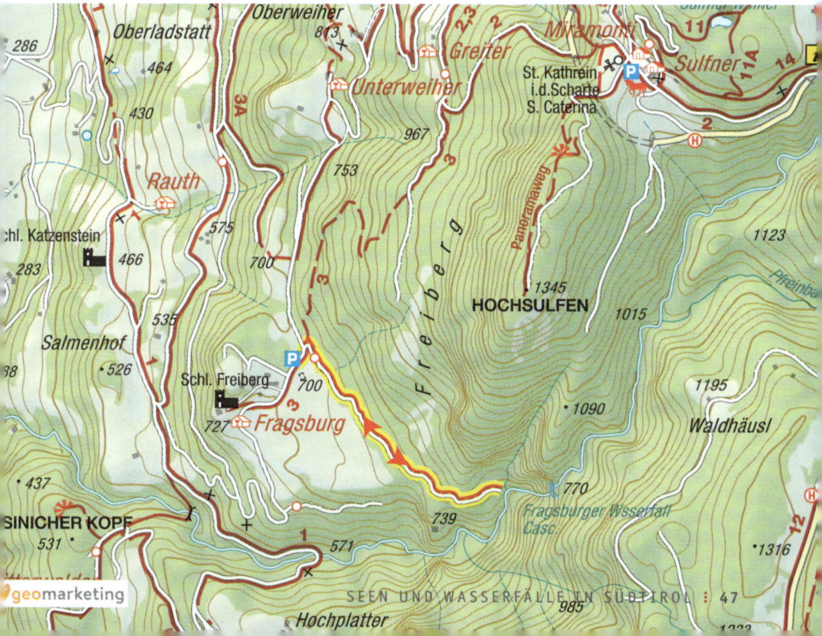

geomarketing

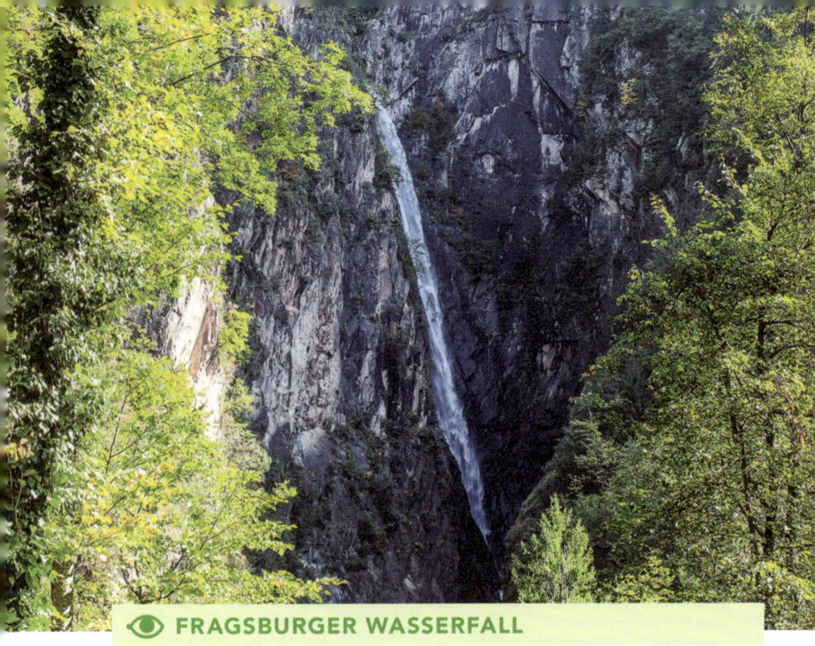

FRAGSBURGER WASSERFALL

Der Fragsburger Wasserfall liegt auf einer Höhe von 770 m und gehört zu den Naturdenkmälern Südtirols. Der vom Salten herunterfließende Sinichbach stürzt hier über eine mächtige Felswand in eine enge Schlucht hinab. Mit seiner extremen Fallhöhe von 135 m gehört der Fragsburger Wasserfall zu den höchsten Wasserfällen (im freien Fall) Südtirols.

EINKEHRTIPP

Hotel Restaurant Castel Fragsburg: Gourmet-Restaurant in einem 5-Sterne-Hotel. Fragsburger Straße 3, Meran, Tel. 0473 244071, www.fragsburg.com, Di.–Sa. geöffnet

INFOS IN KÜRZE

Einfacher Spaziergang, ideal für Familien und mit Hunden

Wanderparkplatz beim Castel Fragsburg, 700 m

Einfach bis mittel

3/4 Stunde

90 Hm

1,9 km

Von Meran aus in Richtung Schloss Trauttmansdorff und weiter zum Castel Fragsburg. Der Wanderparkplatz befindet sich kurz nach dem Castel Fragsburg auf der linken Seite.

Der Ausgangspunkt ist mit Öffis nicht erreichbar.

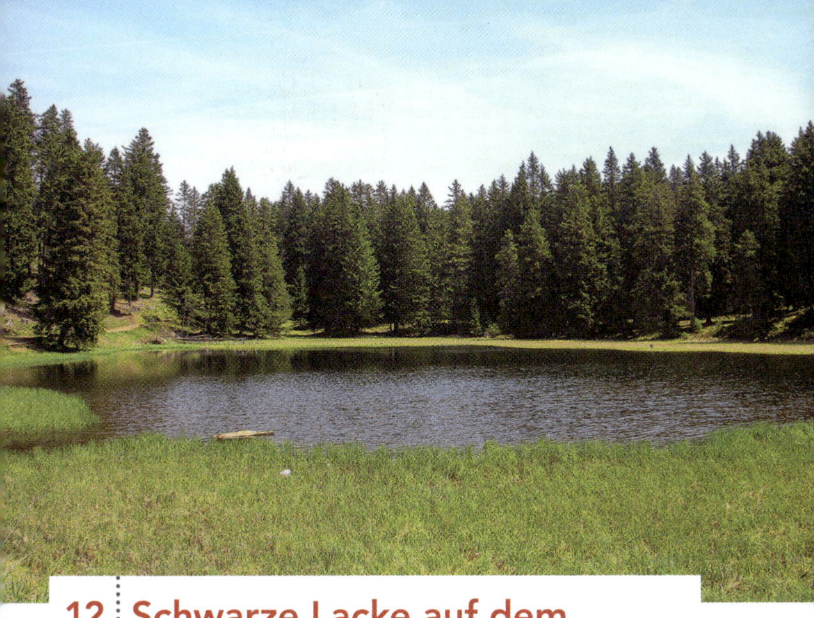

12 Schwarze Lacke auf dem Vigiljoch

Mit der Vigiljoch-Seilbahn, einer der ältesten Personen-Seilbahnen Europas, schwebt man von Lana bequem hinauf auf das autofreie Vigiljoch. Die Rundwanderung führt zunächst zur hübschen Kirche St. Vigil am Joch und danach zum See Schwarze Lacke; die vielen Einkehrmöglichkeiten am Weg machen sie zu einer kleinen Genusstour. Über einen herrlichen Panoramaweg mit traumhaftem Blick ins Etschtal, auf das Meraner Becken, die Dolomiten und den Mendelkamm geht es dann zurück zur Bergstation.

Von der Bergstation der Seilbahn aufs Vigiljoch folgen wir dem bergauf führenden Weg zum Vigilius Mountain Resort 🍴 und erreichen eine Gabelung mit zahlreichen Schildern. Hier biegen wir rechts ab und wandern in mäßiger Steigung in Richtung Vigiljoch (Weg Nr. 34). Kurz darauf kommen wir an der Talstation des Vigiljoch-Sessellifts vorbei und biegen links ab, dem Weg Nr. 34 weiter folgend. An der nächsten Abzweigung halten wir uns rechts und bleiben auf dem Hauptweg. Wir wandern nun auf einem breiten Forstweg leicht ansteigend durch lichten Wald, kommen an der Familienalm Gampl 🍴 vorbei und stehen nach einer Gehzeit von etwa 1 Stunde auf dem eigentlichen Vigiljoch (1.747 m). Üblicherweise wird aber der gesamte Bergrücken als Vigiljoch bezeichnet. Wir halten uns leicht rechts und folgen weiter dem Weg Nr. 34 bzw. 9, der uns in wenigen Minuten zur St.-Vigilius-Kirche bringt.

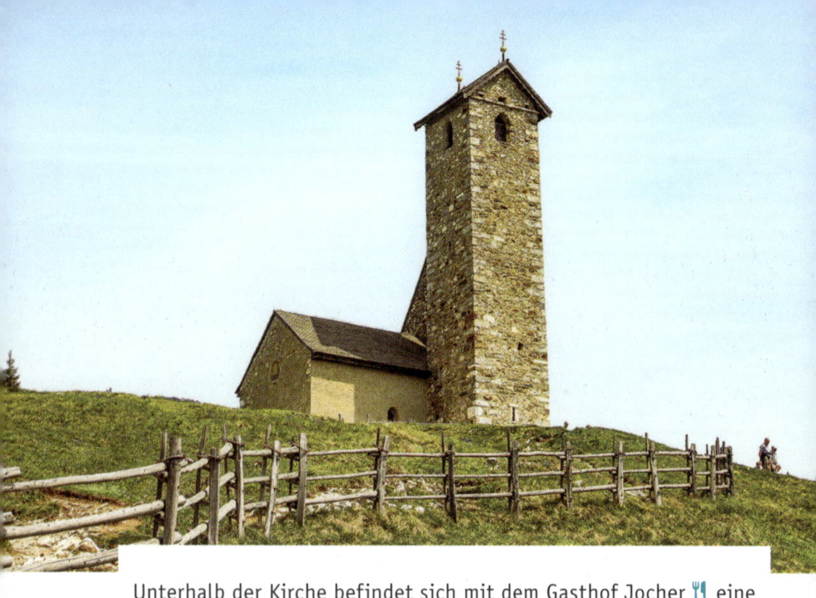

Unterhalb der Kirche befindet sich mit dem Gasthof Jocher 🍴 eine Einkehrmöglichkeit. Von der Rückseite der Kirche folgen wir dem bergab führenden Weg, biegen unten rechts und an der nächsten Abzweigung links ab in Richtung Schwarze Lacke (Weg Nr. 9). Den See, an dessen Ufer sich das Gasthaus Seespitz 🍴 befindet, erreichen wir bereits ¼ Stunde später. Wir bleiben auf dem um den See herumführenden Weg, gehen dann geradeaus weiter (Nr. 7, „Panoramaweg") und folgen an den nächsten Abzweigungen weiter dem Panoramaweg. Dieser führt zunächst im leichten Auf und Ab durch den Wald, dann verlassen wir den Wald und wandern am Hang entlang. Der nahezu ebene Panoramaweg macht seinem Namen alle Ehre: Er bietet traumhafte Ausblicke auf das Meraner Becken, das Etschtal, die Dolomiten und den Mendelkamm. An manchen Stellen ist er aber relativ schmal, links geht es steil nach unten, sodass sich der Panoramaweg nicht unbedingt für Menschen mit Höhenangst eignet. Man kann aber problemlos vom See aus über den Hinweg zurück zur Bergstation gehen. Ansonsten biegen wir eine gute ¾ Stunde nach der Schwarzen Lacke noch einmal links ab, erreichen wieder den Weg Nr. 34 und kehren auf diesem zurück zur Bergstation.

KIRCHE ST. VIGIL AM JOCH

Die kleine Kirche liegt auf etwa 1.790 m und ist damit eine der höchstgelegenen Kirchen Südtirols. Die Mauern des Langhauses sind romanisch, der Chor mit Rippengewölbe und der Kirchturm stammen aus dem frühen 16. Jahrhundert. Im Inneren sind besonders die Fresken aus dem späten 14. Jahrhundert sehenswert.

SCHWARZE LACKE

Die Schwarze Lacke auf dem Vigiljoch, von den Einheimischen auch Jocher See genannt, war früher um einiges größer. Heute ist der kleine moorige See von einem breiten Schilfgürtel umgeben und ein Biotop, in dem sich Fische, Frösche, Molche und verschiedene Wasserinsekten tummeln. Um den See rankt sich eine schaurige Sage: Graf Fuchs, der Schlossherr von Lebenberg, war ein hartherziger, wenig gottesfürchtiger Mann. Selbst an hohen kirchlichen Feiertagen soll er lieber auf die Jagd als in die Kirche gegangen sein. Als der Schlosskaplan ihn deshalb rügte, soll er seinen Knechten befohlen haben, den Priester im Jocher See zu ertränken. Als der Graf kurz nach dieser grässlichen Tat allein zur Jagd ritt, scheute sein Pferd am See und warf ihn ins Wasser, wo er jämmerlich ertrank. Der Ritter soll in Gestalt eines Wolfs mit glühenden Augen oder eines wilden Jägers noch immer am See herumspuken …

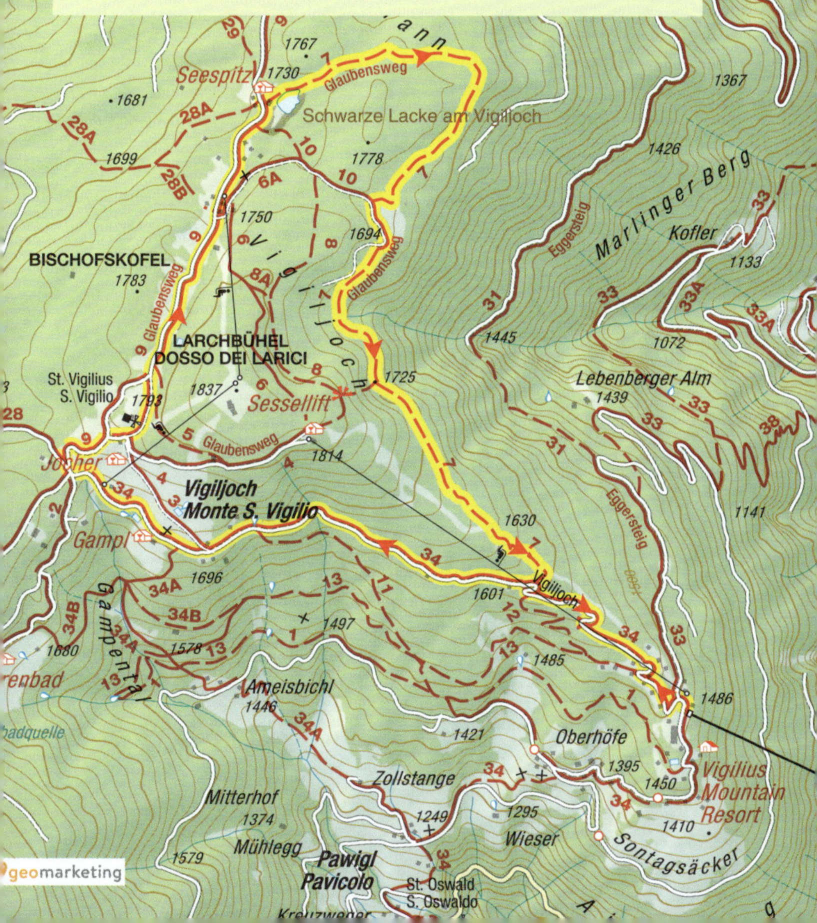

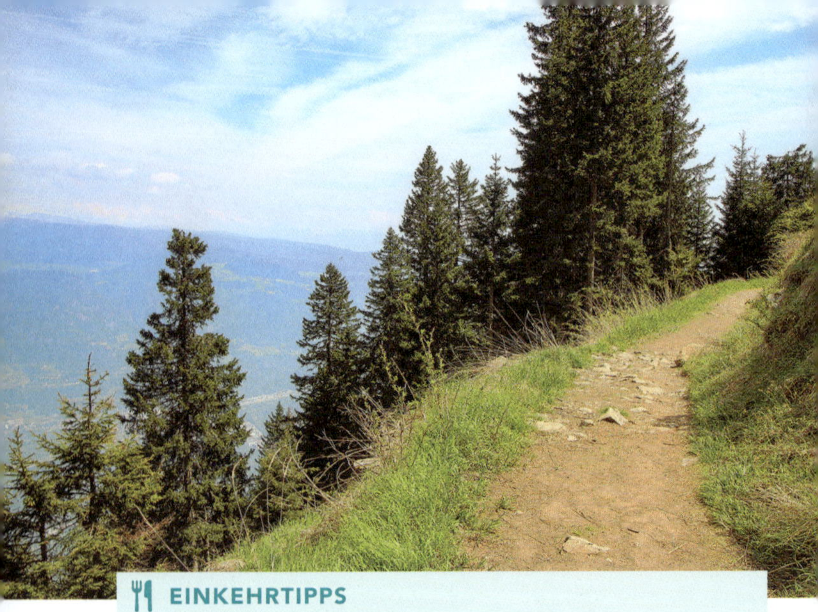

EINKEHRTIPPS

Ida Stube im Vigilius Mountain Resort: Einkehrmöglichkeit mit großer Sonnenterrasse, direkt an der Bergstation der Seilbahn, Südtiroler Küche. Pawigl 43, Lana, Tel. 0473 556600, www.vigilius.it, ganzjährig geöffnet

Familienalm Gampl: Familienalm mit vielen Kindergerichten, Spielplatz und kleinem Tierpark. Pawigl 15, Lana, Tel. 0473 562014, www.familyparadies.com, ganzjährig geöffnet

Gasthof Jocher: Gasthof unterhalb der St.-Vigilius-Kirche. Pawigl 16, Lana, www.jocher.it

Gasthaus Seespitz: Traditions-Gasthaus mit großer Terrasse direkt am See, heimische Küche. Vigiljoch 13, Lana, Tel. 0473 562955. Mo. Ruhetag (außer an Festtagen).

INFOS IN KÜRZE

Einfache Rundwanderung, am Panoramaweg ein paar leicht ausgesetzte Stellen

Bergstation der Seilbahn Vigiljoch, 1.486 m

Einfach

2½ Stunden

300 Hm

7,8 km

Die Talstation der Seilbahn Vigiljoch liegt in Lana, in der Nähe des Zentrums (Villener Weg 3). Die Seilbahn ist gut ausgeschildert, alternativ kann man in Lana auch der Beschilderung Richtung Ultental folgen. Parkplätze an der Talstation.

Bus 211 und 246, Haltestelle: Busbahnhof, von hier noch knapp 5 Min. zu Fuß

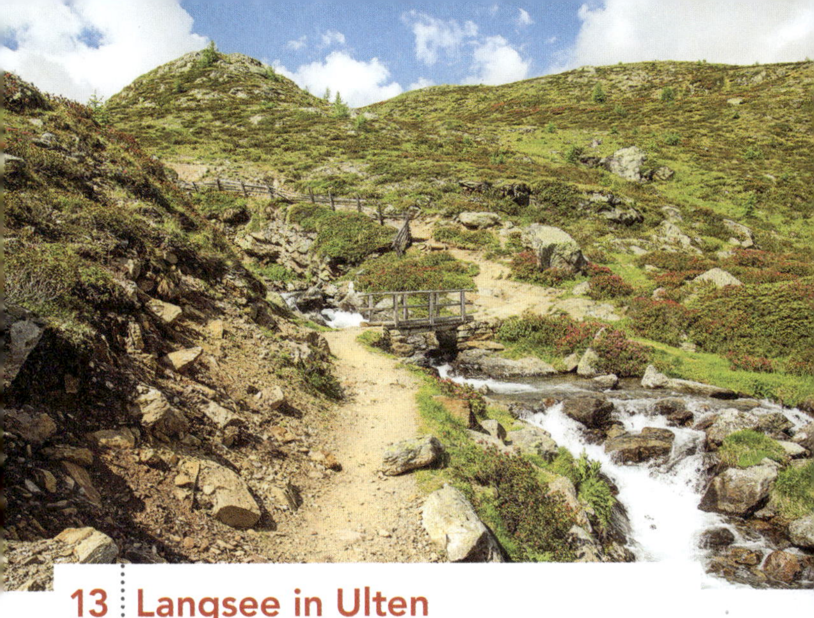

13 Langsee in Ulten

Bei dieser Wanderung im Talschluss hat man die herrliche Landschaft des Ultentals meist für sich allein. Viele Ausflügler zieht es zu bekannteren Zielen, wie zum Grünsee mit der Höchsterhütte oder zur Fiechter Alm, die man vom Weißbrunnsee auch nach einem kleinen Spaziergang erreichen kann. So bleibt die Tour zum Langsee und damit zum Ursprung der Falschauer so etwas wie ein Geheimtipp.

Am Anfang des Parkplatzes am Weißbrunner Stausee sehen wir jede Menge Wegweiser und folgen hier dem Weg Nr. 140 in Richtung Fischersee. Gleich danach müssen wir unseren inneren Schweinehund überwinden. Denn direkt am Weg liegt das Berggasthaus zur Knödlmoidl und ein paar Meter unter uns befindet sich mit dem Weißbrunner Almhüttl eine weitere Einkehrmöglichkeit. Die Versuchung, in der Sonne sitzend den Stausee zu betrachten, ist schon ziemlich groß. Wir marschieren aber weiter und werden dafür sofort mit einer noch zauberhafteren Landschaft belohnt. Wir fühlen uns fast so, als würden wir einen Märchenwald durchschreiten. Etwa 10 Min. später biegen wir links ab, queren die Falschauer und wandern nun auf Weg Nr. 103 weiter. Auf einem kleinen, steinigen Weg geht es am rauschenden Bach entlang, wir kommen an hübschen Rastplätzen vorbei und haben schon von hier unten einen tollen Blick auf die mächtigen Berge des Ultentals, denen wir mit jedem Schritt etwas näher kommen. An der nächsten Gabelung halten wir uns rechts und folgen Weg Nr. 107. Wir queren eine von Bächen durchzogene Ebene und sehen vor uns Wasserfälle die Hänge herunterrauschen. Nach der Ebene geht es auf einem schmalen Pfad

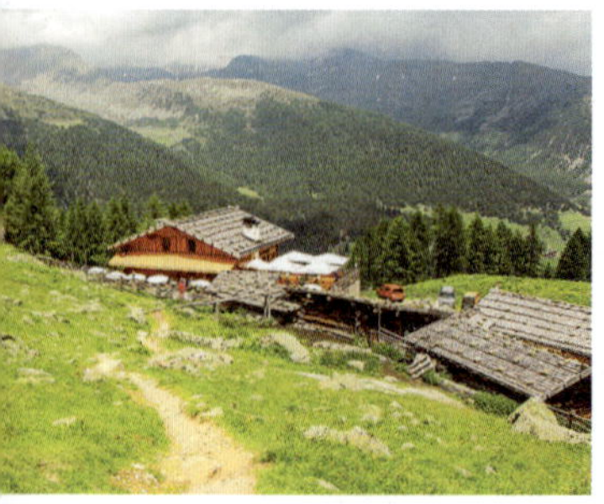

einen Hang hinauf. Oben erwartet uns die mittlerweile verfallene Oberweißbrunner Alm. An der Alm halten wir uns rechts (Weg Nr. 107, „Gleck") und sind nun in mäßigem Anstieg mit herrlichem Blick auf die umliegende Bergwelt weiter taleinwärts unterwegs. Dieses ausgedehnte Almgebiet wird auch „Auf die Plöder" genannt. Auf dem Weg zum Langsee, dem Hauptsee der sogenannten Weißbrunner Naturseen, kommen wir noch an kleineren Seen vorbei. Wer nach rechts oben blickt, kann den Grünsee (2.529 m) erkennen, den höchstgelegenen Stausee des Ultentals, und daneben die Höchsterhütte. Knapp 40 Min. nach der Oberweißbrunner Alm stehen wir dann vor dem Langsee, der in einer kleinen Mulde am Fuße der Ortler Alpen liegt.

ⓘ Man kann die Wanderung beliebig verändern oder auch ausdehnen: Auf Weg Nr. 107 in etwa einer ¾ Stunde zum Schwarzsee (+ 170 Hm) und weiter auf den Gipfel des Gleck (1½ Stunden, + 570 Hm) oder auf Weg Nr. 12 in gut 1 Stunde zum Grünsee und zur Höchsterhütte (+180 Hm) und über Weg Nr. 140 zurück zum Weißbrunner Stausee.

LANGSEE IM ULTENTAL

Der Langsee (2.340 m) im Ultental gehört zu den sogenannten Weißbrunner Naturseen. Mit einer Größe von 220 × 170 m und einer Maximaltiefe von gut 8 m ist er der Hauptsee dieser Gruppe. Es heißt, dass einst ein Drache im Langsee gelebt hat, zu dessen Lieblingsmahlzeit das Weidevieh gehörte. Niemand konnte ihn bezwingen, da kam eines Tages ein altes Männchen und flog mit ihm davon. Seither hat man nichts mehr von den beiden gehört …

ZUM URSPRUNG DER FALSCHAUER

Die Falschauer hat ihren Ursprung im hinteren Ultental. Den Namen trägt der kleine Fluss ab dem Zusammenfluss von Grünseebach und dem Oberen Weißbrunnbach. Beide Bäche haben ihren Ursprung im Bereich des Weißbrunnferners und den Weißbrunner Naturseen, sodass auch der Langsee gewöhnlich als Ursprung der Falschauer gesehen wird. Die Falschauer durchfließt dann das gesamte Ultental und die Gaulschlucht und mündet schließlich nach gut 40 km bei Lana in die Etsch.

Wir kehren jetzt bis zur Oberweißbrunner Alm zurück. Hier halten wir uns rechts (Pfeil an der Hütte) und folgen Weg Nr. 104, einem kleinen Pfad, der sich zunächst den Hang hinaufschlängelt. Danach wird der Weg wieder relativ eben, ist aber an manchen Stellen ein wenig ausgesetzt. Weit unter uns sehen wir den Weißbrunner Stausee liegen. Wer gute Augen hat, kann vielleicht sogar sein Auto auf dem Parkplatz erkennen. Der Weg führt nun an mächtigen Hängen entlang und deutlich bergab. Wir folgen weiter der Ausschilderung zur Fiechtalm, biegen also noch einmal links und einmal rechts ab und erreichen, nach einem letzten steilen Stück bergab, die hübsch gelegene Fiechter Alm 🍴. Von der Oberweißbrunner Alm bis zur Fiechter Alm braucht man etwa 1 Stunde. Danach geht es links an

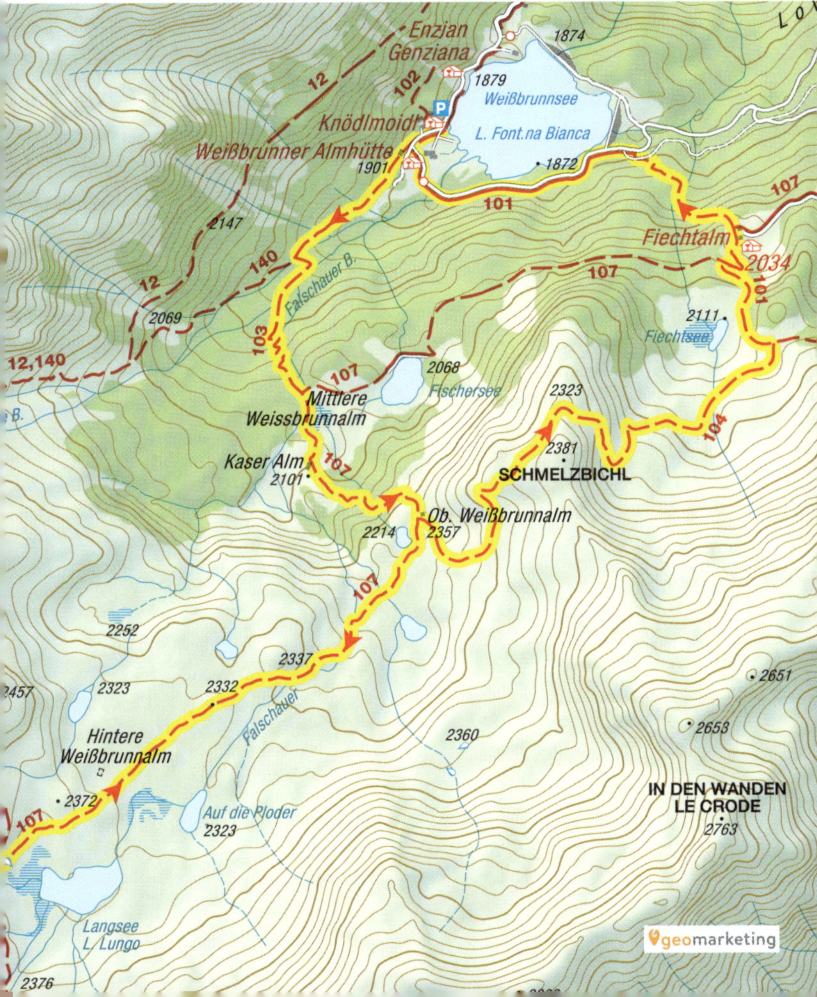

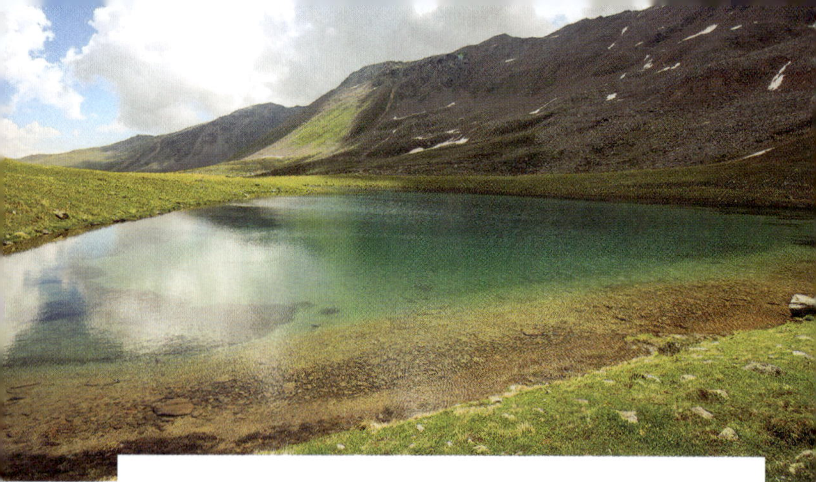

der Hütte vorbei und weiter auf Weg Nr. 101 in Richtung Weißbrunn. Der schmale Steig führt steil bergab (rutschig bei Nässe) durch den Wald und endet am Weißbrunner Stausee. Hier biegen wir links ab und folgen dem breiten Weg, der um den Stausee herumführt. Dieser bringt uns wieder zurück zum Ausgangspunkt.

EINKEHRTIPPS

Berggasthaus zur Knödlmoidl: Sonnenterrasse, regionale Gerichte. Weißbrunn 166, St. Gertraud/Ulten, Tel. 0473 798107, www.weissbrunn.com, im Sommer täglich 11–19 Uhr geöffnet
Weißbrunner Almhüttl: Urige Almhütte am Weißbrunner See, Südtiroler Küche, hausgemachte Kuchen und Säfte. Weißbrunn, St. Gertraud/Ulten, Tel. 0473 798038, www.ausserbach.com/de-almhuette.htm, Mitte Mai–Ende Okt. geöffnet
Fiechter Alm (Fiechtalm): Hübsche Ultner Berghütte, Käse aus eigener Produktion, typische Almgerichte. Weißbrunn, St. Gertraud/Ulten, Tel. 348 7507502, www.fiechter-alm.it, Mai–Ende Okt. geöffnet

INFOS IN KÜRZE

Wanderung in der einsamen Idylle des Ultentals
Weißbrunner Stausee, 1.900 m
Mittel
4 Stunden
630 Hm
10,3 km

Von Lana ins Ultental fahren und der Straße bis zum Talschluss folgen. Ein großer Parkplatz befindet sich unterhalb des Berggasthauses Knödlmoidl.
Im Sommer verkehrt zwischen Kuppelwies und Weißbrunner Stausee ein Wanderbus.

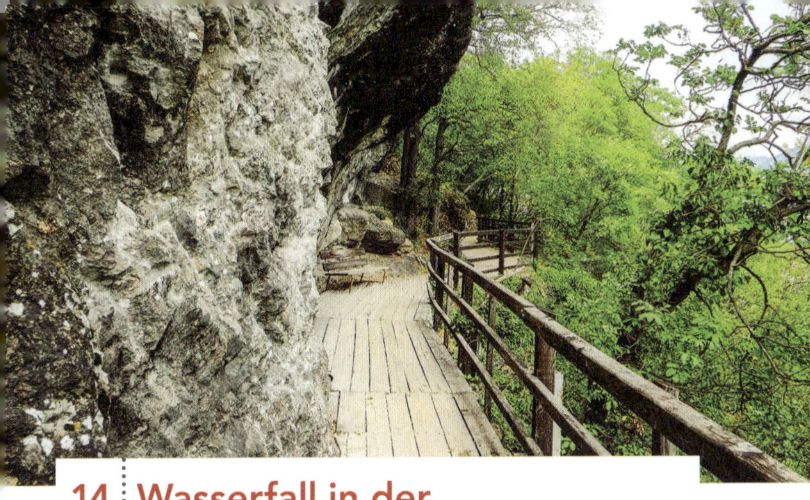

14 Wasserfall in der Brandisschlucht

Der Brandiswaal wurde bereits 1835 vom Grafen von Brandis erbaut und diente der Bewässerung seiner Güter. Der oberhalb von Lana verlaufende Waalweg verbindet Oberlana mit Niederlana und endet am rauschenden Wasserfall in der Brandisschlucht. Bei der abwechslungsreichen Wanderung kommt man an der hübschen St.-Margarethen-Kirche vorbei, in deren Inneren sich Fresken aus dem frühen 13. Jahrhundert befinden.

Vom Gampenparkplatz oder der Bushaltestelle am südwestlichen Ortsrand von Oberlana folgen wir der Gampenstraße ein Stück bergauf und biegen dort, wo gut sichtbar eine orangefarbene Blitzsäule steht, links ab. Danach halten wir uns rechts, um auf den Brandiswaal zu gelangen. Das Wasser des Waals fließt heutzutage komplett unterirdisch, der früher schmale Waalweg wurde zu einer breiten Promenade ausgebaut. Da er nahezu eben verläuft, ist er sowohl für Kinderwagen als auch Rollstuhl geeignet. Ausgesetzte Stellen sind mit Holzstegen und Geländern bestens begehbar gemacht. Die

BRANDIS-WASSERFALL

Der Brandis-Wasserfall befindet sich in einer engen, grünen Schlucht, die man ohne den guten Ausbau des Waalweges wohl nur schwer erreichen könnte. Über mächtige Felsbrocken stürzt der Brandisbach hier viele Meter tief als Wasserfall in den sogenannten Brandis-Gaul. Holzbänke direkt vor dem Wasserfall sorgen dafür, dass man das Naturspektakel in aller Ruhe genießen kann.

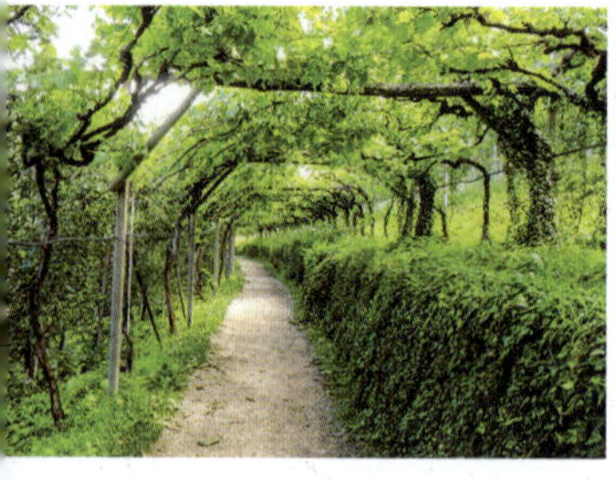

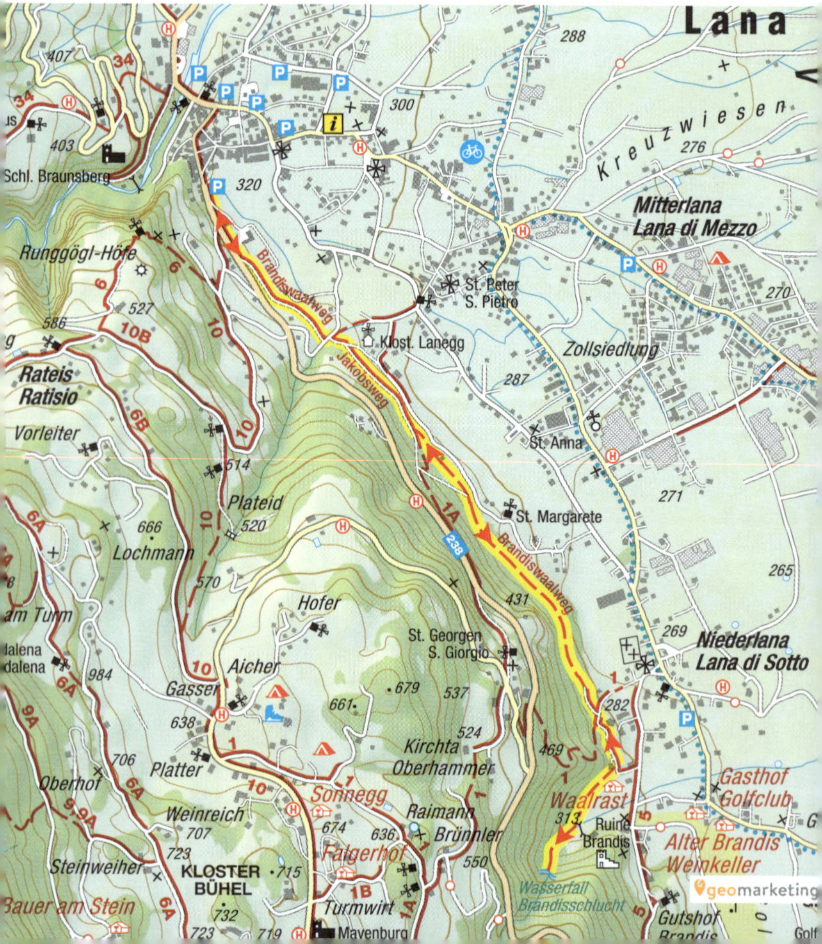

Trasse des Waals führt durch Kastanienhaine und an Obst- und Weingärten entlang, stellenweise gehen wir aber auch dicht am Felsen vorbei. Vom Brandiswaalweg aus zeigt sich das Etschtal wirklich von seiner schönsten Seite. Unter uns befindet sich Lana, hinter uns Meran und die Texelgruppe, auf der anderen Talseite der Tschögglberg. Wer nach vorne blickt, kann schon bald in der Ferne das Weißhorn und das Schwarzhorn sehen. Die beiden formschönen Berge liegen in der Gemeinde Aldein und gehören zu den Fleimstaler Alpen. Immer wieder sieht man neben dem Weg auch Skulpturen, diese sind Teil des Skulpturenwanderwegs, der

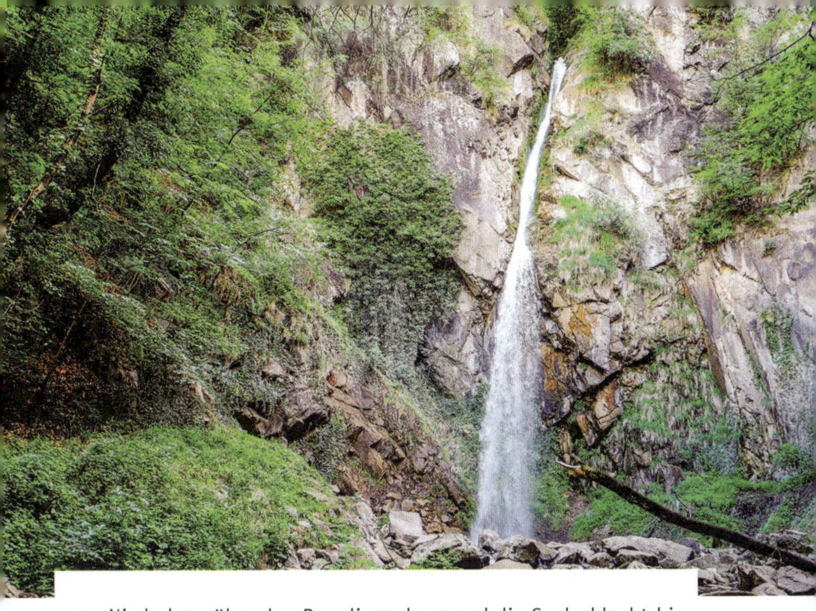

von Niederlana über den Brandiswaalweg und die Gaulschlucht bis zum Falschauer Biotop führt. Ungefähr auf der Hälfte des Weges kommen wir an der St.-Margarethen-Kirche vorbei. Die kleine Kirche liegt ein paar Meter unterhalb des Brandiswaalwegs und kann nach einem kurzen Abstecher erreicht werden. Wir bleiben weiter auf dem Waalweg, bis wir an eine Abzweigung kommen. Hier könnte man links nach Niederlana absteigen und würde nach etwa 5 Min. das Südtiroler Obstbaumuseum (www.obstbaumuseum.it) und kurz darauf die Pfarrkirche Maria Himmelfahrt mit dem bekannten Schnatterpeck-Altar erreichen. Wenige Meter nach der Gabelung kommen wir an dem Restaurant Waalrast 🍴 vorbei bzw. gehen genau zwischen den vielen Tischen der Panoramaterrasse hindurch. Jetzt sind es nur noch wenige Minuten bis zum Wasserfall. Kurz vor dem Ziel sehen wir unter uns den Golfplatz von Lana und können noch einen Blick auf die Ruine der Burg Brandis, einst der Stammsitz der Grafen von Brandis, werfen. Der Rückweg erfolgt auf dem Hinweg. Wer noch dem Obstbaumuseum und der Pfarrkirche mit

ST.-MARGARETHEN-KIRCHE

Die romanische Kirche mit drei Apsiden wurde dem Deutschen Orden 1215 von Kaiser Friedrich II. übergeben. Im Inneren der Kirche befinden sich romanische Fresken aus der Zeit um 1215, ein Barockaltar von 1687 und ein romanisches Kruzifix aus der Mitte des 14. Jahrhunderts.
Mitte Apr. bis Ende Okt. Mi. 10–13 Uhr geöffnet, an Feiertagen bleibt die Kirche geschlossen.

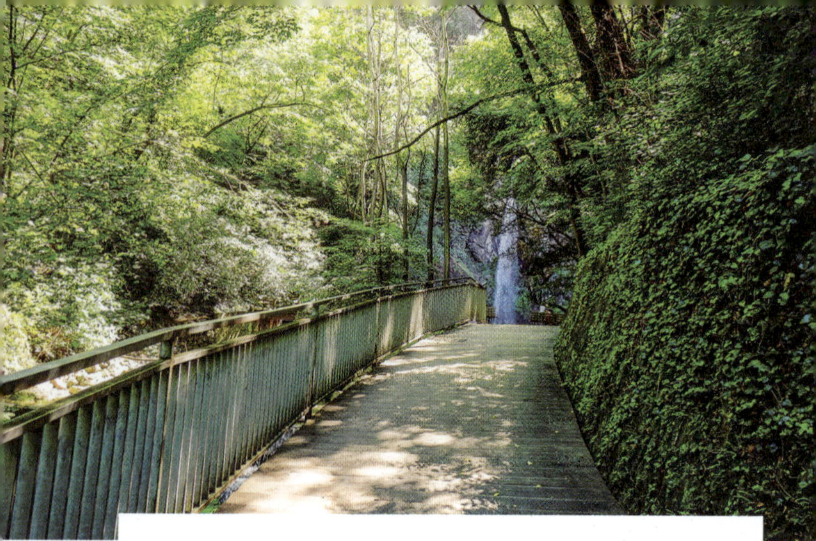

dem Schnatterpeck-Altar einen Besuch abstatten möchte, nimmt wie beschrieben kurz nach der Waalrast 🍴 die Abzweigung nach Niederlana. Zurück kann man mit dem Bus fahren, eine Bushaltestelle befindet sich direkt bei der Kirche.

ⓘ Man kann die Wanderung auch gut an der Pfarrkirche beginnen. Der kurze Zustieg hinauf zum Waalweg ist aber recht steil und für Kinderwagen oder Rollstuhl eher nicht geeignet.

EINKEHRTIPP

Restaurant Waalrast: Einkehrmöglichkeit direkt am Waalweg, große Panoramaterrasse, regionale Küche. Brandiswaalweg 5, Lana, Tel. 0473 561270, www.waalrast.com, Mitte März–Anf. Nov. geöffnet, Mo. Ruhetag

INFOS IN KÜRZE

Familienwanderung mit grandiosem Blick ins Etschtal
Parkplatz P4 an der Gampenstraße in Lana, 700 m
Einfach
1¾ Stunden
40 Hm
6 km (Hin- und Rückweg)

In Lana der Ausschilderung zum Gampenpass folgen. Der gebührenpflichtige Parkplatz P4 liegt am Ortsausgang von Lana, direkt an der Gampenstraße.
Bushaltestelle beim Parkplatz (Linie 216 und 246, Haltestelle: Gampenparkplatz)

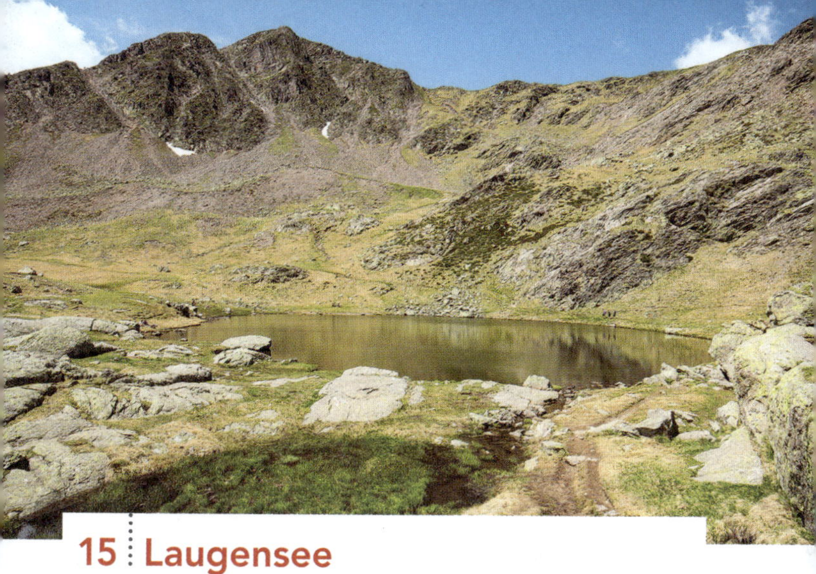

15 Laugensee

Es gibt einfachere Möglichkeiten, den Laugensee vom Gampenpass aus zu erreichen. Aber wer diesem Tourentipp folgt, wandert ein wenig abseits der vielbegangenen Wege durch eine nahezu unberührte Natur. Herrliche Ausblicke ins Etschtal, auf die Dolomiten und die schöne Bergwelt am Deutschnonsberg sind der Lohn der Anstrengung. Und mit ein wenig Extra-Kondition lässt sich die Wanderung auch zu einer schönen Gipfeltour auf den Kleinen Laugen ausbauen.

Wir starten ungefähr auf Höhe des Gasthofs Gampenpass (andere Straßenseite) bzw. gleich neben der Bushaltestelle und wandern zunächst auf einer Forststraße (Nr. 133, „Laugen") mäßig bergan. Gleich nach der ersten Kehre verlassen wir die Forststraße und biegen rechts ab. Jetzt sind wir auf dem sogenannten Bonacossa-Steig unterwegs, der über Wurzeln und Stufen mal mäßig und mal richtig steil den Waldhang hinaufführt. An einer Weggabelung gehen wir geradeaus weiter (Nr. 133), auf dem Rückweg kommen wir dann über den hier abzweigenden Weg Nr. 10B zurück. Nach einer knappen ¾ Stunde verlassen wir den Wald und kommen an einer kleinen, nicht bewirtschafteten Almhütte vorbei. Von dem Rastplatz neben der Hütte hat man einen traumhaften Blick ins Etschtal und auf die Dolomiten. Weiter geht es auf schmalem, felsigem Pfad die Wiesenhänge hinauf. Egal, wohin man auch schaut – die Landschaft ist einfach großartig. Bald sehen wir vor uns auch schon den Großen Laugen, der hinter dem Laugensee in die Höhe ragt. Wir wandern weiter durch die herrliche Felsen- und Wiesenlandschaft und stehen nach einem letzten, anstrengenden Anstieg plötzlich vor dem Laugensee. Dieser liegt in einer kleinen Senke und ist deshalb vom Weg aus nicht sichtbar.

ⓘ Wer die Tour mit einem Gipfel krönen will, kann vom See aus in 10–15 Min. den Kleinen Laugen erreichen. Dafür hält man sich am See rechts und folgt dann dem rechts abzweigenden Pfad. Der herrliche Blick auf Laugensee und den Großen Laugen (und natürlich auch der atemberauende 360-Grad-Panoramablick) ist die kleine zusätzliche Strapaze auf jeden Fall wert (ca. 25 Min. für Hin- und Rückweg, gut 100 Hm).

GAMPENPASS

Der Gampenpass liegt auf einer Höhe von 1.518 m und verbindet das Südtiroler Etschtal mit dem Nonstal im Trentino. Die Passstraße ist einfach zu fahren und im Regelfall ganzjährig geöffnet. Während des Zweiten Weltkriegs wurde der Pass vom italienischen Militär zu einer Sperrstellung ausgebaut und war Teil des italienischen Alpenwalls, einer Befestigungslinie, die Italien vor Angriffen aus den Nachbarländern wie Deutschland, Österreich und der Schweiz schützen sollte.

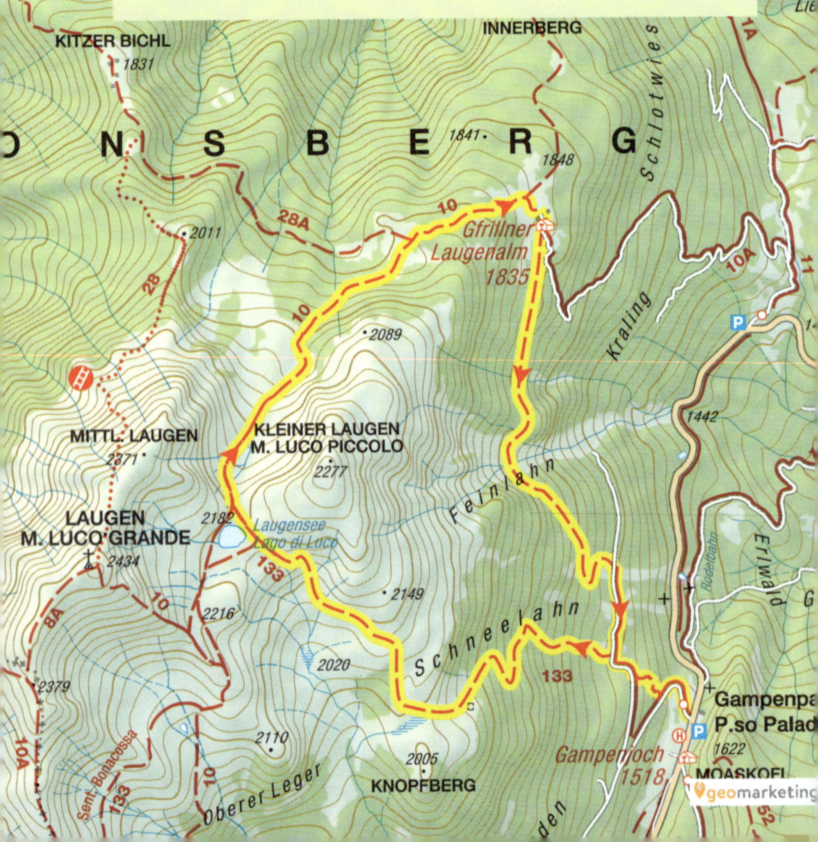

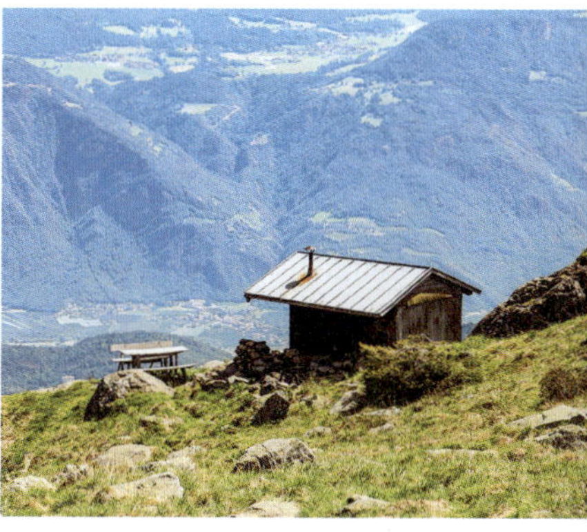

Für den Rückweg wählen wir eine Alternative abseits des vielbegangenen Wegs Nr. 10 in Richtung Laugenalm, der uns ebenfalls zurück zum Gampenpass bringen würde. Unsere Route ist zwar technisch etwas anspruchsvoller, dafür ist hier deutlich weniger los und man kann die herrliche Landschaft in aller Ruhe genießen. Wir halten uns am See rechts, kommen am Anstieg zum Kleinen Laugen vorbei und folgen dann auf der anderen Seite des Sees dem bergab führenden Pfad (Nr. 10, „Gampenpass“, „Gfrillner Laugenalm“). Auf einem geröllligen Steig geht es nun zum Teil steil bergab durch ein Kar, weiter über felsigen Weg durch lichten Wald und über Wiesenhänge hinab zur Gfrillner Laugenalm 🍴, die auf einem kleinen Felsen liegt. Vor der Alm folgen wir dem rechts abzweigenden Weg Nr. 10B („Gampenpass“). Wir passieren noch ein leicht ausgesetztes Geröllfeld, ansonsten geht es größtenteils auf einem gut ausgebauten Pfad in leichtem Bergab durch den Wald. Wir erreichen erneut die Weggabelung vom Beginn der Wanderung, biegen links ab und kehren auf dem Hinweg zum Gampenpass zurück.

ⓘ Direkt am Gampenpass liegt das Museum Gampen Bunker. In der 1940/41 erbauten Bunkeranlage befindet sich unter anderem eine sehenswerte Mineraliensammlung und im Eingangsstollen wechselnde Bilderausstellungen. April–Okt. geöffnet (nicht täglich!), genaue Öffnungszeiten unter www.gampengallery.it.

LAUGENSEE

Der Laugensee liegt in einer Senke zwischen dem Großen und Kleinen Laugen. Der klare, runde Bergsee ist von steinigen Hängen und Gras umgeben und bietet in Richtung Süden eine freie Sicht auf die Nonsberggruppe und die dahinter aufragenden Berge. Laut einer Sage war der See einst von Wetterhexen bewohnt. Als ein neugieriger Hirtenknabe mit seiner Herde zum See kam und einen geweihten Rosenkranz ins Wasser warf, braute sich sogleich ein furchtbares Unwetter zusammen. Blitze schlugen in die Herde ein, er selbst wurde ebenfalls von einem Blitz getroffen. Der Bub überlebte das Unglück, mied aber von da an die Gegend um den See.

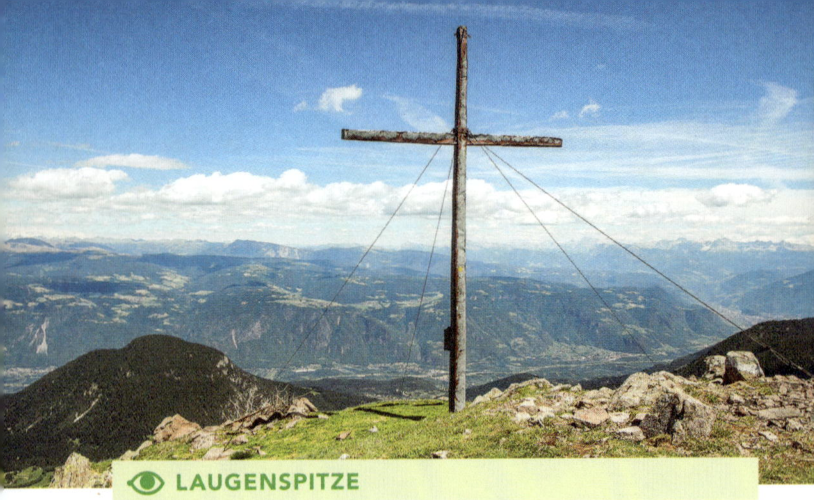

LAUGENSPITZE

Die Laugenspitze ist der höchste Berge in der Nonsberggruppe. Der Berg besitzt einen Doppelgipfel, den Großen Laugen (2.434 m) und den Kleinen Laugen (2.297 m). Beide Gipfel lassen sich besteigen, einfacher ist der Weg hinauf auf den Kleinen Laugen. Die erste bekannte Besteigung der Laugenspitze erfolgte bereits 1552 durch Jakob von Boymont zu Payrsberg, Regina von Brandis und ihre Tochter Katharina Botsch. Diese Gipfelbesteigung gilt heute als die erste dokumentierte in der Geschichte des Alpinismus und als erste bekannte Bergbesteigung durch Frauen.

EINKEHRTIPPS

Gasthof Gampenpass: Einkehrmöglichkeit direkt am Pass, regionale Spezialitäten. Gampenpassstraße 5, Unsere Liebe Frau im Walde, Tel. 0463 886148, ganzjährig geöffnet, Di. Ruhetag
Gfrillner Laugenalm: Urige, ruhig gelegene Berghütte. Juni–Okt. geöffnet

INFOS IN KÜRZE

Herrliche Panorama-Tour durch unberührte Natur; steile An- und Abstiege, für die Trittsicherheit nötig ist
Gampenpass, 1.518 m
Mittel bis schwer
4–4½ Stunden
670 Hm
7 km
Von Lana aus der Ausschilderung zum Gampenpass folgen, Parkplätze befinden sich am Gampenpass entlang der Fahrstraße.
Bushaltestelle (Linie 246, Haltestelle: Gampenpass) direkt am Pass

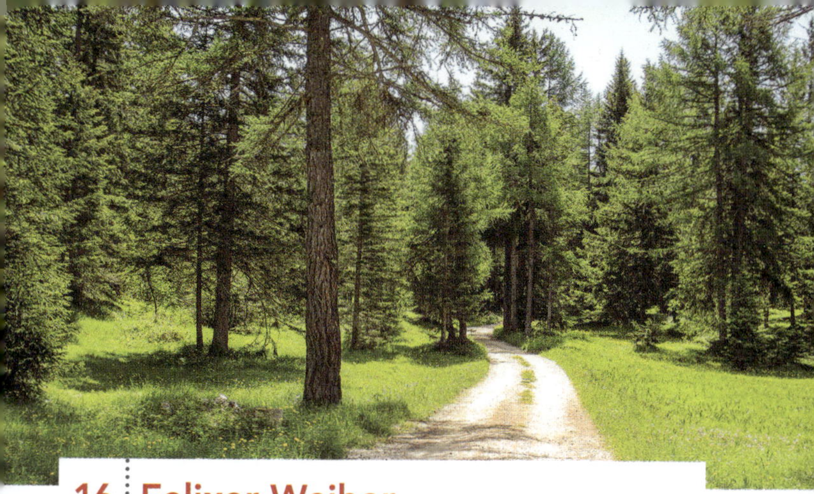

16 Felixer Weiher

Die malerische Landschaft am Deutschnonsberg erkundet man bei dieser Rundwanderung. Ziel ist der idyllisch zwischen Wiesen und Wald gelegene Felixer Weiher, ein Südtiroler Naturdenkmal und ein beliebter (aber nicht überlaufener) Badesee mit ausgezeichneter Wasserqualität. In Seenähe gibt es gleich zwei nette Einkehrmöglichkeiten. Außerdem befindet sich nicht weit vom Ausgangspunkt entfernt der Wallfahrtsort Unsere Liebe Frau im Walde – ebenfalls ein schönes Ausflugsziel.

Wir überqueren zunächst die Fahrstraße und folgen dann auf der anderen Straßenseite dem Weg Nr. 56 in Richtung Felixer Weiher. Auf breitem Forstweg wandern wir jetzt in leichter Steigung durch den Wald und erreichen eine knappe halbe Stunde später eine Gabelung. Hier gehen wir geradeaus weiter, nun der Markierung Nr. 49 folgend. Wir kommen am Biotop Bruggermoos vorbei und bleiben weiter auf Weg Nr. 49 bzw. wechseln dann auf Weg Nr. 50. Kurz danach kommen wir an der Felixer Alm 🍴 vorbei und können zwischen Weg Nr. 9B und Nr. 50 wählen, die beide in 5 Min. zum Felixer Weiher führen. Wer Weg Nr. 9B nimmt, kommt an einer weiteren Einkehrmöglichkeit, dem Gasthaus Waldruhe 🍴, vorbei. Wir biegen vor dem Gasthaus rechts ab und erreichen wenig später den Felixer Weiher. Man kann jetzt einmal um den See herumwandern, der Weg führt teils direkt am Wasser, teils leicht erhöht am See entlang. Wir entscheiden uns für den Uhrzeigersinn. Kurz bevor wir den See einmal komplett umrundet haben, kommen wir an eine Gabelung und biegen hier links ab (Nr. 9 in Richtung St. Felix). Über einen breiten Forstweg geht es nun im lichten Wald angenehm bergab, immer wieder kann man zwischen den Bäumen auch einen Blick auf die umliegende Bergwelt erhaschen. An der nächsten Abzweigung links halten und weiter Weg Nr. 9 folgen. An der nächsten Rechtskurve können wir die breite

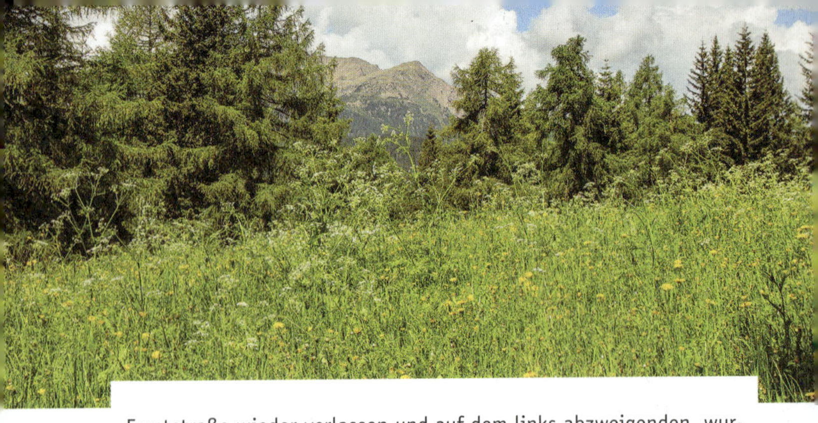

Forststraße wieder verlassen und auf dem links abzweigenden, wurzeligen Pfad weiterwandern, von dem wir wenige Minuten später wieder einen herrlichen Bergblick haben. Wir kreuzen den Forstweg und bleiben weiter auf Weg Nr. 9. Kurz danach kommen wir an einem Parkplatz raus (wer nur einmal kurz zum See möchte, könnte auch hier parken) und wandern nun auf einer wenig befahrenen Straße weiter (Nr. 9, „St. Felix"). 5 Min. später zweigen wir rechts ab (Nr. 9A, „Lochmannbrücke") und befinden uns jetzt wieder auf einem Waldpfad. An den nächsten Abzweigungen immer Weg Nr. 9A folgend, erreichen wir schließlich wieder die große Fahrstraße und biegen rechts ab. Diese (oder der kleine, neben der Straße entlangführende Pfad) bringt uns in wenigen Minuten zurück zum Ausgangspunkt.

ⓘ Kurz bevor man mit dem Auto den Ausgangspunkt der Wanderung erreicht, kann man rechts zum Wallfahrtsort Unsere Liebe Frau im Walde abbiegen. Bereits gegen Ende des 12. Jahrhunderts gab es hier ein kleines Hospiz für Reisende. Das Baujahr der Wallfahrtskirche lässt sich nicht genau bestimmen, ihre heutige Gestalt erhielt die gotische Kirche aber im 15. Jahrhundert. Im Kircheninneren beeindrucken besonders die mit Schnitzereien verzierten Barockaltäre und das Gnadenbild Maria mit dem Kinde auf dem Hochaltar.

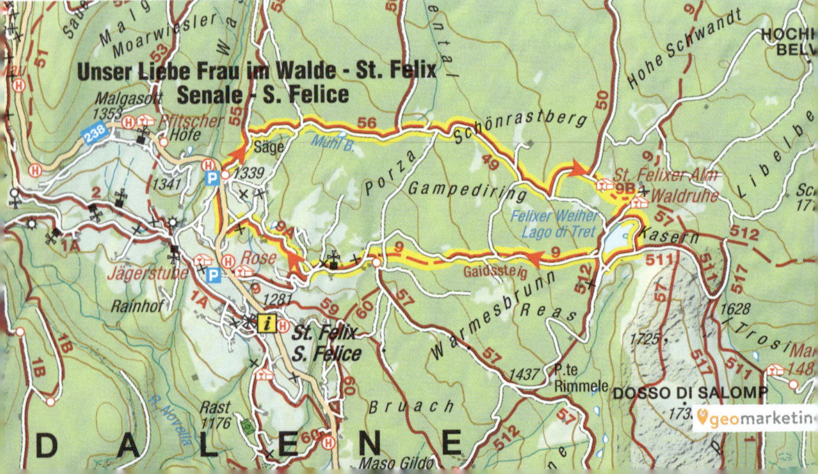

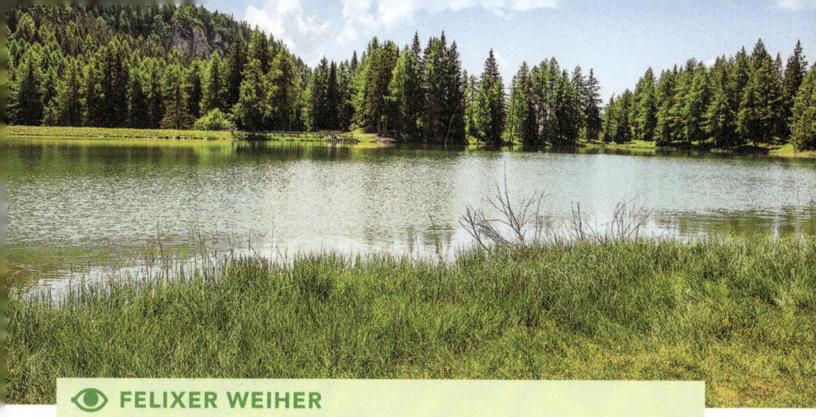

FELIXER WEIHER

Der Felixer Weiher (Südtiroler Naturdenkmal, 1.600 m), auch Tretsee genannt, ist im Sommer ein beliebter – da man ihn aber nur zu Fuß erreichen kann, meist nicht überfüllter – Badesee. Mit einer Länge von 220 m und einer Breite von 170 m kann man in dem See bequem seine Runden drehen. Die Maximaltiefe des mit Fischen besetzten Sees beträgt 3–4 m, im Sommer erreicht er angenehme Badetemperaturen von deutlich über 20 Grad. Wiesen und Lärchenwäldern umgeben ihn, außerdem befindet sich eine kleine Insel im See.

EINKEHRTIPPS

Felixer Alm: Almwirtschaft, einfache Südtiroler Gerichte, selbstgebackene Kuchen, in der Hütte lodert meist ein wärmendes Feuer. Juni–Okt. geöffnet
Gasthaus Waldruhe: Einkehrmöglichkeit mit großer Sonnenterrasse, regionale Küche. Außenhäuser 25, St. Felix, Tel. 368 7033743, Ende Mai/Anf. Juni–Ende Okt. geöffnet

INFOS IN KÜRZE

Abwechslungsreiche Wanderung durch die hübsche Wald- und Wiesenlandschaft am Deutschnonsberg
Wanderparkplatz/Bushaltestelle Lochmann bei St. Felix, 1.320 m
Einfach
2½ Stunden
320 Hm
8 km

Von Lana in Richtung Gampenpass und weiter auf der SS238 in Richtung St. Felix. Kurz vor dem Ortseingang kommt man über eine Brücke und erreicht wenig später den Parkplatz auf der rechten Seite.
Bushaltestelle am Parkplatz (Linie 246, Haltestelle: Lochmann)

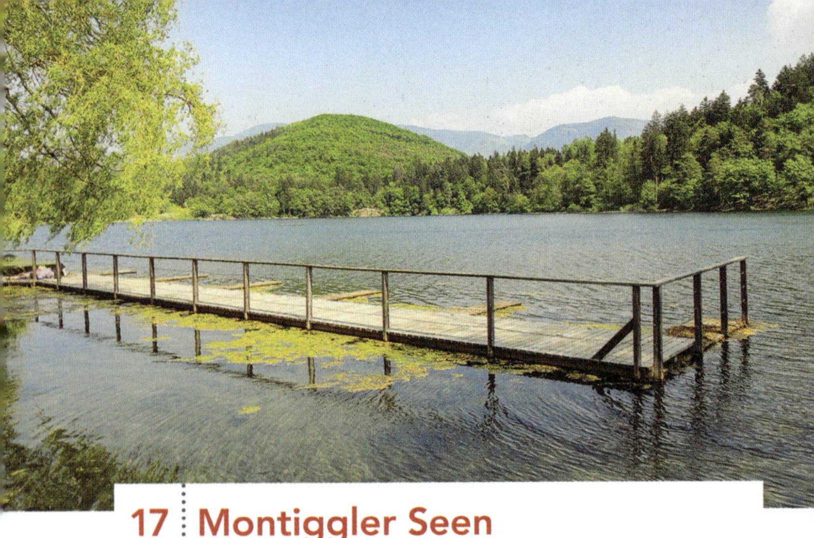

17 Montiggler Seen

Diese leichte, aber dennoch fast 14 km lange Wanderung führt auf bequemen Wegen, gesäumt von unzähligen Obstbäumen und Weinreben, von Kaltern durch das Frühlingstal zu den Montiggler Seen. Empfehlenswert ist sie von Frühjahr bis tief in den Herbst hinein. Tipp für Wintermüde: Im Frühlingstal blüht und grünt es durch ein besonders günstiges Mikroklima ein paar Wochen früher als im Rest Südtirols.

Der Höhenunterschied zwischen Kaltern und den Montiggler Seen beträgt zwar nur 270 m, aber durch das Auf und Ab durchs Frühlingstal kommen dann doch 430 m im Auf- bzw. Abstieg zusammen. Trotzdem ist diese Tour sehr abwechslungsreich und bietet viele Einkehrmöglichkeiten in Kaltern und an den Seen. Vom Marktplatz in Kaltern gehen wir Richtung Süden ein Stück die Goldgasse ent-

DIE MONTIGGLER SEEN

Die beiden Seen, die zum Ortsteil Montiggl der Gemeinde Eppan gehören, liegen in einer Senke des vom Klima begünstigten Mitterbergs und innerhalb des Naturschutzgebietes Montiggl. Eingebettet werden die Seen von hübschen Kiefern- und Mischwäldern. Der größere der beiden Seen liegt auf einer Höhe von 492 m, der kleinere mit 514 m Höhe etwas oberhalb.
Die hervorragende Wasserqualität macht sie beide zu beliebten Badeseen. Zusätzlich lockt das „Lido“, das direkt am Ufer des großen Montigglers See liegt, mit einem beheizten Schwimmbecken und einer großen Wasserrutsche.

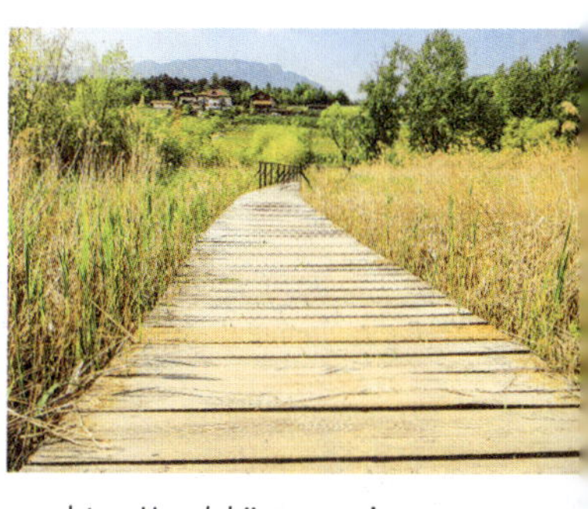

lang, um nach 100 m links in die Trutsch-Straße abzubiegen. Wenige Meter später zweigt ein Fußweg, Nr. 3, ab. Dieser bringt uns hinunter zur Weinstraße, die wir beim Zebrastreifen überqueren. Der Weg Nr. 3 führt ein paar Meter die Straße entlang und zweigt dann links in die Obstplantagen ab. Nach 5 Min. kommen wir auf eine asphaltierte Straße, Nr. 20A, bei der wir uns links halten. Wir folgen 800 m dem Verlauf der Fahrstraße, rechter Hand können wir den Kalterer See sehen. Die Straße wird steiler und wir kommen an eine Kreuzung, an der wir uns leicht links halten, Weg Nr. 20, Richtung Frühlingstal. An der nächsten Kreuzung biegen wir links auf den Wanderweg ab (rot-weiße Markierung). Der Weg bringt uns durchs Frühlingstal hoch nach Montiggl. Wir treffen auf eine asphaltierte Straße, der wir nach rechts folgen. 150 m später biegen wir links ab, um gut 130 m später wieder rechts abzubiegen. 2 Min. später gelangen wir zur Abzweigung für den Rundwanderweg um die Montiggler Seen. Wer weniger Zeit hat, kann auch nur den großen See umrunden und den kleinen auslassen, dann verpasst man das Restaurant Kleiner Montiggler See, wo man auch ein

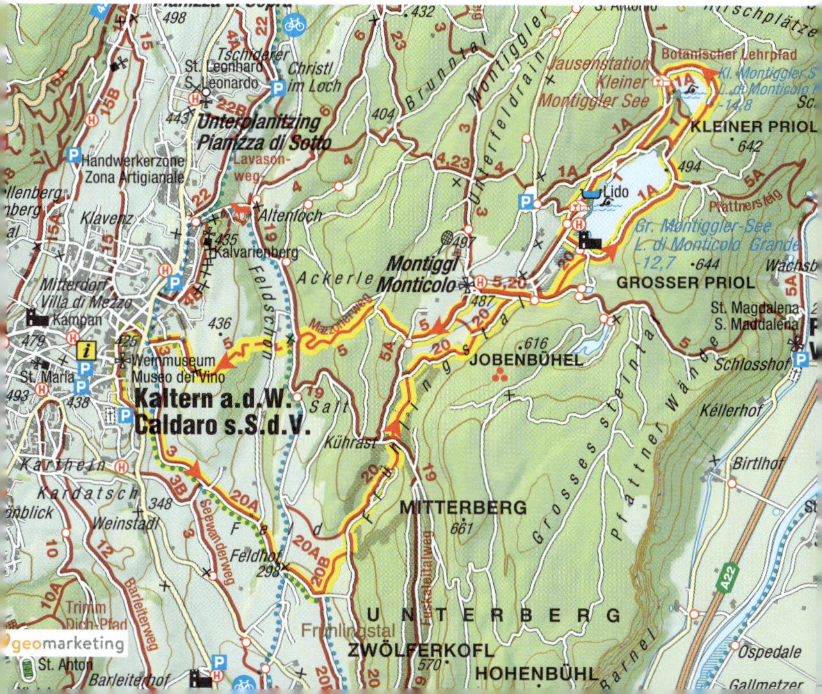

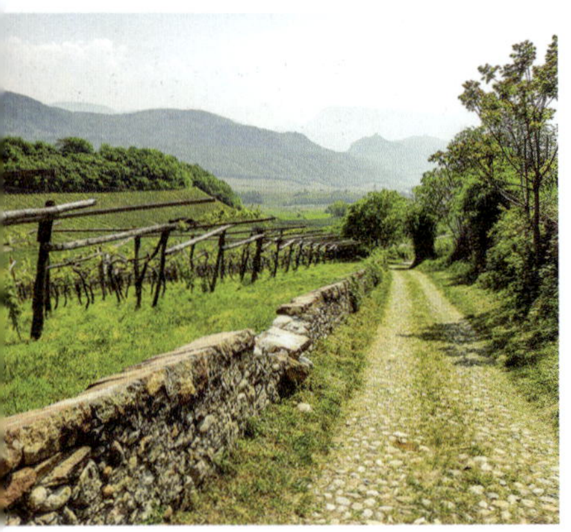

Boot mieten könnte. Nach rund 1 Stunde (beide Seen) erreichen wir wieder den Ausgangspunkt des Rundwegs. Wir gehen die Straße, die wir gekommen sind, wieder zurück in Richtung Montiggl. Im Dorf biegen wir bei der Kirche links auf Weg Nr. 5 in Richtung Kaltern ab. Die nächsten 3 km geht es durch Wälder und Weinberge erst bergab und dann wieder hinauf nach Kaltern. Kurz vor der Weinstraße zweigen wir rechts ab, überqueren diese über einen Zebrastreifen, folgen dem Montiggler Weg nach oben und biegen nach 100 m leicht links ab. Nach wenigen Minuten haben wir wieder den Marktplatz von Kaltern erreicht.

(!) In der Nähe des Marktplatzes von Kaltern liegt das Südtiroler Weinmuseum. Hier erfährt man viel Wissenswertes über die Geschichte des Südtiroler Weinbaus. Goldgasse 1, Kaltern, Tel. 0471 963168, Anf. April–Anfang/Mitte Nov. geöffnet, www.weinmuseum.it

EINKEHRTIPPS

Jausenstation Kleiner Montiggler See: Restaurant direkt am See mit vielen Plätzen im Freien, Bootsverleih, Montiggler Straße, Eppan, Tel. 0471 663127, www.kleinermontigglersee.com, April–Okt. geöffnet. Weitere Einkehrmöglichkeiten am großen Montiggler See und in Kaltern

INFOS IN KÜRZE

Gemütliche Wanderung auf sehr gut ausgebauten Wegen
Marktplatz in Kaltern, 430 m
Einfach
4 Stunden
430 Hm
14 km

Nach Kaltern über die Weinstraße SP14. Kostenpflichtige Parkplätze etwas oberhalb des Markplatzes auf dem Rottenburger Platz oder kostenpflichtiger Parkplatz Trutsch.
Mehrere Busverbindungen nach Kaltern, Bushaltestelle am Rottenburger Platz

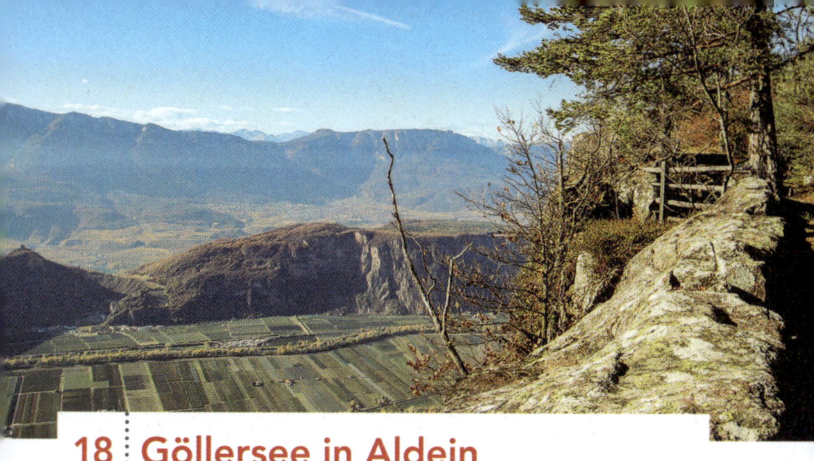

18 Göllersee in Aldein

Der Weg zum kleinen, idyllischen Göllersee führt durch eine wunderschöne Landschaft. Im Sommer ist er ein beliebter Badesee, da er zum einen angenehm warm ist, zum anderen durch seine Lage mitten im Wald auch Plätzchen im Schatten bietet. Zusätzlich kommt man bei dieser Rundwanderung an zwei besonders schönen Aussichtspunkten vorbei – der Rotwand und dem Burgstallegg –, die einen beeindruckenden Ausblick auf das Etschtal und den Mendelkamm ermöglichen.

Wir starten schräg gegenüber vom Gasthof Schönblick 🍴, überqueren die Hauptstraße, halten uns leicht links und folgen dem zunächst asphaltierten Weg Nr. 17 („Göllersee"), der leicht bergab und bald darauf in den Wald hineinführt. Wenig später gabelt er sich, hier kann man beiden Wegen folgen. Wir halten uns rechts und wandern nun durch das Biotop Bigleidermoos – eine wirklich zauberhafte Landschaft. Dieses Stück ist im Herbst besonders schön, wenn die Landschaft in gelb-orangen Tönen erstrahlt. An allen Kreuzungen bleiben wir auf dem Hauptweg.

ⓘ Kurz bevor wir den Göllersee erreichen, zweigt rechts ein Pfad zum etwa 200 m entfernten Hexenstein ab. Meist verstecken sich die Hexen aber so gut, dass man bei diesem riesengroßen Felsen keine von ihnen sieht …

Kurz nach der Abzweigung zum Hexenstein halten wir uns rechts und erreichen wenig später den in einem lichten Kiefernwald liegenden Göllersee – auf einem kleinen Pfad kann man diesen in wenigen Minuten einmal umrunden. Bis zum See braucht man ab dem Parkplatz knapp 25 Min. Wir gehen rechts am See entlang und nutzen eine der Bänke für eine kurze Rast. Besonders idyllisch ist es hier im Spätherbst, wenn sich nur noch wenige Wanderer hierher verirren. Danach folgen wir dem breiten Waldweg Nr. 17 und biegen

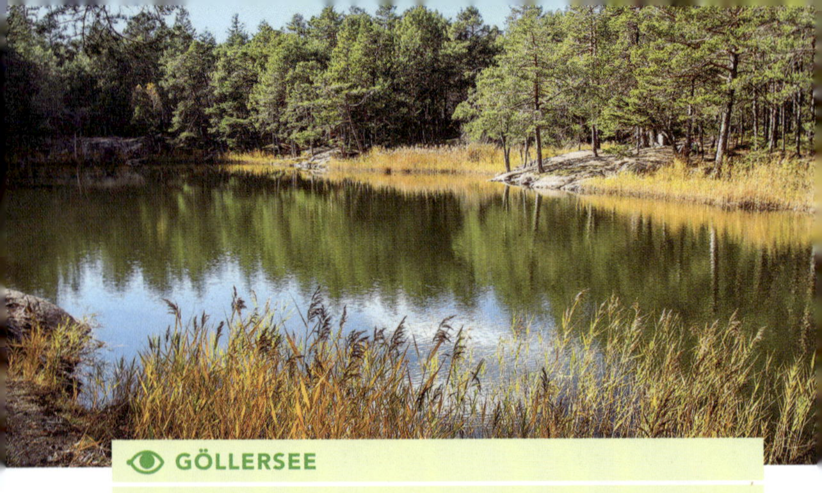

GÖLLERSEE

Der malerische Göllersee liegt inmitten der weitläufigen Wälder des Regglberges, umgeben von Kiefern, Felsblöcken und Schilf. Das etwa 180 × 50 m große Gewässer befindet sich in einer einmalig schönen, naturbelassenen Landschaft, da weder Parkplätze in der Nähe noch eine Einkehrmöglichkeit die Idylle stören. Im Sommer ist der mit Fischen besetzte See ein besonders bei den Einheimischen beliebter Badesee.

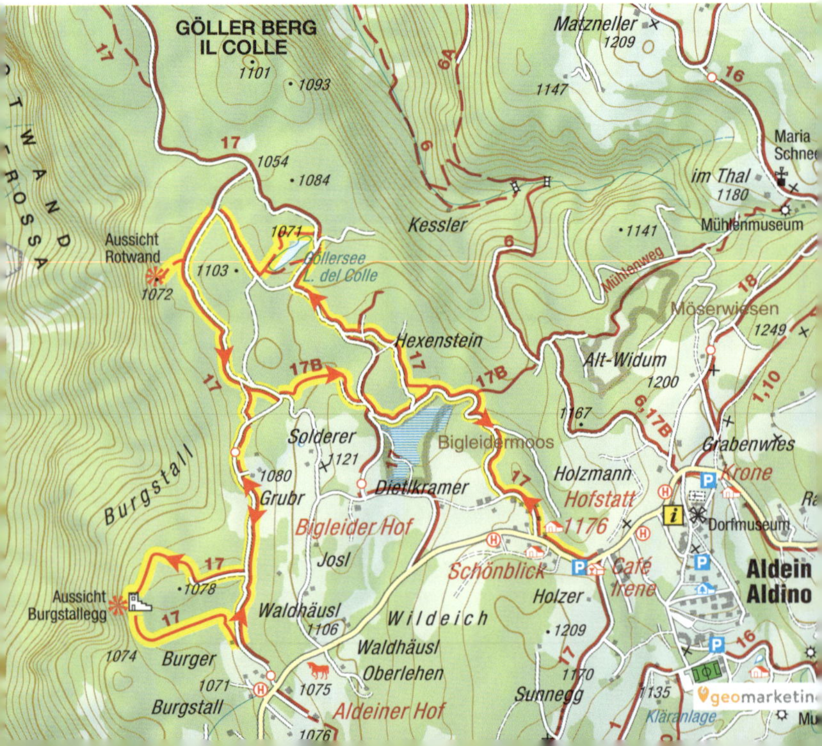

an einer Art Lichtung links ab (Richtung „Rotwand"). An der nächsten Abzweigung halten wir uns links und wandern nun auf einem schmalen Pfad ein kleines Stück bergauf durch den Wald, danach wieder über eine lichte Ebene und erreichen nach einem letzten kleinen Aufstieg etwa 20 Min. nach dem See den Aussichtspunkt Rotwand. Nicht nur der Blick ins Südtiroler Unterland bis hin zur Salurner Klause, auf den Mendelkamm, den Mitterberg mit der Leuchtenburg und dem dahinter liegenden Kalterer See ist überwältigend. Auch die Rotwand selbst, eine etwa 800 m hohe Felswand, die fast senkrecht ins Tal abfällt, ist beeindruckend. Wir folgen weiter dem gut markierten Weg Nr. 17 und der Ausschilderung zum Burgstallegg und ignorieren alle Abzweigungen. An der nächsten größeren Gabelung biegen wir rechts ab und erreichen mit dem Burgstallegg (Reste einer prähistorischen Wallburg) einen weiteren Panoramapunkt. Der am Hang entlangführende Weg ist zum Teil seilversichert, weist aber keine Schwierigkeit auf (Hunde besser an die Leine nehmen). Wir folgen ihm bis zur nächsten Gabelung, biegen links auf Weg Nr. 17A und an der nächsten Kreuzung rechts auf Nr. 17B ab. Wir ignorieren erneut alle Abzweigungen, um schließlich rechts auf Weg Nr. 17 abzubiegen und auf dem Hinweg zurück nach Aldein zu wandern.

EINKEHRTIPPS

Gasthaus Schönblick: Einkehrmöglichkeit am Ausgangspunkt der Wanderung, Südtiroler und mediterrane Küche. Wildeich 14, Aldein, Tel. 0417 1832477, www.schoenblick-aldein.com, Mi. Ruhetag
Café Irene: Einkehrmöglichkeit am Ausgangspunkt der Wanderung, hausgemachte Kuchen und Eis. Wildeich 3, Aldein, Tel. 340 5307492, ganzjährig geöffnet.

INFOS IN KÜRZE

Einfache Panorama-Wanderung im Süden Südtirols
Aldein, Gasthaus Schönblick bzw. Parkplatz rechts neben dem Café Irene, 1.180 m
Einfach
2½ Stunden
170 Hm

8,1 km
Von Neumarkt/Auer über Montan nach Aldein, vorbei an der Tankstelle und dem Gasthof Schönblick bis zum Parkplatz neben dem Café Irene, weitere Parkplätze im Zentrum.
Bus: 142, Haltestelle: Schönblick

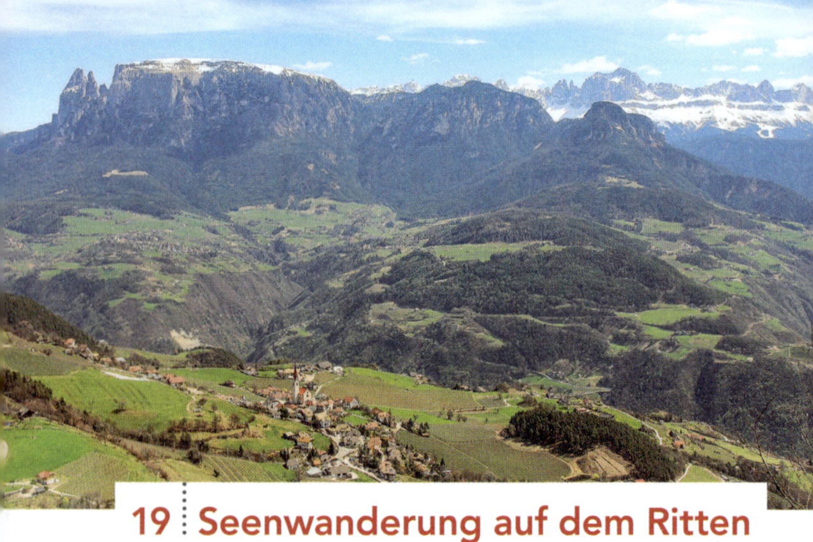

19 Seenwanderung auf dem Ritten

Vom Wolfsgrubner See geht es bei dieser einfachen Rundwanderung auf dem Rittner Hochplateau zum Mitterstieler See, einem geschützten Biotop. Unterwegs kommt man an einem Aussichtspunkt vorbei, der einen traumhaften Blick auf die Dolomiten bietet. Da die Route größtenteils durch Wald führt, kann man diesen Ausflug auch gut an heißen Tagen machen und sich zum Abschluss mit einem Sprung in den Wolfsgrubner See belohnen.

Vom Parkplatz am Wolfsgrubner See aus gehen wir die Fahrstraße wieder ein paar Meter zurück, bis wir zu einer Abzweigung kommen. Hier biegen wir rechts ab und folgen dem Pfad, der um den See herumführt (Nr. 12). An der nächsten Abzweigung halten wir uns links und wandern bald darauf im Wald weiter. Wir bleiben so lange auf dem Waldweg, bis wir eine größere Forststraße erreichen. Hier biegen wir links ab und folgen wenige Meter später dem scharf rechts abzweigenden Pfad (Nr. 12A). Die nächsten 10 Min. geht es mäßig ansteigend durch den Wald, dann erreichen wir wieder einen

RITTEN – HOCHPLATEAU BEI BOZEN

Der Ritten ist ein Hochplateau im Südosten der Sarntaler Alpen und ein sehr beliebtes Ausflugsziel. Er liegt nördlich von Bozen auf einer durchschnittlichen Höhe von 1.000 bis 1.200 m und wird im Osten vom Eisack und im Westen von der Talfer begrenzt. Touristische Bedeutung erlangte das Gebiet ab dem 17. Jahrhundert. Wer es sich als Einwohner Bozens leisten konnte, entfloh dem heißen Sommer in der Stadt und genoss die Sommerfrische auf dem Ritten.

etwas größeren Forstweg. Wir halten uns rechts und wandern noch ein kurzes Stück bergab. Dann stehen wir auch schon vor dem idyllischen Mitterstieler See, einem geschützten Biotop. Wir folgen dem links am See entlangführenden Pfad, der uns kurz darauf zu einem Aussichtspunkt der Extraklasse bringt. Schlern, Rosengarten und Latemar und viele weitere Dolomitengipfel scheinen zum Greifen nahe. Ein perfekter Platz zum Verweilen. Gut, dass es hier Tische und Bänke gibt und damit Platz für eine ordentliche Brotzeit. Weiter geht es auf den um den Mitterstieler See herumführenden Pfad. Wenn wir den kleinen See umrundet haben, wandern wir geradeaus weiter und folgen nun Weg Nr. 12, der uns zurück zum Wolfsgrubner See bringt.

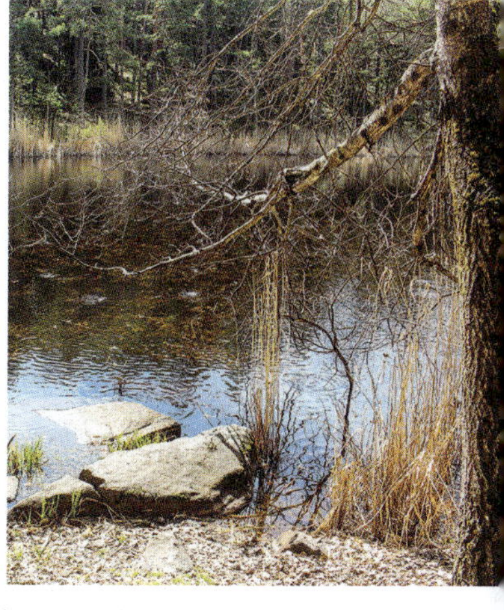

ⓘ Die Seenwanderung kann man gut mit einem Besuch des Bienenmuseums Plattnerhof kombinieren. Der denkmalgeschützte Hof ist einer der ältesten Bauernhöfe auf dem Ritten und liegt etwa 10 Gehminuten vom Parkplatz entfernt. Im Museum mit großem Außengelände erfährt man alles Wissenswerte über Bienen und die Herstellung von Honig. Wolfsgruben 15, Oberbozen, Tel. 0471 345350, www.museo-plattner.it, Ostern–Ende Okt. geöffnet.

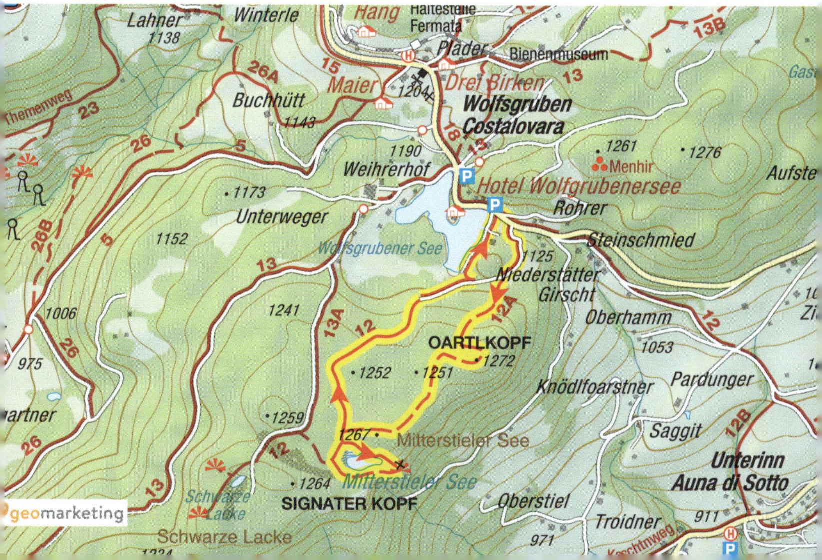

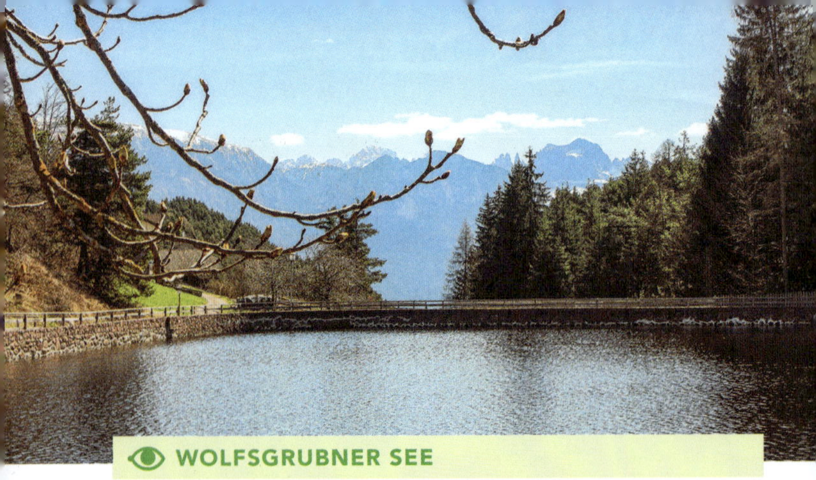

WOLFSGRUBNER SEE

Der Wolfsgrubner See gehört zu den saubersten Seen Südtirols. Er befindet sich in Wolfsgruben, einer kleinen Ortschaft auf dem Ritten, die zwischen Unterinn und Oberbozen liegt. Im Sommer ist er ein beliebter Badesee (gebührenpflichtig), im Winter kann man auf dem zugefrorenen See eislaufen. Er liegt auf einer Höhe von rund 1.170 m, ist etwa 3,3 ha groß und seine maximale Tiefe beträgt 4 m. Eine Landzunge teilt ihn in zwei etwa gleich große Hälften. Die Badesaison geht von Juni bis Anfang September, die durchschnittliche Wassertemperatur beträgt 22 bis 24 Grad.

EINKEHRTIPP

Hotel am Wolfsgrubner See: Rustikale Einkehrmöglichkeit direkt am See. Wolfsgruben 14, Oberbozen, Tel. 0471 345119, www.hotel-wolfsgrubenersee.com

INFOS IN KÜRZE

Schöner Waldspaziergang, der einen fantastischen Aussichtspunkt auf die Dolomiten bietet

Wolfsgrubner See, 1.170 m

Einfach

1 Stunde

100 Hm

3,5 km

Nördlich von Bozen auf einer gut ausgebauten, jedoch recht kurvigen Bergstraße auf das Rittner Hochplateau. Nach Unterinn links in Richtung Wolfsgruben abbiegen (Seestraße) und weiter bis zum Parkplatz am See.

Von Bozen mit der Rittner Seilbahn bis Oberbozen und von dort mit der Schmalspurbahn nach Wolfsgruben. Oder mit Bus Nr. 165 bis nach Klobenstein und weiter mit der Schmalspurbahn.

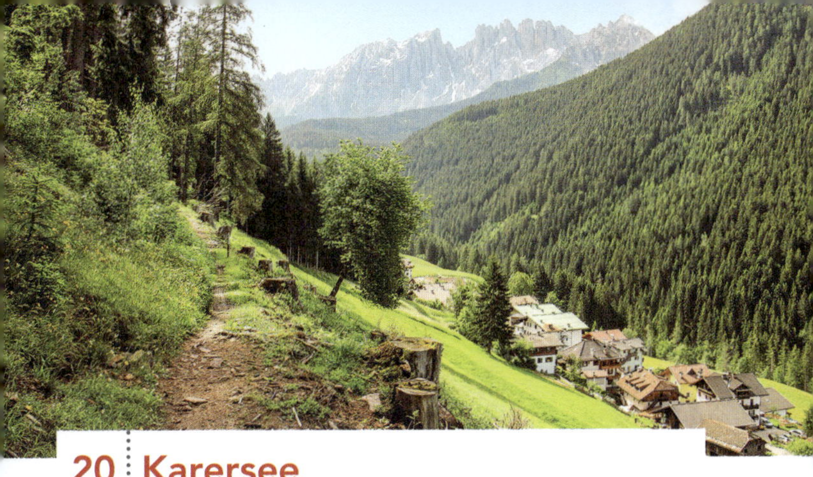

20 Karersee

Der Karersee ist einer der bekanntesten Seen Südtirols. Ein großer Parkplatz in unmittelbarer Nähe macht ihn zu einem sehr leicht erreichbaren Ausflugsziel. Deshalb empfiehlt es sich, früh unterwegs zu sein, denn dann erreicht man den wunderschönen See vor den Reisegruppen. Diese Rundwanderung, die in Welschnofen startet, ist aber auch an sonnigen Tagen zum Glück alles andere als überlaufen und bietet immer wieder herrliche Ausblicke auf Rosengarten und Latemar.

Wir starten am Eingang des Parkplatzes in Welschnofen auf Höhe des Zebrastreifens. Der Weg verläuft oberhalb der Fahrstraße in Richtung Karersee (Weg Nr. 7, „Karersee"). Wer von der Bushaltestelle kommt, biegt also hinter dem Zebrastreifen rechts ab, wer vom Parkplatz kommt, hält sich beim Zebrastreifen links. In weiten Serpentinen geht es im Wald einen kleinen Hügel hoch, dann biegt man zwei Mal hintereinander links ab, geht an der nächsten Abzweigung geradeaus weiter und nimmt danach den rechts abzweigenden Weg. Im weiteren Verlauf folgt man immer der Markierung Nr. 7. Ein kurzes Stück führt der Weg am Hang entlang – mit herrlichem Blick auf den Latemar. Wir kommen zu einer Forststraße, biegen rechts und etwa 50 m später links ab und wandern auf einem Steig weiter in Richtung Karersee. Wir wechseln dann auf Weg Nr. 7A. Nach einem steilen Stück bergab erreichen wir die Fahrstraße beim Hotel Adler und biegen hier links und bei der nächsten Kurve erneut links ab. 20–30 m später folgen wir dem schmalen Pfad, der wieder in den Wald hineinführt (Weg Nr. 10A). Auf Weg Nr. 10A weiter bergauf durch den Wald. Wir unterqueren die Fahrstraße und stehen dann vor dem Karersee. Auf einem Rundweg kann man den See in etwa ¼ Stunde einmal umrunden und hat dabei einen tollen Ausblick auf den Latemar. Einkehrmöglichkeiten sind am großen Karersee-Parkplatz vorhanden.

(!) Vom Karersee aus kann man in einer guten ¼ Stunde den Mittersee erreichen (Weg Nr. 12), der von Wiese und Latemarwald umgeben ist. Hinter dem See ragt der Latemar in die Höhe, sodass das Panorama ähnlich imposant wie am Karersee ist. Im Sommer trocknet der See, der eine Tiefe von bis zu 2,50 m haben kann, allerdings nahezu aus, ist dann aber immer noch ein idyllischer Ort zum Rasten.

Weiter geht es auf Weg Nr. 8 („Stadlalm"; nach der Unterführung rechts abbiegen). An einer größeren Weggabelung folgen wir dem rechts leicht bergab führenden Weg (Perlenweg). Dieser relativ ebene Weg lichtet sich bald ein wenig, sodass wir schöne Ausblicke auf die umliegenden Berge bekommen. Wir biegen schließlich auf Weg Nr. 25A und später auf Weg Nr. 25 ab und kommen zur Stadlalm 🍴. Von hier folgen wir der Fahrstraße für etwa 2–3 Min. weiter bergauf. In einer Rechtskurve zweigt links ein Pfad ab (Nr. 27, „Welschnofen"), die Abzweigung kann man leicht übersehen. Jetzt wandern wir zunächst auf einem kleinen Steig und dann auf einer Forststraße bergab durch den Wald. An allen Abzweigungen bleiben wir immer auf Weg Nr. 27, kommen am Sägewerk vorbei und erreichen kurz darauf die Hauptstraße (Karerseestraße). Hier biegen wir rechts ab, müssen noch ein Stück bergauf wandern und erreichen dann wieder den Ausgangspunkt.

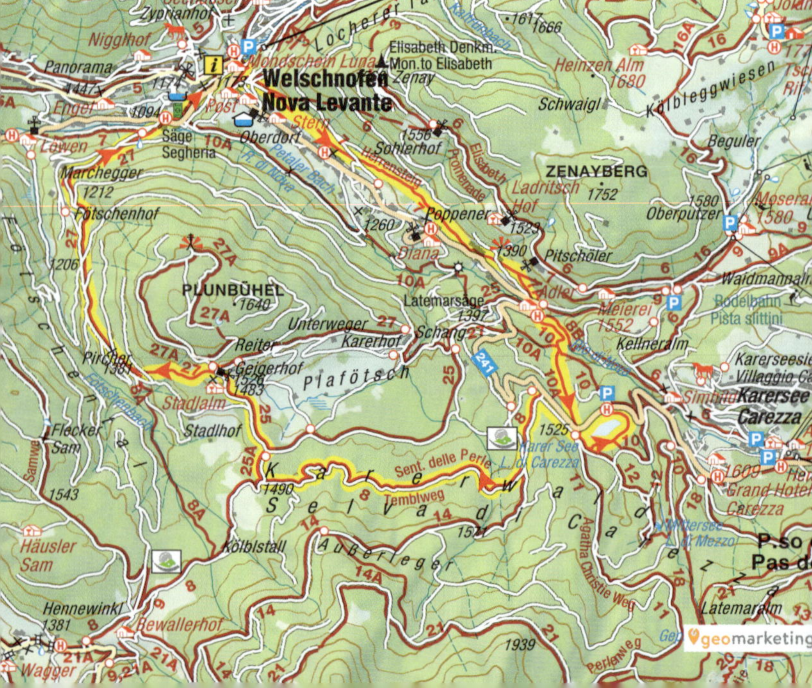

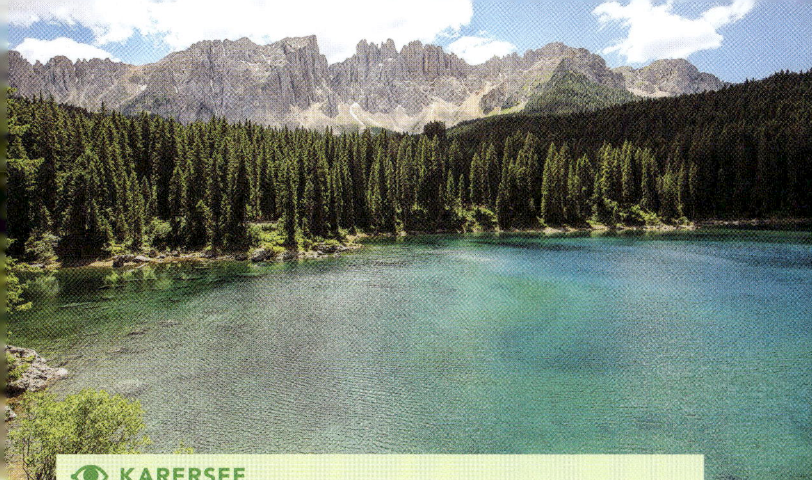

KARERSEE

Der Karersee (Südtiroler Naturdenkmal) liegt auf einer Höhe von über 1.500 m, unterhalb des Karerpasses am Fuße des Latemar. Das mächtige Bergmassiv spiegelt sich eindrucksvoll in dem türkisgrünen Wasser. Umgeben war der etwa 300 × 140 m große See vom herrlichen Latemarwald, der allerdings beim Sturmtief „Vaia" im Oktober 2018 großen Schaden gelitten hat und nun sehr dezimiert ist. Der Karersee wird von unterirdischen Quellen des Latemarmassivs gespeist und kann – je nach Saison und Wetterlage – eine Tiefe von bis zu 22 m erreichen.

EINKEHRTIPP

Stadlalm: Hofschank mit Blick auf Rosengarten und Latemar. Joghurt, Buttermilch und mehr aus eigener Produktion, selbstgebackene Kuchen, Hofladen. Karerseestraße 128, Welschnofen, Tel. 339 8613931, www.stadlalm.it, Mitte Mai–Mitte Okt. geöffnet

INFOS IN KÜRZE

Panorama-Wanderung zu einem der schönsten Bergseen der Alpen
Parkplatz Welschnofen (P2, Carezza Ski), 1.150 m
Mittel
Ca. 4½ Stunden
560 Hm
12,8 km

Von Bozen der Ausschilderung ins Eggental folgen und in Birchabruck weiter in Richtung Karerpass bis Welschnofen. Kurz vor dem Ortsende liegt der große, gut ausgeschilderte Parkplatz auf der linken Seite.
Bus Linie 180 und 184, Haltestelle: Kabinenbahn Carezza

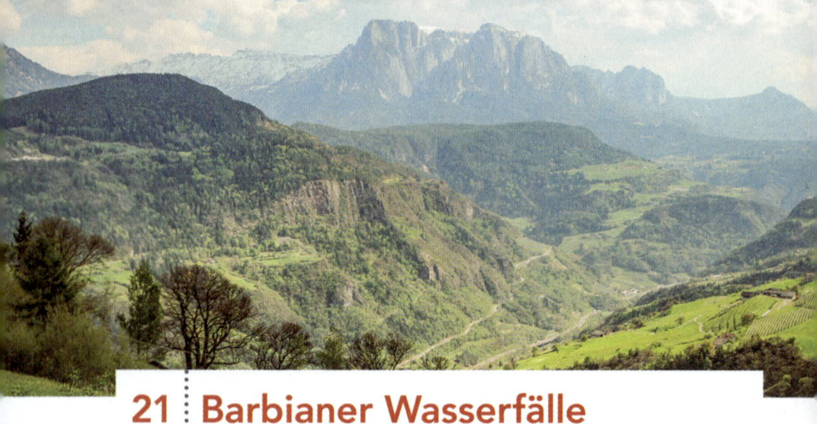

21 Barbianer Wasserfälle

Vom Zentrum in Barbian erreicht man gleich zwei beeindruckende Wasserfälle, den „Unteren Wasserfall" und den „Oberen Wasserfall". Der Rundweg führt durch Kastanienhaine, über breite Wege und Wiesen und über steinige, versicherte Waldpfade, bei denen Trittsicherheit nicht schaden kann. Stationen wie ein Wassertretbecken und herrliche Ausblicke ins Eisacktal machen diesen Ausflug zu einem abwechslungsreichen Erlebnis. Sehenswert ist auch die Pfarrkirche mit dem schiefen Turm, die sich genau am Ausgangspunkt der Wanderung befindet.

Auf der Dorfstraße wandern wir leicht ansteigend durch Barbian („Wasserfallweg"). Zu unserer Linken liegen das Eisacktal und darüber die Gipfel von Puflatsch und Schlern. Außerdem kann man von hier oben auch gut die Trostburg erkennen, die etwas oberhalb von Waidbruck thront. Wir biegen schließlich rechts ab und folgen dem Wasserfallweg. Nach einem kurzen, steilen Stück geht es links weiter, schon bald lassen wir die letzten Häuser von Barbian hinter uns. In einer Rechtskurve wandern wir geradeaus weiter und befinden uns nun auf einem kleinen, über Wiesen führenden Pfad. An einem Baumstumpf sind mehrere Wanderschilder zu sehen, hier geht es links weiter, in Richtung „Unterer Wasserfall". Kurz danach erreichen wir eine Fahrstraße und halten uns rechts. An der nächsten Kurve verlassen wir die Fahrstraße auch schon wieder und gehen geradeaus, mitten durch Kastanienhaine hindurch. Nachdem wir einen Bauernhof passiert haben, biegen wir links ab, erreichen den Wald und gleich danach ein Wassertretbecken. Wer heiße Füße hat, kann sie in dem (eiskalten!) Wasser abkühlen. Wir folgen dem rechts bergauf führenden Pfad und kommen an einem weiteren „Muntermacher" vorbei, einem Becken, in das man seine Arme tauchen kann, und erreichen wenig später den Unteren Wasserfall, der mit einer Fallhöhe von 85 m ein beeindruckendes Schauspiel bietet. Um zum Oberen Wasserfall zu gelangen, gehen wir wieder ein paar Meter zurück und biegen dann links ab. Ein kleiner Pfad, der stellenweise

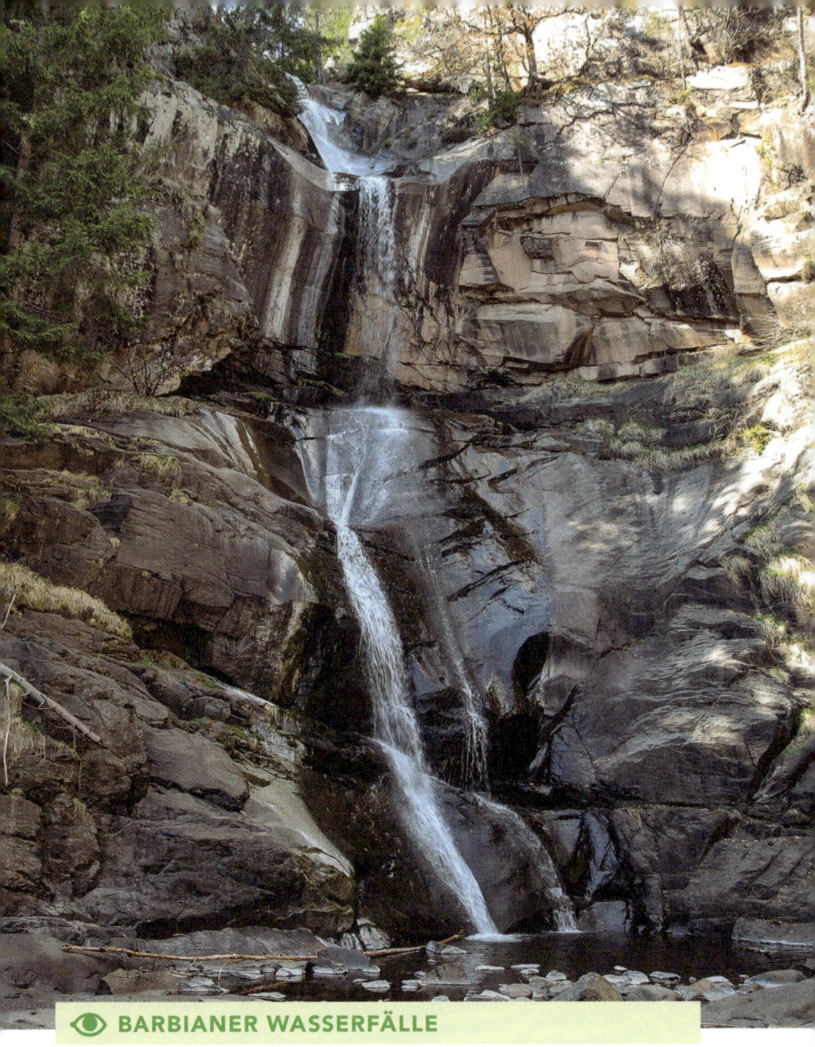

BARBIANER WASSERFÄLLE

Bei den Barbianer Wasserfällen handelt es sich um ein Südtiroler Naturdenkmal. Besonders imposant ist der Untere Wasserfall. Hier donnert der Ganderbach über eine Felsstufe rund 85 m in die Tiefe. Beim Oberen Wasserfall beträgt die Fallhöhe etwa 45 m. Insgesamt stürzt der Ganderbach, der auf dem Ritten auf etwa 2.000 m entspringt, über acht Kaskaden, bis er schließlich bei Kollmann in den Eisack mündet. Der „Obere" und der „Untere Wasserfall" sind aber die eindrucksvollsten Wasserfälle bei dieser Reise ins Tal. Im Sommer wird das Wasser am Unteren Wasserfall oft umgeleitet und zur Flurberegnung genutzt. Dann ist von dem mächtigen Wasserfall nur ein dünnes Rinnsal zu sehen.

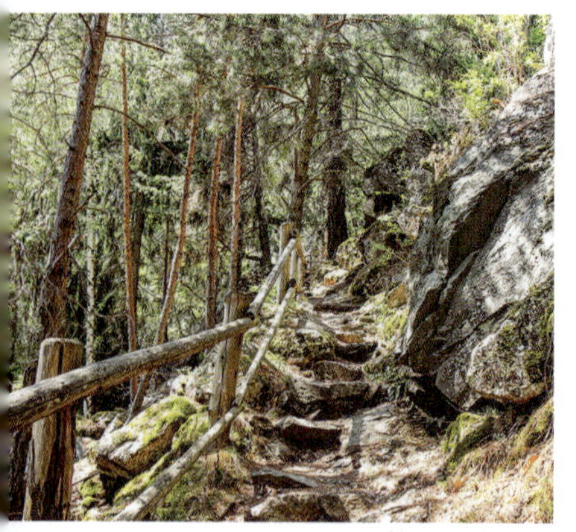

mit Geländer gesichert und mit Stufen leicht begehbar gemacht wurde, führt nun teilweise recht steil bergauf. Eine seilversicherte Stelle gibt es auch, festhalten muss man sich aber eigentlich nicht. Nach einer knappen halben Stunde kommen wir an eine Weggabelung, biegen links ab und stehen dann vor dem Oberen Wasserfall und dem höchsten Punkt unserer Wanderung. Der Obere Wasserfall hat zwar eine geringere Fallhöhe als der Untere, dafür ist dieses Plätzchen noch ein wenig idyllischer. Wir kehren zur Abzweigung zurück und gehen nun geradeaus auf dem felsigen Pfad weiter, in Richtung Barbian (Nr. 6). An der nächsten Kreuzung folgen wir weiter dem Weg nach Barbian (Nr. 6A), wandern kurz die Fahrstraße entlang und verlassen diese in einer Linkskurve. Wir bleiben auf Weg Nr. 6A, einem steilen, die Waldhänge querenden Pfad. Dabei stoßen wir auch immer wieder auf die Fahrstraße.

ⓘ Wenn es geregnet hat, kann dieser steile Pfad durch den Wald sehr rutschig sein. Dann empfiehlt es sich, der Fahrstraße zu folgen.

Das letzte Stück zurück nach Barbian führt dann wieder über Wiesen und über den Hinweg zurück zur Kirche.

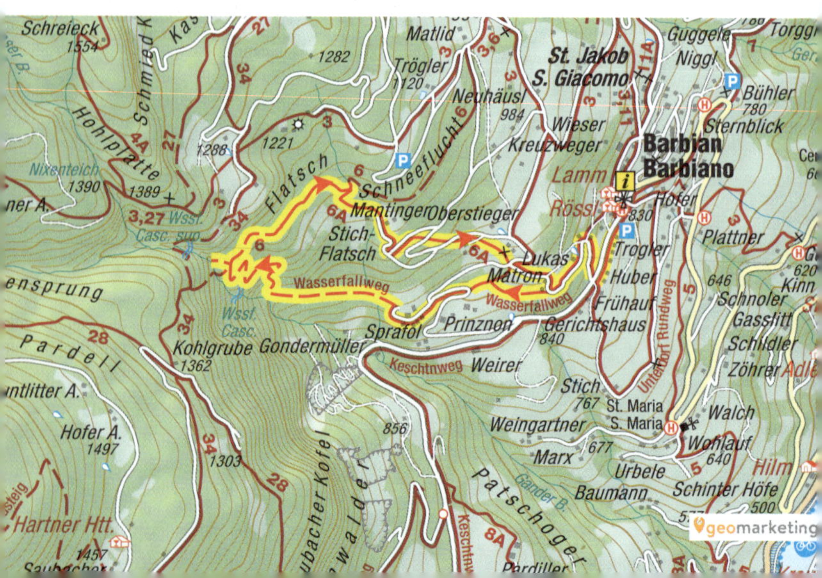

DER SCHIEFE TURM VON BARBIAN

Die aus dem 14. Jahrhundert stammende Pfarrkirche St. Jakob in Barbian ist ein beliebtes Fotomotiv, denn der ungewöhnlich schiefe Kirchturm ist schon von Weitem zu sehen. Die Turmspitze ist fast 1,57 m aus dem Lot. Bereits beim Bau der Kirche wies der Turm diese starke Neigung auf, korrigiert wurde sie nicht. Bei späteren Umbaumaßnahmen sollte sich das als echtes Problem erweisen, zum Beispiel bei der Anbringung des achteckigen Spitzdachs im 15. Jahrhundert. Beim grundlegenden Umbau im Jahr 1874 erhielt das Kirchenschiff dann seine heutige, neuromanische Form, an der Neigung des Kirchturms änderte man aber wiederum nichts. Sehenswertes im Inneren: 12 bunte Glasfenster, die das Leben der Apostel darstellen, und eine Kopie der Wechselburger Kreuzigungsgruppe auf dem Hochaltar.

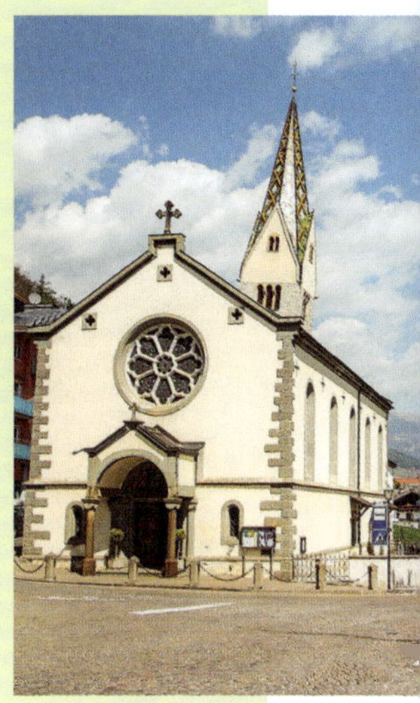

EINKEHRTIPPS

Zwei Einkehrmöglichkeiten direkt am Anfang/Ende der Wanderung:
Gasthof Lamm: Gasthaus bei der Kirche, regionale Küche. Dorf 8, Barbian, Tel. 0471 654101, www.gasthof-lamm-barbian.com
Rösslwirt: Gasthaus bei der Kirche, Südtiroler Spezialitäten, auf Wunsch auch laktose- und glutenfreie Gerichte. Dorf 6, Barbian, Tel. 0471 654188, www.roesslwirt.com, Mo. und Di. Ruhetag

INFOS IN KÜRZE

Vielseitige Panorama-Rundwanderung zu zwei beeindruckenden Wasserfällen
Pfarrkirche St. Jakob in Barbian, 830 m
Einfach bis mittel
2 Stunden
350 Hm
4,8 km

Der SS12 (Brennerstaatsstraße) bis Waidbruck folgen und dann abbiegen in Richtung Barbian. Auf kurvenreicher Bergstraße hinauf bis Barbian, vor der Kirche rechts abbiegen, um zum Parkplatz zu gelangen.
Bushaltestelle bei der Kirche (Linie 346, Haltstelle: Dorf)

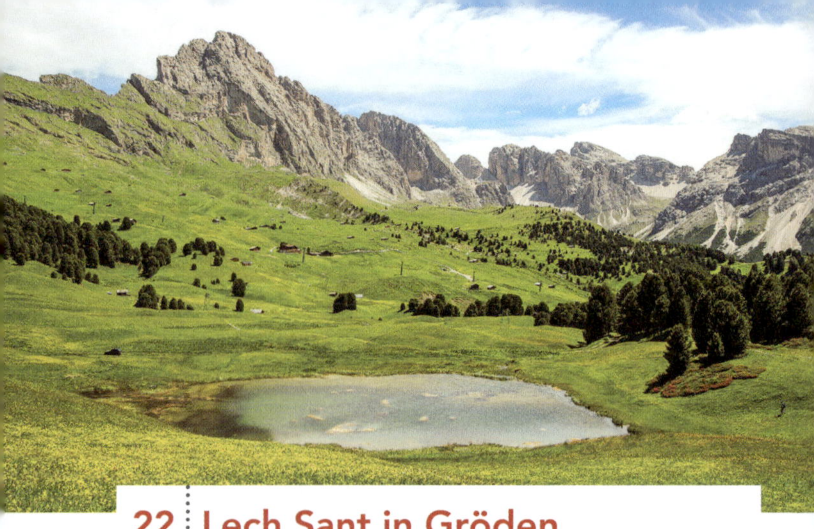

22 Lech Sant in Gröden

Geislerspitzen, Langkofel, Plattkofel, Sella und viele weitere Dolomitenberge sind stete Begleiter bei dieser Tour im Grödner Tal. Von der Bergstation der Col-Raiser-Bahn geht es zum kleinen Bergsee Lech Sant, dem „Heiligen See", auf der Mastlé-Alm, und weiter bis zur Talstation der Col-Raiser-Bahn. Eine einfache Wanderung, bei der man an vielen schönen Einkehrmöglichkeiten vorbeikommt.

An der Bergstation angekommen, möchten wir am liebsten auf der großen Sonnenterrasse des Hotels Col Raiser 🍴 bleiben und den atemberaubenden Ausblick auf die Dolomiten genießen. Wir entscheiden uns aber dafür, weiterzugehen, und folgen dem Schild „Alle Richtungen". Kurz darauf stehen wir vor der Odles-Hütte 🍴 und biegen hier links ab (Weg Nr. 2/4A, Richtung Fermeda-Hütte). An der nächsten Gabelung folgen wir weiter der Ausschilderung zur Fermeda-Hütte 🍴, die wir ¼ Stunde nach dem Start der Wanderung auch schon erreichen.

LECH SANT

Der Lech Sant (2.096 m), also der „Heilige See", ein Naturdenkmal, liegt auf der Mastlé-Alm in Gröden, am Fuße des Pitschbergs oder Pic. Er ist nur etwa 50 × 50 m groß. Warum er „Heiliger See" heißt, ist nicht gesichert, über seine Entstehung gibt es aber folgende Sage: Einst soll sich an dieser Stelle eine Kapelle befunden haben, die von Almhirten durch wilde Tanzfeste entweiht worden ist. Als Strafe verschwanden sowohl Kapelle als auch Hirten in einem großen Loch, das sich anschließend mit Wasser füllte.

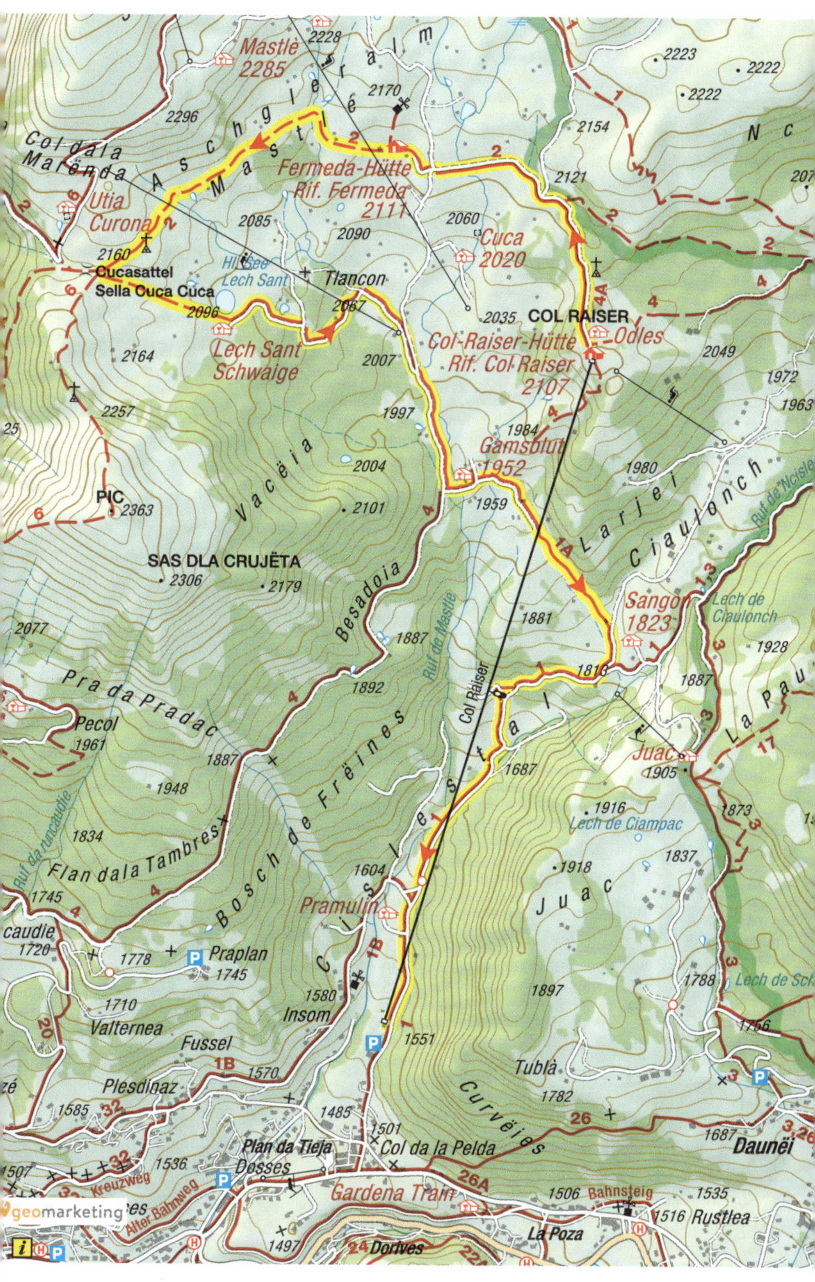
Mastlè
2285
Fermeda-Hütte
Rif. Fermeda
2111
Utia
Curona
Cucasattel
Sella Cuca Cuca
Lech Sant
Schwaige
Tlancon
Cuca
2020
COL RAISER
Col-Raiser-Hütte
Rif. Col Raiser
2107
Odles
Gamsblut
1952
Sangon
1823
Juac
1905
Pramulin
PIC
2363
SAS DLA CRUJËTA
Pecol
Praplan
Valternea
Fussel
Plesdinaz
Insom
Tublà
Plan da Tieja
Dosses
Col da la Pelda
Gardena Train
La Poza
Dorives
Rustlea
Daunëi
geomarketing

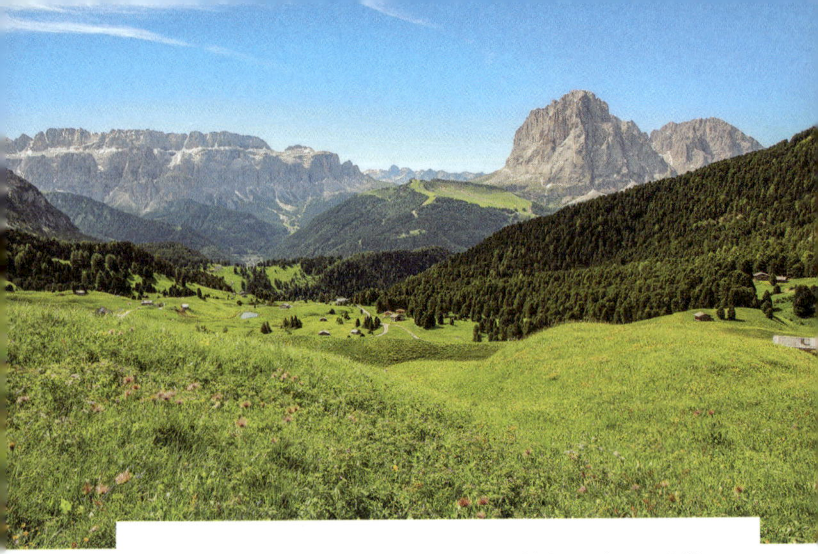

ⓘ Wer rechts vor der Fermeda-Hütte dem kleinen, bergauf führenden Pfad folgt, kann noch der Fermeda-Kapelle einen Besuch abstatten.

Wir gehen links an der Hütte vorbei, über grüne Almwiesen leicht bergauf und genießen den atemberaubenden Ausblick auf die Dolomiten. An der nächsten Abzweigung halten wir uns links und folgen weiter Weg Nr. 2. Unter uns, auf der linken Seite, sehen wir auch schon den kleinen Lech Sant liegen. 20 Min. nach der Fermeda-Hütte erreichen wir den Cuca-Sattel (2.153 m). Etwa 10 m nach den Wanderschildern biegen wir links ab und wandern jetzt auf einem schmalen Trampelpfad in Richtung Lech Sant, den wir gut 5 Min. später erreichen. Der kleine Bergsee mit den dahinter aufragenden

EINKEHRTIPPS

Fermeda-Hütte: Traditionelle Berghütte, Südtiroler und italienische Küche, Pizza aus dem Holzofen. Tel. 0471 1632522, www.fermeda.com, im Sommer Anf./Mitte Juni–Mitte Okt. geöffnet
Lech-Sant-Schwaige: Bewirtschaftete Alm am See, Käse und Milchprodukte aus eigener Herstellung. Tel. 338 4914549, www.lechsant.it, im Sommer Anf. Juli–Mitte/Ende Sept. geöffnet
Gamsbluthütte: Traditionelle Berghütte, 2013 neu erbaut, Südtiroler Küche und Produkte aus eigener Produktion, Tel. 338 8601244, www.gamsblut.it, im Sommer Anf./Mitte Juni–Mitte Okt. geöffnet
Pramulin-Hütte: Einkehrmöglichkeit kurz vor der Talstation, Streichelzoo für Kinder. Tel. 333 6202884, www.facebook.com/Baita-Pramulin-Hütte-150537938421596/, im Sommer Mitte/Ende Juni–Ende Sept. geöffnet

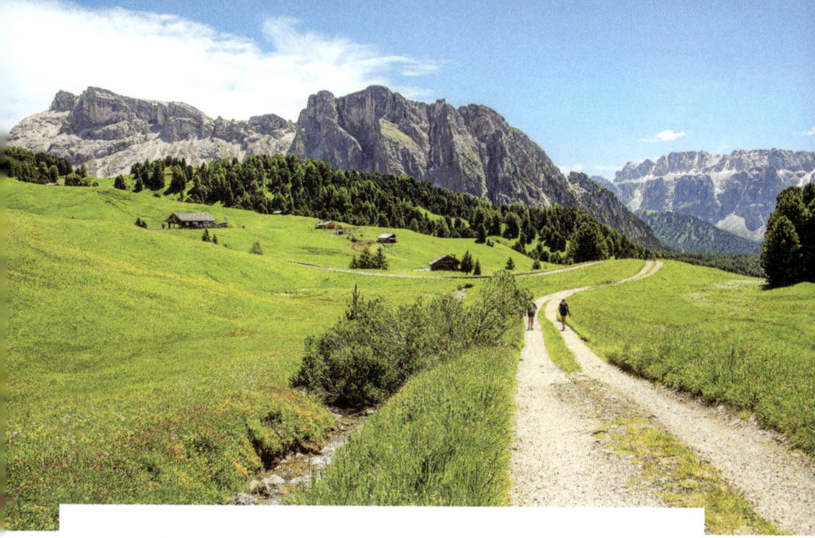

Geislerspitzen ist ein traumhaftes Fotomotiv! Direkt daneben befindet sich die Lech-Sant-Schwaige 🍴. Am See halten wir uns rechts und folgen dem bergab führenden Almweg. Nach ein paar Minuten kommen wir an eine Gabelung und biegen rechts ab. Vor uns zeigen sich Sellamassiv und Langkofel von ihrer schönsten Seite. Wenig später verlassen wir die Forststraße und nehmen den links abzweigenden Pfad, der uns zur Gamsbluthütte 🍴 bringt. Wir gehen links an der Hütte vorbei und folgen an der zweiten Abzweigung dem Weg Nr. 1A in Richtung St. Christina. Es geht jetzt stellenweise recht steil bergab. Dann erreichen wir eine breitere Schotterstraße, biegen rechts ab und kommen schließlich an der Sangon-Hütte 🍴 vorbei. Kurz danach verlassen wir den an dieser Stelle sehr steilen Almweg, um dem ausgewiesenen Fußgängerweg zu folgen, und biegen dann links und danach rechts ab, um diesen wieder zu erreichen. Die Schotterpiste wird schließlich zu einer asphaltierten Straße. Auf dieser schlendern wir weiter bergab, kommen noch an der Pramulin-Hütte 🍴 vorbei und erreichen wenige Minuten später den Parkplatz der Col-Raiser-Bahn.

INFOS IN KÜRZE

Einfache Wanderung mit traumhaftem Dolomiten-Panorama

Bergstation der Bergbahn Col Raiser, 2.100 m

Einfach

Ca. 2½ Stunden

70 Hm im Aufstieg, 620 Hm im Abstieg

7,1 km

Die Talstation der Bergbahn Col Raiser (Str. Raiser 65, Wolkenstein) liegt ungefähr auf halbem Weg zwischen St. Christina und Wolkenstein in Gröden. Großer, gebührenpflichtiger Parkplatz.

Bus Linie 358, Haltestelle: Col Raiser

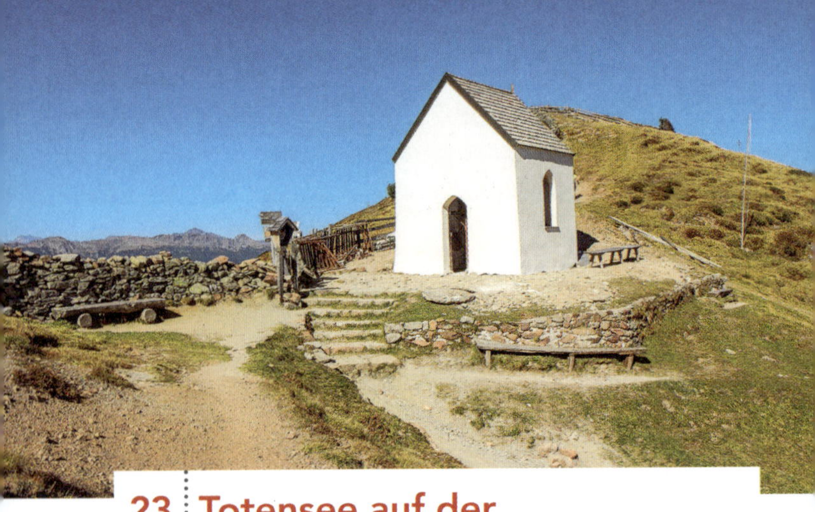

23 Totensee auf der Villanderer Alm

Diese Wanderung im Eisacktal führt über die Villanderer Alm, eine der größten Hochalmen Europas. Mehrere Einkehrmöglichkeiten liegen direkt am Weg, außerdem darf man sich über ein herrliches Panorama freuen. Die Dolomiten scheinen zum Greifen nah – eine Kamera sollte man deshalb unbedingt dabeihaben. Kurz bevor man den Totensee erreicht, kommt man noch am Totenkirchl vorbei.

Startpunkt ist der Parkplatz an der Gasserhütte 🍴, ein großes Hinweisschild informiert darüber, welche Hütten auf der Villanderer Alm geöffnet sind. Links an der Gasserhütte vorbei folgen wir dem ausgeschilderten Weg Nr. 6, einem Kreuzweg, in Richtung Totenkirchl. Der Wanderweg mündet bald in einen konstant leicht bergauf führenden Almweg. Nach einer knappen ½ Stunde erreichen wir die nächste Einkehrmöglichkeit, den Mair in Plun 🍴. Kurz danach kann man dem links abzweigenden Pfad folgen und einen kurzen

DAS TOTENKIRCHL

Die kleine Kapelle am Übergang zwischen Eisacktal und Sarntal wurde 1899 erbaut. Sie befindet sich auf einer Höhe von 2.186 m und ist ein beliebtes Wallfahrtsziel. Im Inneren beeindruckt die Kreuzigungsgruppe. Eine Legende besagt, dass an dieser Stelle im Mittelalter der letzte Pesttote gefunden wurde – bewiesen ist diese schaurige Geschichte aber nicht.
Die Kapelle ist immer geöffnet.

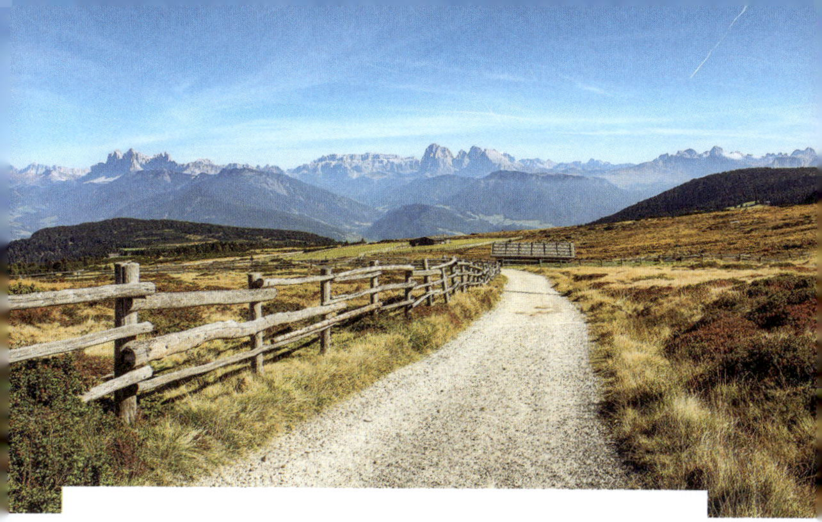

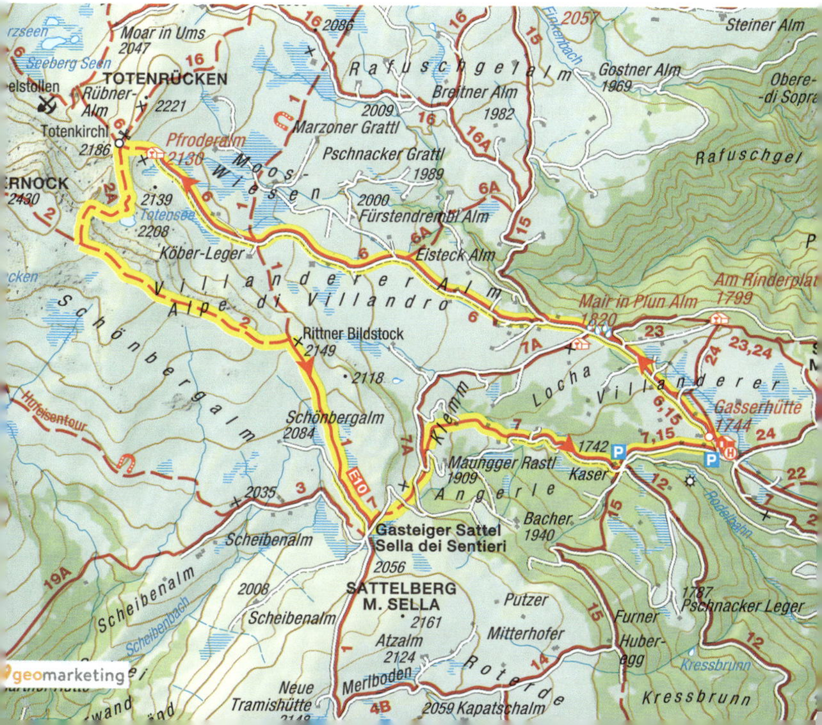

Abstecher zu einem Bildstock machen. An der nächsten Abzweigung halten wir uns wieder links und sehen schon das Totenkirchl in der Ferne. Vorher erreichen wir aber noch die Pfroderalm, deren Sonnenterrasse zur Einkehr einlädt. Danach nun etwas steiler hinauf zum Totenkirchl. Dort angekommen, heißt es erst einmal: Ausruhen und das Panorama genießen. Im Norden reicht der Blick bis zur Rieserfernergruppe, im Osten recken sich die mächtigen Gipfel der Dolomiten in die Höhe, im Süden kann man die Bergwelt

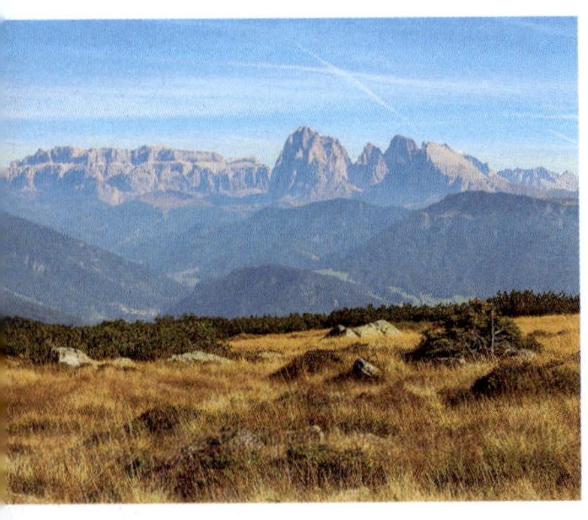

des Trentino wie die Brentagruppe entdecken und im Westen präsentieren sich die Ötztaler Alpen und das Ortlermassiv von ihrer schönsten Seite. Vom Totenkirchl folgen wir dem links wegführenden Weg (Nr. 2A) zum Totensee. Etwa 10 Min. wandern wir nun über einen felsigen Steig, dann liegt der See (2.208 m) vor uns. Die Kargheit der Landschaft macht diesen Ort besonders. Und der Blick ist von hier oben einfach nur atemberaubend. Aufgrund ihrer prägnanten Form kann man das Sellamassiv, den Langkofel und den Plattkofel selbst bei schlechterem Wetter gut erkennen.

ⓘ Besonders schön: Rund um den See sind große Holzliegen angebracht, auf denen man bequem ausruhen und den tollen Dolomitenblick in vollen Zügen genießen kann.

Vom See können wir entweder auf demselben Weg zurückkehren, oder wir weiten ihn zu einer Rundwanderung aus: Es geht nun aufwärts zur Ochsenlücke (Weg Nr. 2A). Auf Weg Nr. 2, später Nr. 1, wandern wir über den Gasteiger Sattel. Von dort führt Weg Nr. 7 durch Wald zum Parkplatz bei der Gasserhütte zurück (das letzte Wegstück auf Asphalt).

ⓘ Kopfbedeckung nicht vergessen! Da der Wanderweg fast komplett in der Sonne verläuft, empfiehlt es sich, im Sommer eine Mütze oder einen Hut dabeizuhaben.

EINKEHRTIPPS

Gasserhütte: Almgasthof, Nudelgerichte, typische Spezialitäten, Übernachtungsmöglichkeit. Villanderer Alm 1, Villanders, Tel. 0472 843510, www.gasserhuette.it, im Sommer kein Ruhetag, Okt.–Juni: Mo. Ruhetag
Mair in Plun: Almgasthof, große Terrasse, gute Südtiroler Küche. Villanderer Alm, Villanders, Tel. 335 474625, www.mairinplun.com, im Sommer Mitte Mai–Anfang Nov. geöffnet
Pfroderalm: Almwirtschaft am Fuße des Totenkirchleins. Villanderer Alm, Villanders. Tel. 335 6833677, Mitte Juni–Mitte Okt. geöffnet

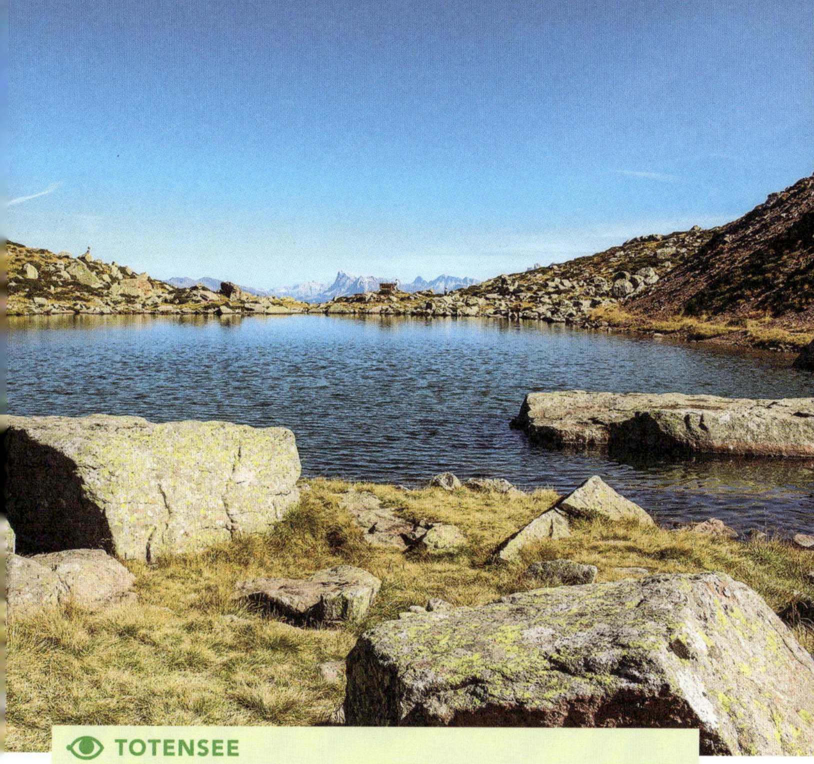

TOTENSEE

Der etwa 100 × 70 m große, tiefe Bergsee liegt auf einer Höhe von etwa 2.200 m in einer kleinen Mulde am westlichen Rand der Villanderer Alm. In Richtung Osten hat man freien Blick auf die Dolomiten. Auch wenn der Namen Totensee (wie auch Totenkirchl) wenig einladend klingt: Der Begriff „tot" hat seinen Ursprung in der Landwirtschaft, wo „totes" Land für wenig ertragreiches Land steht.

INFOS IN KÜRZE

- Rundtour mit prächtigem Dolomitenblick auf dem Almgebiet oberhalb von Villanders
- Gasserhütte auf der Villanderer Alm, 1.756 m
- Mittel
- Ca. 4¼ Stunden
- 640 Hm
- 12 km

Von Klausen aus auf kurviger Bergstraße nach Villanders und weiter der Ausschilderung zur Villanderer Alm bzw. Gasserhütte folgen. Großer, gebührenpflichtiger Parkplatz direkt bei der Gasserhütte.

Bushaltestelle direkt am Parkplatz (Linie 345, Haltestelle: Villanderer Alm)

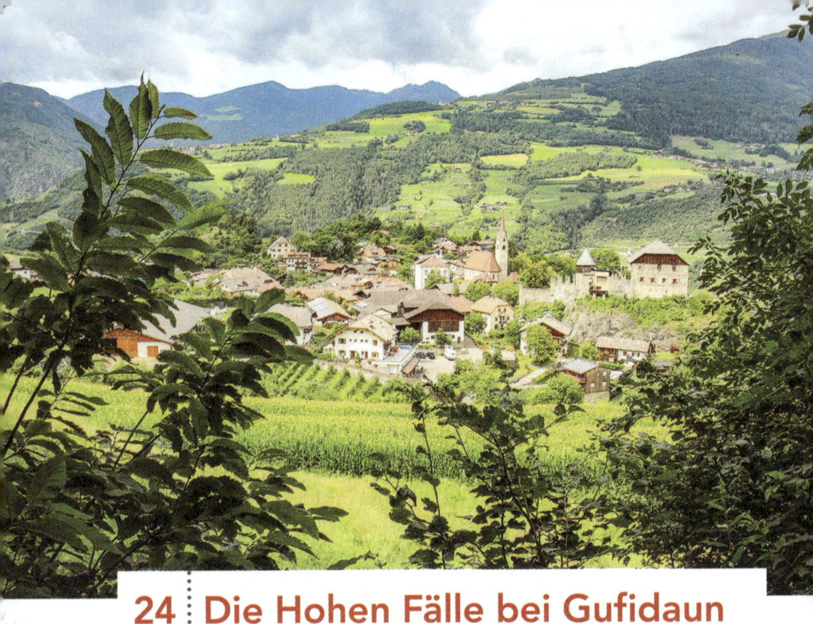

24 Die Hohen Fälle bei Gufidaun

Bei dieser Rundwanderung im Eisacktal erkundet man Landschaft und Sehenswürdigkeiten rund um das hübsche Dorf Gufidaun. Vorbei geht es am Ansitz Fonteklaus, an zwei stark eisenhaltigen Quellen und dem Wasserfall Hohe Fälle. Eindrucksvolle Ausblicke ins Eisacktal, auf Kloster Säben und auf die Plose werden geboten, außerdem erreicht man einen Aussichtspunkt, der einen schönen Überblick über Gufidaun bietet.

Die ersten Meter folgen wir der Hauptstraße von Gufidaun in Richtung Zentrum (Weg Nr. 4 in Richtung Fonteklaus). An der nächsten Abzweigung verlassen wir die Hauptstraße, biegen rechts und kurz darauf noch einmal rechts ab und schlendern nun zwischen Apfelbäumen hindurch. Wir lassen bald die letzten Häuser von Gufidaun hinter uns, queren eine Wiese – rechts sehen wir Kloster Säben – und gehen danach im Wald weiter, immer auf Weg Nr. 4, bis wir den Waldrand und eine Fahrstraße erreichen. Hier links abbiegen und der Fahrstraße bis zum Gasthof Ansitz Fonteklaus folgen. Gegenüber liegt eine kleine Kapelle, die im Regelfall geöffnet ist. Vom Ansitz kehren wir auf der Fahrstraße wieder ein paar Meter zurück, bis zur Linkskurve. Hier wandern wir geradeaus in den Wald hinein (Nr. 3, „Rotkreuz“ und „Gufidaun“). An der nächsten Gabelung halten wir uns rechts und bleiben auf Weg Nr. 3. Wir kommen wieder aus dem Wald heraus, gehen an der nächsten Abzweigung geradeaus weiter und spazieren nun über schöne Wiesen, an Bauernhöfen vorbei. Dann stoßen wir wieder auf eine asphaltierte Straße, mit Blick auf die Plose geht es ein Stück bergab, dann auf der links

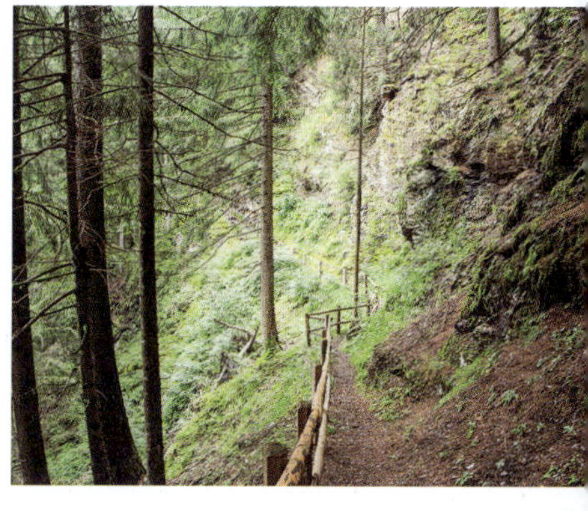

abbiegenden Fahrstraße weiter. Bei Kehre 1 und dem Rotkreuz biegen wir rechts in den Wald ab und folgen Weg Nr. 2A in Richtung Hohe Fälle. Wir ignorieren die nächsten Abzweigungen und kommen an einem Hinweisschild vorbei, das über das ehemalige Bad Froy informiert. Dieses liegt etwas höher am Hang. Kurz danach biegen wir scharf links ab und können vor uns schon die Hohen Fälle sehen. Auf dem Weg dorthin kommen wir noch am Schülerbrünnl vorbei. Der Pfad zum Wasserfall ist relativ schmal und steil, aber gut gesichert. Nach dem Wasserfall geht es weiter bergab, dabei müssen wir uns auch ein wenig durchs Gebüsch kämpfen. Danach stoßen

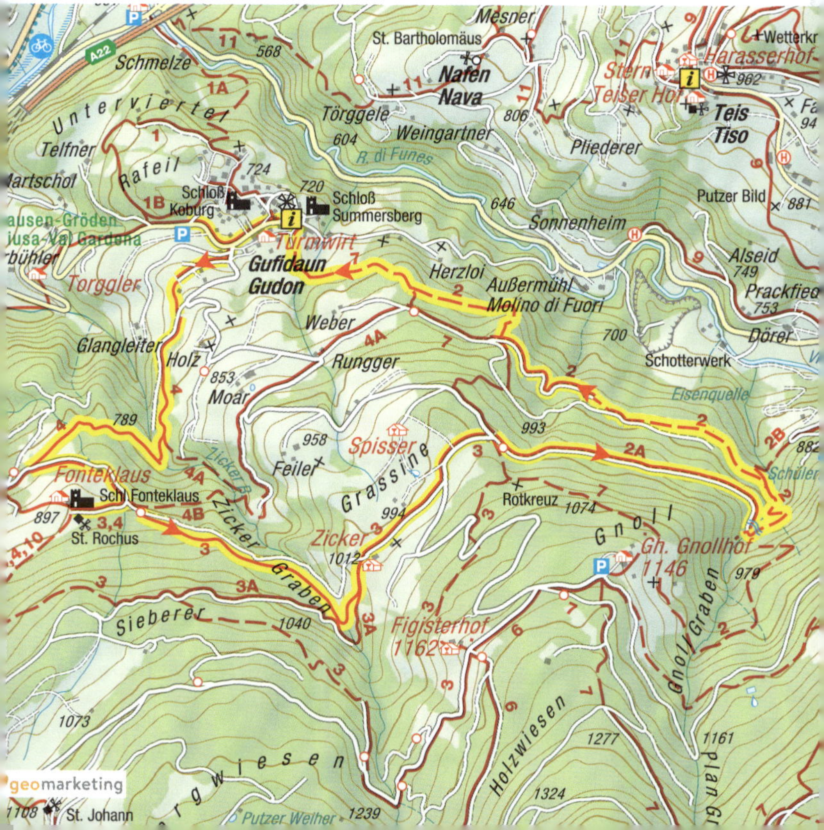

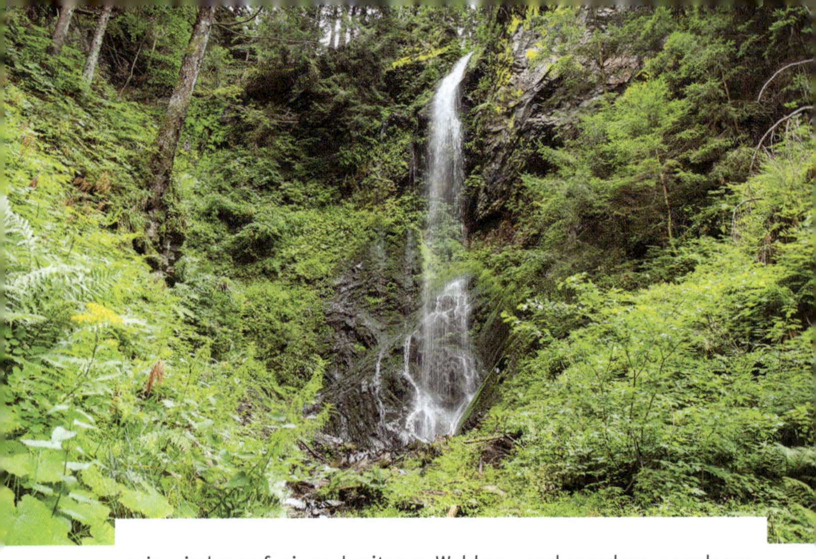

wir wieder auf einen breiteren Waldweg und wandern geradeaus weiter (Weg Nr. 2 in Richtung Eisenquelle/Eisenwasserle). 10 Min. später machen wir fast eine 180-Grad-Kehre. Direkt neben dem Weg, auf dem wir gekommen sind, führt ein anderer Weg bergab. Wer genau hinsieht, kann auch eine rot-weiße Markierung auf einem Baum erkennen. Die nächsten 5 Min. steigen wir in engen, steilen Kehren einen Waldhang hinunter. Unten angekommen, zwei-

HOHE FÄLLE

Die Hohen Fällen bei Gufidaun demonstrieren auf anschauliche Weise den Kreislauf des Wassers, bei dem der Wald eine große Rolle spielt. Der Waldboden kann nicht nur große Mengen an Regenwasser speichern, sondern reinigt es auch von Staub und Partikeln. Danach wird es mit Mineralien angereichert, bevor es als Quellwasser wieder an die Oberfläche kommt. Die Hohen Fälle werden vom Gnollbach gespeist. Der Bach ist bis heute gänzlich naturbelassen geblieben und wurde zum Naturdenkmal erklärt.

EINKEHRTIPPS

Ansitz Fonteklaus: Hotel und Restaurant in einem Ansitz aus dem 14. Jahrhundert, schöne Aussichtsterrasse mit Blick aufs Eisacktal. Klausen, Tel. 0471 655654, www.fonteklaus.it, Ende März–Anf. Nov. geöffnet, Do. Ruhetag
Turmwirt: Restaurant im historischen Gerichtsschreiberhaus, regionale Küche. Gufidaun 50, Klausen, Tel. 0472 844001, www.turmwirt-gufidaun.com, ganzjährig geöffnet, Di. und Mi. Ruhetag

gen wir links ab und erreichen das Eisenwasserle. Auf Weg Nr. 7 geht es kurz darauf weiter in Richtung Gufidaun. Wir kommen noch einmal an einem Aussichtspunkt vorbei, von dem man einen schönen Blick auf das Dorf hat. Eine Tafel zeigt, welche Sehenswürdigkeiten wir sehen können. Wenig später verlassen wir den Wald, überqueren einen kleinen Bach und folgen dem durch Wiesen führenden Feldweg bis nach Gufidaun.

Diese Wanderung kann man gut mit einer kleinen Sightseeing-Tour verbinden. Sehenswertes in Gufidaun: die Pfarrkirche zum hl. Martin mit Fresken aus dem frühen 15. Jahrhundert, das 1329 erbaute Schloss Summersberg (für die Öffentlichkeit nicht zugänglich, aber zumindest ein schönes Fotomotiv), die Ansitze Hohes Haus (mit Dauerausstellung archäologischer Fundstücke) und Koburg (nicht zugänglich), das Dorfmuseum im sogenannten Pfleghaus und das Gerichtsschreiberhaus, in dem heute der Turmwirt zu finden ist. Infos unter www.klausen.it

SCHÜLERBRÜNNL UND EISENWASSERLE

Beim Schülerbrünnl handelt es sich um eine Quelle, deren rötliches Wasser eine starke Konzentration von Eisen, Nickel, Mangan und Zink aufweist und deshalb als Trinkwasser nicht geeignet ist. Den Namen erhielt die Quelle, weil Josef Groß, ein Volksschullehrer aus Gufidaun, seine Schüler gerne an dieser Quelle unterrichtet hat.
Das Eisenwasserle hat ebenfalls eine rötliche Färbung, weil auch dieses einen hohen Anteil an Eisen, Mangan und Nickel besitzt. Der Quelle wird eine heilkräftige Wirkung zugesprochen, allerdings bei äußerlicher Anwendung, vom Trinken sei abgeraten.

INFOS IN KÜRZE

Abwechslungsreiche Rundwanderung, rund um die Hohen Fälle etwas Trittsicherheit nötig

Gufidaun, Parkplatz am Ortseingang, 700 m

Einfach bis mittel

Ca. 3¼ Stunden

300 Hm

8,5 km

Bei Klausen der Ausschilderung nach Gufidaun folgen und der gut ausgebauten Bergstraße für etwa 2 km folgen. Ein großer Parkplatz befindet sich gleich hinter dem Ortsschild auf der rechten Seite.

Bushaltestelle in der Nähe des Parkplatzes (Linie 338, Haltestelle: Gufidaun)

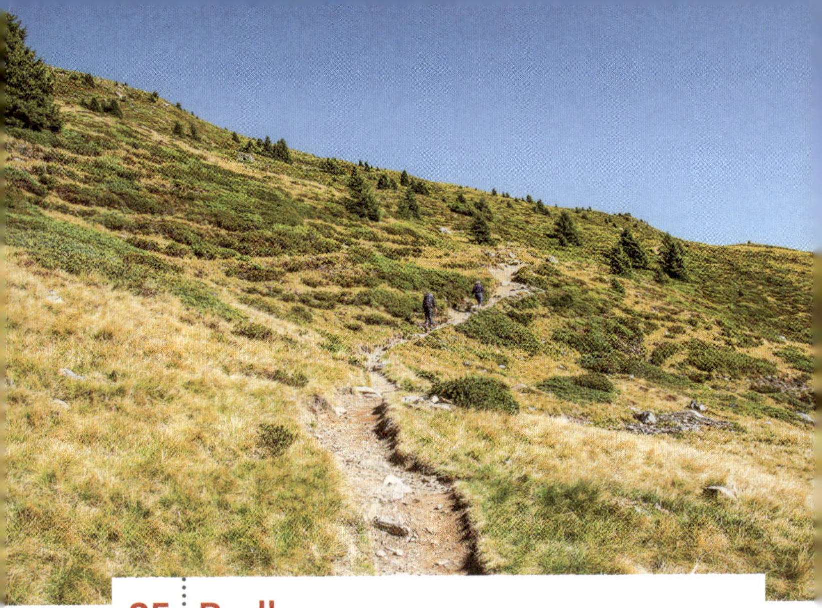

25 Radlsee

Schöne Almwiesen und einen Prachtblick auf die Dolomiten und aufs Eisacktal bietet diese abwechslungsreiche Rundwanderung von Latzfons zum Radlsee in den Sarntaler Alpen. Der türkisblaue Bergsee liegt hoch über Brixen auf etwa 2.250 m und hat mit der Radlseehütte eine nette Einkehrmöglichkeit in unmittelbarer Nähe. Die Wanderung lässt sich gut zu einer Gipfeltour ausbauen, denn die nahe gelegene Königsangerspitze ist ein beliebter Aussichtsberg.

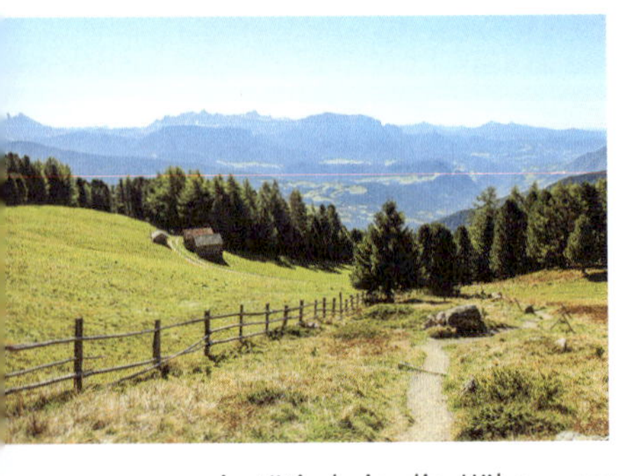

Am oberen Ende des Parkplatzes folgen wir einer breiten Forststraße (Nr. 14) und biegen kurz danach rechts auf einen Pfad ab, bleiben also auf Weg Nr. 14. Durch Wald und über weite Lärchenwiesen geht es in mäßiger Steigung bergan. Je mehr wir an Höhe gewinnen, desto beeindruckender wird auch das Panorama, hinter uns heben sich die Dolomiten majestätisch in die Höhe – sogar die Marmolata, den höchsten Gipfel der Dolomiten, kann man erkennen. Eine gute Stunde nach dem Start erreichen wir schon die Brugger Schupfe. Vor der Hütte biegen wir links ab und bleiben weiter auf Weg Nr. 14. Kondition kann bei diesem Abschnitt nicht schaden. An der nächsten Abzweigung folgen wir Weg Nr. 10. Die größten Strapazen des Anstiegs

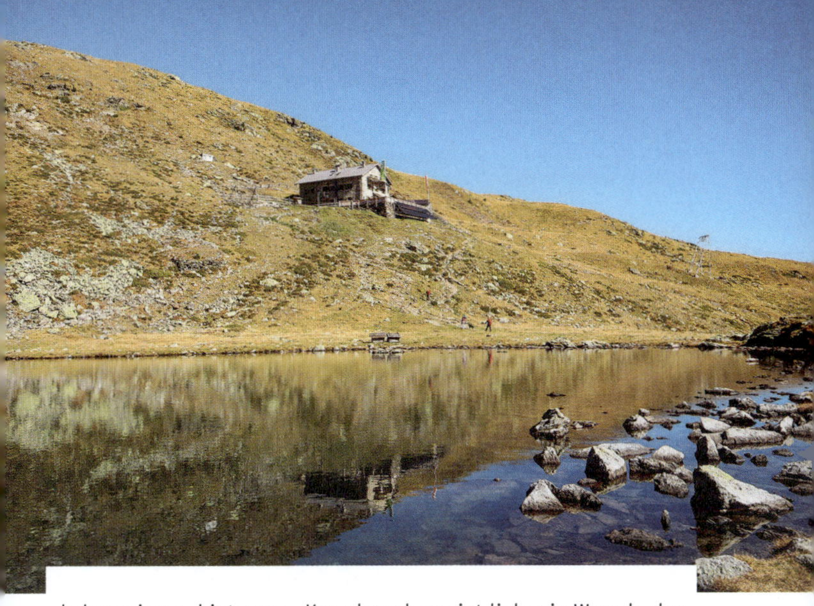

haben wir nun hinter uns. Kurz danach zweigt links ein Weg ab, der zur Königsangerspitze führen würde (Schilder fehlen). Wir aber gehen geradeaus weiter. 10 Min. später zweigen wir auf Weg Nr. 8 ab und stehen eine gute ¼ Stunde später vor dem Radlsee. Neben dem See liegt – etwas erhöht – die Radlseehütte 🍴, von deren Terrasse wir einen herrlichen Ausblick auf das Wasser und die Dolomiten haben. Für den Rückweg kehren wir zunächst für rund 25 Min. auf dem Hinweg zurück, biegen dann links ab (Nr. 10 in Richtung Garner Wetterkreuz) und kommen gleich danach an einem tollen Aussichtspunkt mit Bank vorbei. Der Weg führt nun über weite Almwiesen bergab, immer mit Blick ins Eisacktal und auf die Dolomiten. Etwa 20 Min. später wandern wir im Wald weiter. Wir queren ein paarmal eine Forststraße und nehmen den Waldpfad als Abkürzung. Hinter einem Zaun biegen wir rechts ab, queren einen kleinen Bach und erreichen wieder die Forststraße. Hier biegen wir rechts und ca. 10 m später links ab und wandern nun über einen

RADLSEE

Der Radlsee, der oberhalb von Brixen auf einer Höhe von etwa 2.250 m liegt, ist im Sommer und Herbst ein beliebtes Wanderziel. Kein Wunder, denn man hat einen herrlichen Blick auf die Dolomiten und die Radlseehütte ist eine schöne Einkehrmöglichkeit. Wer mutig genug ist, kann im Sommer auch ein sehr erfrischendes Bad nehmen: Mit einer Tiefe von bis zu 6 m bleibt der kleine Bergsee, der in einer Senke zwischen dem Hundskopf und der Königsangerspitze liegt, nämlich auch im Hochsommer recht kalt.

breiten Wiesenpfad weiter (keine Ausschilderungen!). Diesen verlassen wir kurz darauf wieder, folgen links einem kleinen Pfad und schlüpfen dann wieder links abbiegend durch eine Lücke im Zaun. Dahinter halten wir uns rechts, überqueren eine schon etwas ältere Brücke, die uns wieder in den Wald führt. Nach der Brücke biegen wir links ab und folgen dem nur schlecht gekennzeichneten, schmalen Pfad durch den dunklen Wald. Wir wechseln irgendwann die Zaunseite, um auf dem Weg zu bleiben. Wir kommen auf einen grö-

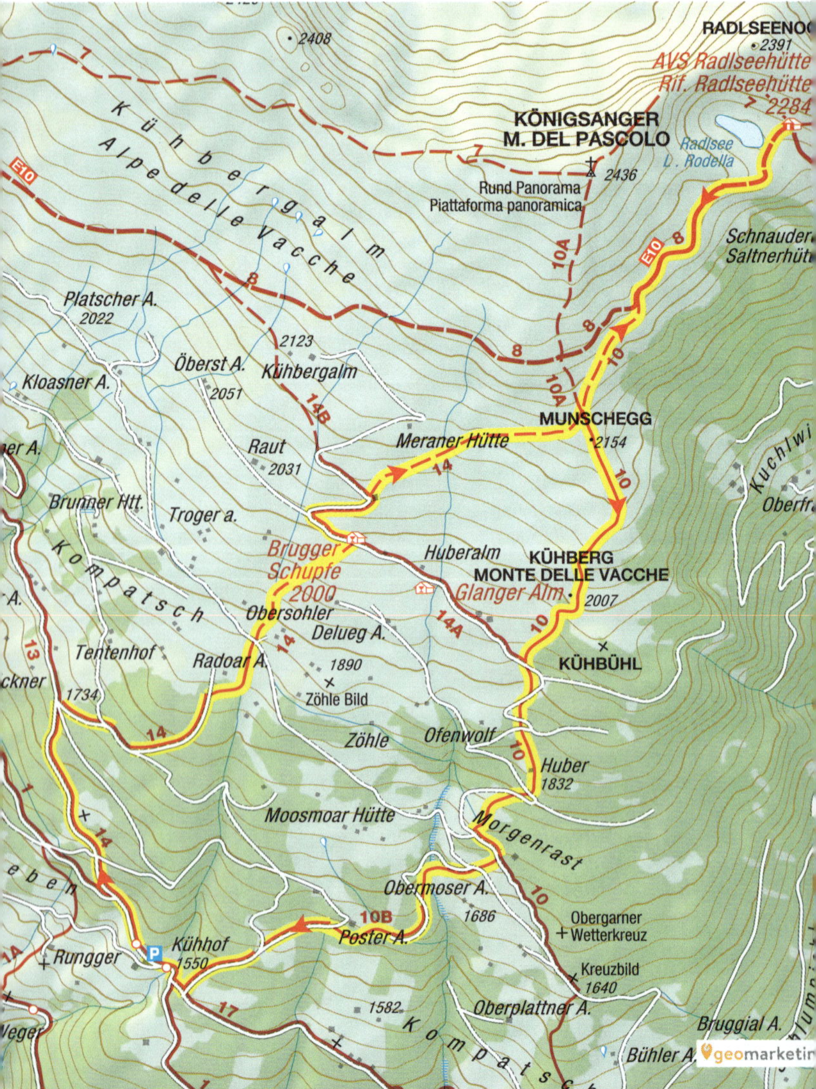

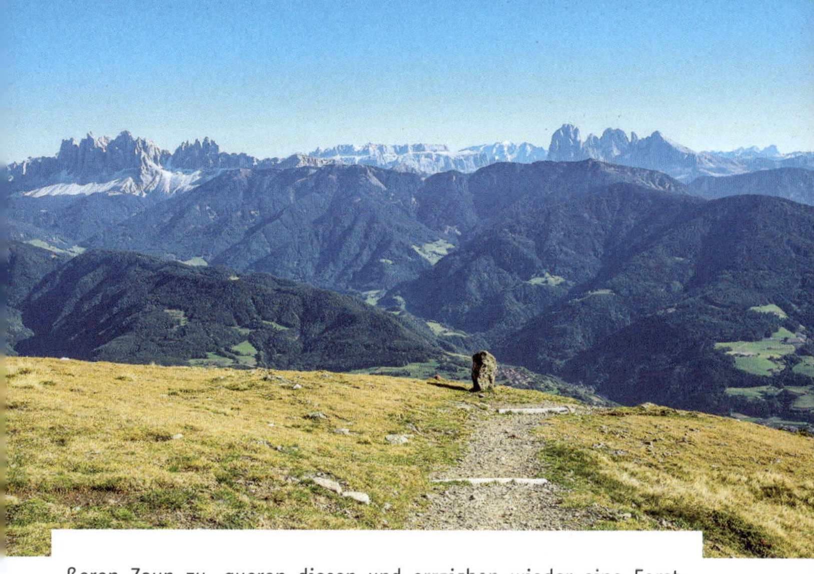

ßeren Zaun zu, queren diesen und erreichen wieder eine Forststraße. Hier biegen wir links ab. An der nächsten Abzweigung nehmen wir rechts den Weg Nr. 10B (Richtung Kühhof) und erreichen den Parkplatz – dieses Mal von der anderen Seite.

ⓘ Vom Radlsee kann man in rund 1/4 Stunde den Gipfel des Hundskopfs und in 1/2 Stunde den Gipfel der Königsangerspitze erreichen.

EINKEHRTIPP

Radlseehütte: AVS-Schutzhütte direkt am See, große Panoramaterrasse, Südtiroler Spezialitäten. Feldthurns, Tel. 0472 855230, www.radlseehuette.it, Mitte Mai–Ende Okt. geöffnet

INFOS IN KÜRZE

Rundwanderung mit herrlichem Dolomitenblick, bei der ein bisschen Orientierungssinn nötig ist

Parkplatz Kühhof, oberhalb von Latzfons, 1.550 m

Mittel

4–4 1/4 Stunden

740 Hm

10,3 km

Vom Eisacktal nach Latzfons, dort weiter der Hauptstraße folgen und auf schmaler, kurviger Bergstraße hinauf zum gut ausgeschilderten Parkplatz Kühhof.

Mit dem Bus ist der Ausgangspunkt nicht zu erreichen.

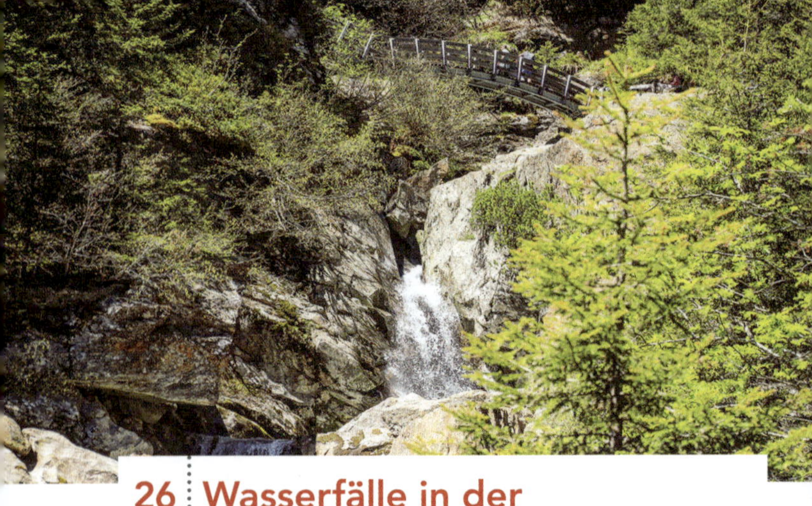

26 Wasserfälle in der Burkhardklamm

Mit der Gilfenklamm und der Burkhardklamm gibt es in der Nähe von Sterzing gleich zwei beeindruckende Schluchten, die durch Wanderwege erschlossen sind. Im Unterschied zur sehr bekannten Gilfenklamm ist die Burkhardklamm aber noch so etwas wie ein Geheimtipp. Auf einem Panoramaweg kann man die Klamm durchwandern und dabei zusehen, wie sich der Mareiter Bach über zahlreiche kleine Wasserfälle seinen Weg ins Tal sucht. Die Wanderung führt bis zum Talschluss des Ridnauntals, wo eine schöne Einkehrmöglichkeit wartet.

Beim Bergbaumuseum Ridnaun folgen wir dem Weg Nr. 9 in Richtung Burkhardklamm und Aglsbodenalm. Wir überqueren gleich darauf den Mareiter Bach (auch Ferner Bach oder Ridnaunbach genannt) und biegen hinter der Brücke rechts ab. Auf einem berg-

AGLSBODEN

Der Aglsboden, der auch Sennerboden genannt wird, ist ein Talkessel, der von den mächtigen Gipfeln der Stubaier Alpen umgeben ist. Ursprünglich befand sich auf dem Aglsboden ein See, der aus Gletscherwasser entstanden war. Da dieser immer wieder für Überschwemmungen im Ridnauntal gesorgt hatte, wurde im 19. Jahrhundert eine künstliche Staumauer errichtet. Dies führte dazu, dass sich immer mehr Geröll in dem Talkessel sammelte, was zu einer Versandung des Sees führte. Von dem einstigen See sind heute nur noch ein paar Wasserläufe übrig geblieben, die den Aglsboden durchziehen.

auf führenden Pfad geht es durch den Wald. Wir gewinnen schnell an Höhe und betrachten von einem Aussichtspunkt das ehemalige Bergwerks-Areal und das Ridnauntal. An einer Gabelung bleiben wir auf Weg Nr. 9. Dieser führt in mäßiger Steigung bergauf. Zum Teil ist der Steig mit großen Steinen und Wurzelwerk durchsetzt und daher für Kinderwagen nicht geeignet. Ausgesetztere Stellen sind mit Geländer gesichert. Auf ebenem Weg wandern wir durch den Wald am rauschenden Bach entlang. Nach einer knappen ½ Stunde lichtet sich der Wald. Wir biegen rechts ab, überqueren eine Brücke und biegen gleich dahinter links ab (Nr. 8). Kurz danach stehen wir vor dem Eingang zur Burkhardklamm – einem Naturdenkmal. Wir wandern jetzt ein ordentliches Stück bergauf, mit herrlichem Blick auf die Stubaier Alpen und sehen neben uns den wilden Gletscherbach, der über viele Wasserfälle ins Tal rauscht. Von einem Aussichtspunkt haben wir einen besonders schönen Blick auf einen etwas größeren Wasserfall, der über steile Felsblöcke in die Schlucht stürzt. Wir passieren kurz hintereinander zwei Brücken und erreichen dann so langsam das Ende der Klamm. Nachdem wir eine Steinbrücke überquert haben, biegen wir rechts ab und wandern nun auf breitem Almweg über die Ebene des Aglsbodens (ebenfalls ein Naturdenkmal) in Richtung Talschluss, wo die hübsche Aglsbodenalm 🍴 (1.720 m) schon auf uns wartet.

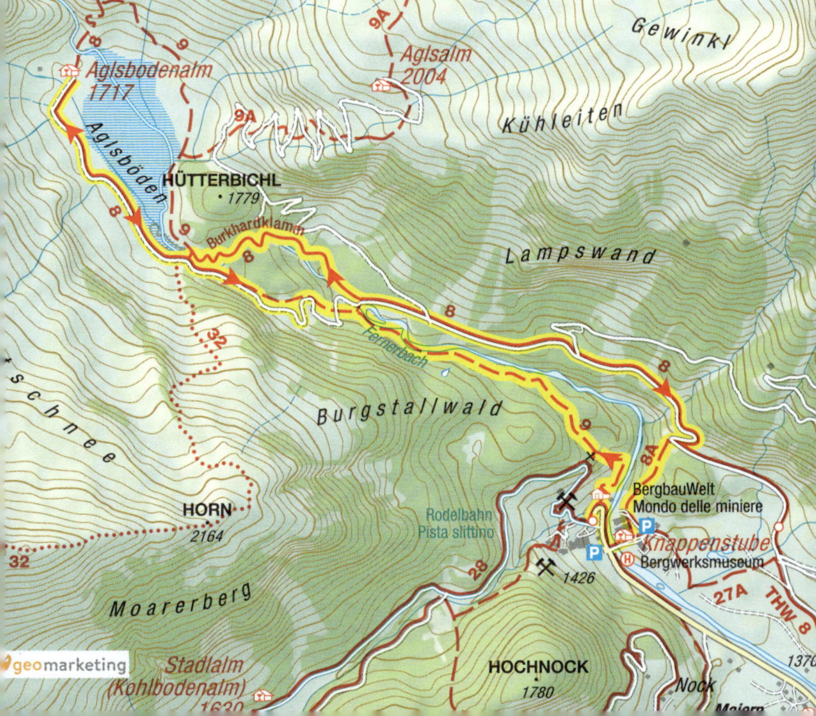

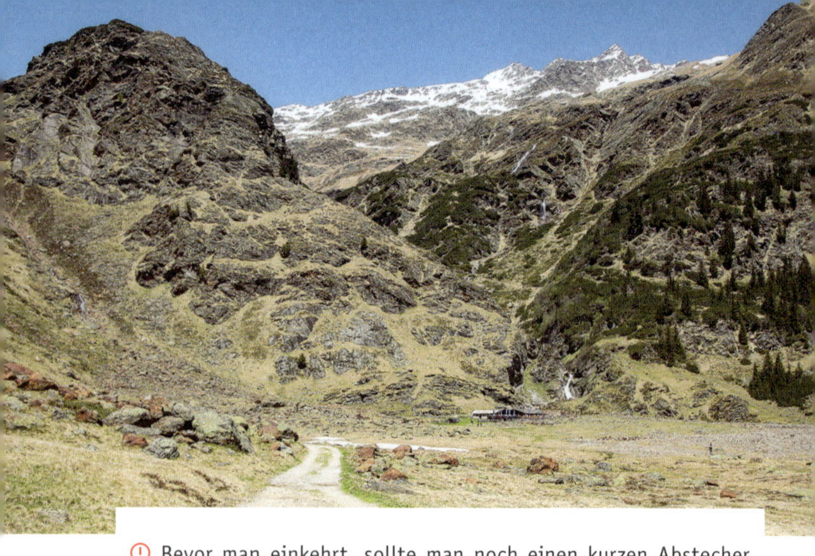

ⓘ Bevor man einkehrt, sollte man noch einen kurzen Abstecher machen. Hinter der Aglsbodenalm befindet sich nämlich eine Hängebrücke, die über den Bach führt. Wer dem Pfad ein kurzes Stück weiter bergauf folgt, kommt zu einem weiteren Wasserfall.

Auf dem Rückweg kehren wir zunächst zur Steinbrücke zurück. Da wir eine Rundwanderung machen wollen, gehen wir nun geradeaus weiter (Weg Nr. 9) und folgen der breiten Forststraße in Richtung Maiern. Wir erreichen erneut die Brücke in der Nähe des Eingangs zur Klamm und überqueren diese ein weiteres Mal. Nun biegen wir rechts ab und wandern auf Weg Nr. 8 auf der anderen Seite des Bachs entlang. Etwa 20 Min. später verlassen wir den Forstweg und nehmen rechts den kleinen, steilen Pfad, der uns zurück zum Ausgangspunkt der Wanderung bringt.

BURKHARDKLAMM

Der Weg zu den Wasserfällen in der engen Schlucht wurde bereits von dem Gastwirt und späteren Postmeister Stefan Haller im Jahr 1899 auf eigene Kosten angelegt. Zu Ehren des ersten Vorsitzenden des DÖAV taufte er sie auf den Namen Burkhardklamm. Ein Jahr später wurde der Weg in Zusammenarbeit mit der Alpenvereinssektion Hannover bis zum Aglsboden ausgebaut. Nach dem Ersten Weltkrieg verfiel der Weg jedoch, sodass die Wanderung durch die Klamm kaum mehr möglich war. Der Tourismusverein Ratschings machte sich für eine Rettung des Weges stark, im Jahr 2006 wurde dieser in Zusammenarbeit mit dem Forstinspektorat Sterzing und der Abteilung Natur und Landschaft wieder instand gesetzt.

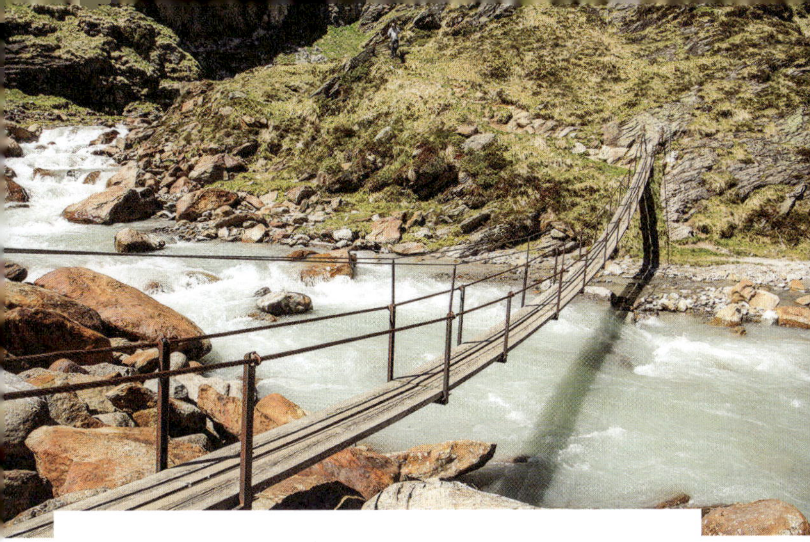

ⓘ Bergbauwelt Ridnaun Schneeberg: Das Bergwerk im Ridnauntal zählte einst zu den höchstgelegenen Bergwerken Europas, gefördert wurden hier vor allem Silber, Zink und Blei. Erst in der zweiten Hälfte des 20. Jahrhunderts wurde das Bergwerk geschlossen und zu einem Schaubergwerk umgebaut. www.bergbaumuseum.it, Tel. 0472 656364, Anf. April–Anf. Nov. geöffnet.

EINKEHRTIPPS

Aglsbodenalm: Berghütte mit großer Panoramaterrasse, Südtiroler Küche, Forellenteich, aus dem man sich seine Forelle auch selbst angeln kann. Maiern 15, Ridnaun, Tel. 347 1104726, Anf. Juni–Ende Okt. geöffnet
Knappenstube: frei zugängliches Restaurant auf dem Areal des Bergbaumuseums, Maiern 48, Ridnaun, Tel. 366 6258363, www.knappenstube.com, Mo. Ruhetag

INFOS IN KÜRZE

Abwechslungsreiche Rundwanderung, ideal für Familien und mit Hund
Bergbaumuseum Bergbauwelt Ridnaun Schneeberg, 1.410 m
Einfach
2¼–2½ Stunden
320 Hm
7,1 km
Von Sterzing aus folgt man der SS 44 in Richtung Ridnauntal, nach rund 16 km erreicht man das Talende und den Parkplatz beim Bergbaumuseum Ridnaun.
Bushaltestelle direkt beim Parkplatz (Linie 312, Haltestelle: Bergbaumuseum)

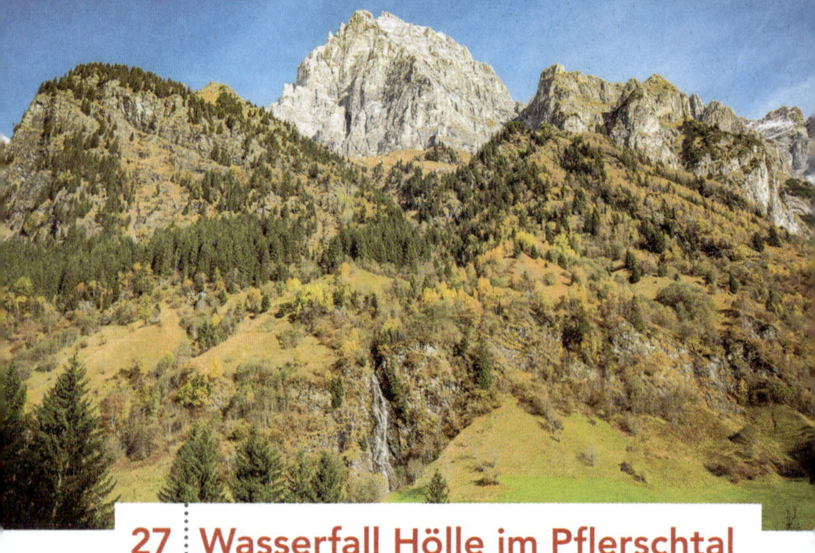

27 Wasserfall Hölle im Pflerschtal

Der Wasserfallweg im Pflerschtal startet in St. Anton und führt – mit herrlichem Blick auf die Stubaier Alpen – an zahlreichen Wasserfällen vorbei. Hauptattraktion ist der Wasserfall Hölle, ein Südtiroler Naturdenkmal. Dieser stürzt in einer kleinen Schlucht mit gewaltigem Getöse in die Tiefe. Wer nach dem Wasserfall dem Rundweg weiter folgt, darf sich auf einen romantischen Rastplatz mit Paradeblick ins Pflerschtal freuen – erstaunlicherweise hat man diesen oft ganz für sich allein.

Vom Parkplatz in St. Anton gehen wir wieder ein paar Meter auf der Fahrstraße zurück, bis wir eine kleine Brücke erreichen, die über den Pflerscher Bach führt. Diese überqueren wir, biegen danach rechts ab und folgen der bergauf führenden Fahrstraße. Nach knapp 5 Min. erreichen wir eine kleine Weggabelung. Links geht es zur Wetterspitz und zur Allrissalm, außerdem befindet sich hier das

PFLERSCHTAL

Das Pflerschtal ist ein 16 km langes, dünn besiedeltes Seitental des oberen Eisacktals. Es zweigt bei Gossensaß in Richtung Westen ab und führt bis in die Stubaier Alpen hinein. Am Talschluss ragen Schnee- und Agglsspitze sowie der Feuersteinferner in die Höhe. Besonders eindrucksvoll präsentiert sich auch der Hauptkamm der Stubaier Alpen, allen voran der hübsche Pflerscher Tribulaun. Im 15. und 16. Jahrhundert wurde im Pflerschtal Bergbau betrieben, weshalb das Tal auch den Beinamen Silbertal bekam.

Ende einer Winterrodelbahn. Wir wandern geradeaus weiter, der Weg führt zwar stetig bergauf, da wir aber auf einer asphaltierten Straße unterwegs sind, lässt sich die Steigung problemlos bewältigen. Außerdem werden wir durch tolle Ausblicke für alle Strapazen entschädigt: Rechts von uns, auf der anderen Talseite, reckt sich der zu den Stubaier Alpen gehörende Tribulaunkamm in den Himmel. Besonders der Pflerscher Tribulaun (3.097 m), der auch ein beliebter Kletterberg ist, zeigt sich dabei von seiner schönsten Seite. Dass der Weg nicht umsonst Wasserfallweg heißt, zeigen die zahlreichen Wasserfälle, die man unterhalb des Tribulauns sehen kann. Nach etwa 20 Min. erreichen wir einen Parkplatz. Hier biegen wir links ab und folgen weiter der Straße. Bei der nächsten Abzweigung, die nach etwa einer Viertelstunde kommt, zweigen wir rechts ab und erreichen einen weiteren Parkplatz. Hier halten wir uns rechts (Holzschild „Hölle") und folgen einem kleinen Waldpfad ein kurzes Stück bergab, bis zu einem Aussichtspunkt. Von diesem haben wir einen atemberaubenden Blick auf den eindrucksvollsten Wasserfall dieser Wanderung, die sogenannte Hölle. Wir kehren nun wieder zum Parkplatz zurück und überqueren diesen.

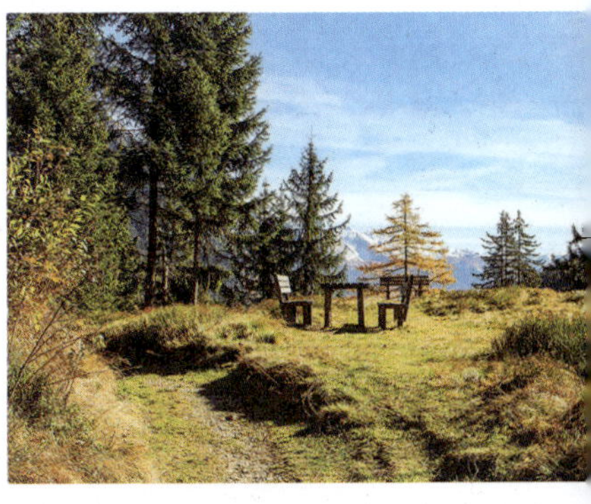

ⓘ Vom Parkplatz aus kann man in 2½ Stunden den Sandessee (2.370 m) mit der daneben gelegenen Tribulaunhütte (im Sommer bewirtschaftet) erreichen (Weg Nr. 8).

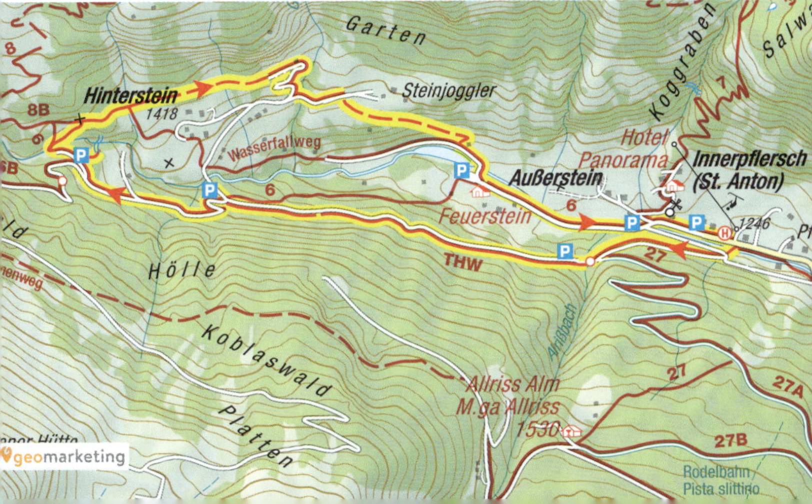

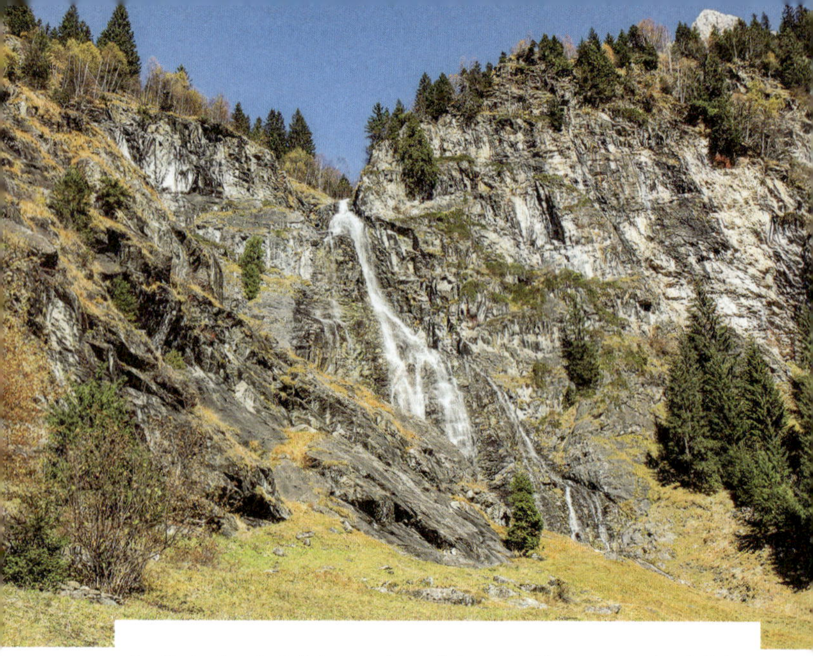

Am Ende des Parkplatzes gehen wir bergab, überqueren eine Brücke und biegen rechts ab. Durch lichten Wald erreichen wir ein paar Minuten später einen idyllischen Rastplatz mit Panoramablick ins Pflerschtal. Etwa 10 Min. später kommen wir an eine Gabelung, wo wir uns links halten. Der zunächst ebene Weg führt nun stetig bergab. Wir verlassen bald darauf den Wald und marschieren nun auf einem Trampelpfad über Almwiesen. Neben uns rauschen zahlreiche Wasserfälle, vor uns liegt das Pflerschtal und dahinter Berge, so weit das Auge reicht. Wir erreichen eine Stelle, an der eine Art Traktorweg weiter bergauf führt und der Weg scheinbar geradeaus weitergeht. Hier müssen wir leicht rechts abbiegen und dem kleinen, nicht gut sichtbaren Pfad bergab folgen (Ausschilderung fehlt). Wenig später überqueren wir eine Brücke (schöner Ausblick zu einem Wasserfall) und biegen, sobald wir die Fahrstraße erreichen, links ab. An der nächsten Gabelung rechts abzweigen und kurz danach erneut rechts halten (Ausschilderung „St. Anton"). Wir sind nun auf einer Almwiese und wenig später wieder im Wald unterwegs. Die nächsten Minuten geht es zum Teil recht steil bergab. Wir kommen schließlich an einem kleinen See und einer Forststraße heraus, wo wir links abbiegen. Wir überqueren eine Brücke und einen Parkplatz, erreichen die Fahrstraße und biegen links ab. Ein paar Minuten später sind wir wieder beim Ausgangspunkt angelangt.

ⓘ Die Rundwanderung kann man natürlich auch in der umgekehrten Richtung machen. Bei der von uns vorgeschlagenen Richtung hat man aber den Vorteil, dass man zu Beginn der Wanderung meist im Schatten geht, der Rückweg dafür aber umso sonniger ist.

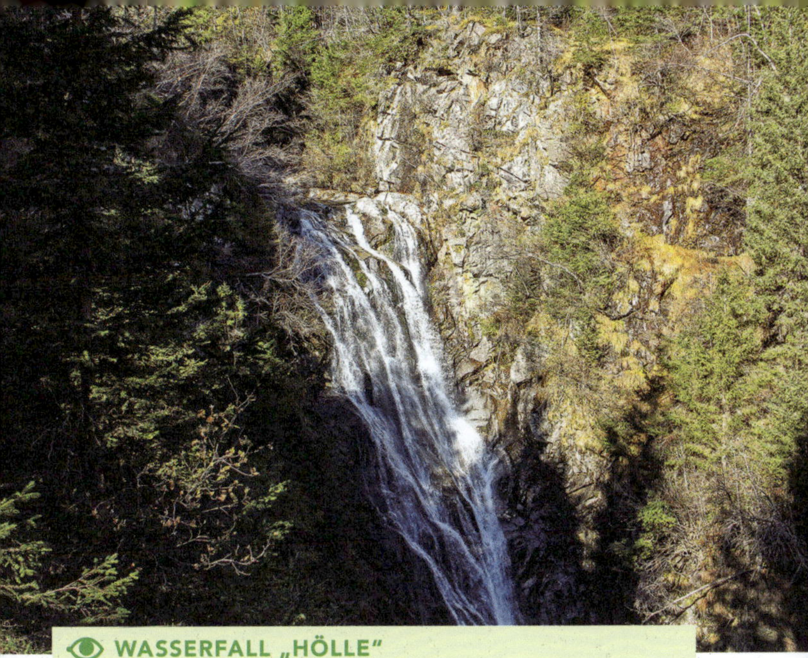

WASSERFALL „HÖLLE“

46 m stürzt das Wasser des Pflerscher Bachs in einer kleinen Schlucht in die Tiefe. Dank der Aussichtsplattform kommt man dem rauschenden Wasserfall ziemlich nahe. Die „Hölle“ ist ein Südtiroler Naturdenkmal und der bekannteste Wasserfall im Pflerschtal. Der Wasserfall weiß angeblich auch, wie das Wetter wird. Wenn die „Hölle“ raucht und der Wind die Gischt durcheinanderwirbelt, soll das Wetter schön bleiben.

EINKEHRTIPP

Keine Einkehrmöglichkeiten auf dem Weg.

INFOS IN KÜRZE

Einfache Familienwanderung, bei der man an zahlreichen Wasserfällen vorbeikommt

Ortseigang von St. Anton, beim „Haus der Vereine“, 1.225 m

Einfach

2 Stunden

300 Hm

5,8 km

Von Gossensaß ins Pflerschtal bis St. Anton. Parkplätze kurz hinter dem Ortseingang, gegenüber vom „Haus der Vereine“.

Bus 313, Haltestelle: St. Anton

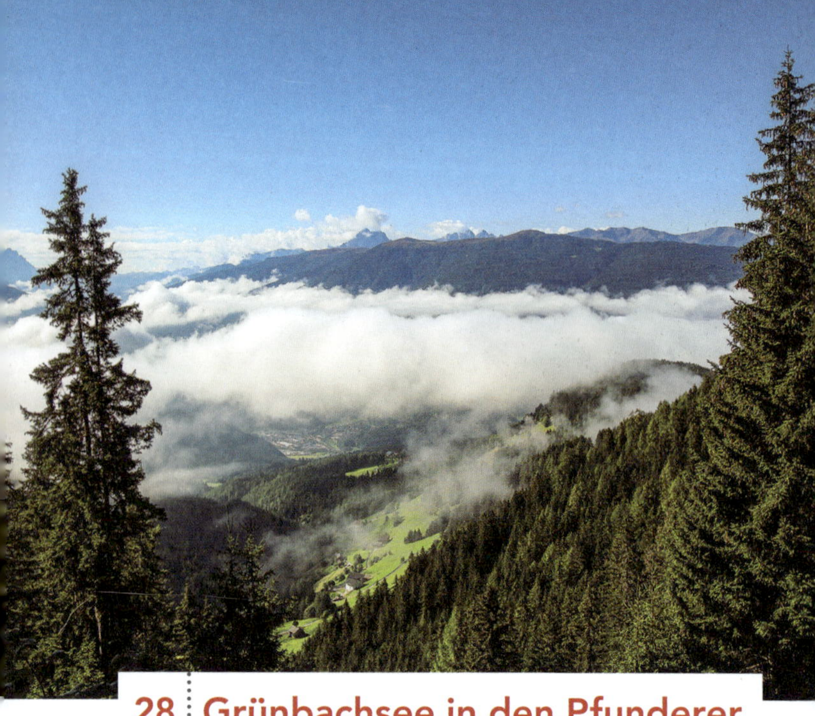

28 Grünbachsee in den Pfunderer Bergen

Wie gemalt recken sich hinter dem Grünbachsee die Pfunderer Berge bzw. die markanten Gipfel der Dolomiten in die Höhe – je nachdem, auf welcher Seite man steht. Den See erreicht man auf einer einfachen Wanderung durch eine traumhafte Wald- und Wiesenlandschaft. Wer noch genug Kondition hat, kann zur nahe gelegenen Putzenhöhe (2.438 m) hinaufsteigen und die wunderbare Aussicht auf Dolomiten und Zillertaler Alpen von einer noch einmal leicht erhöhten Position genießen.

Wir folgen dem breiten Forstweg Nr. 65 („Murmeltierweg“) in Richtung Moarhofalm. Alternativ kann man auch den alten Fußweg (ebenfalls Weg Nr. 65) nehmen, dieser beginnt bei den Infotafeln. In mäßiger Steigung geht es nun durch den Wald, wobei uns hübsch gestaltete Informationspunkte viel Wissenswertes über Murmeltiere verraten. Immer wieder haben wir vom Weg aus auch herrliche Ausblicke auf die Dolomiten, die sich rechts von uns befinden. Nach etwa einer ¾ Stunde erreichen wir die Moarhofalm 🍴, die einzige Einkehrmöglichkeit auf dieser Wanderung. Kurz nach der Alm verlassen wir den Forstweg und biegen links ab, um weiter auf Weg Nr. 65 (Richtung „Untere Grünbacher Alm“ und „Putzenhöhe“)

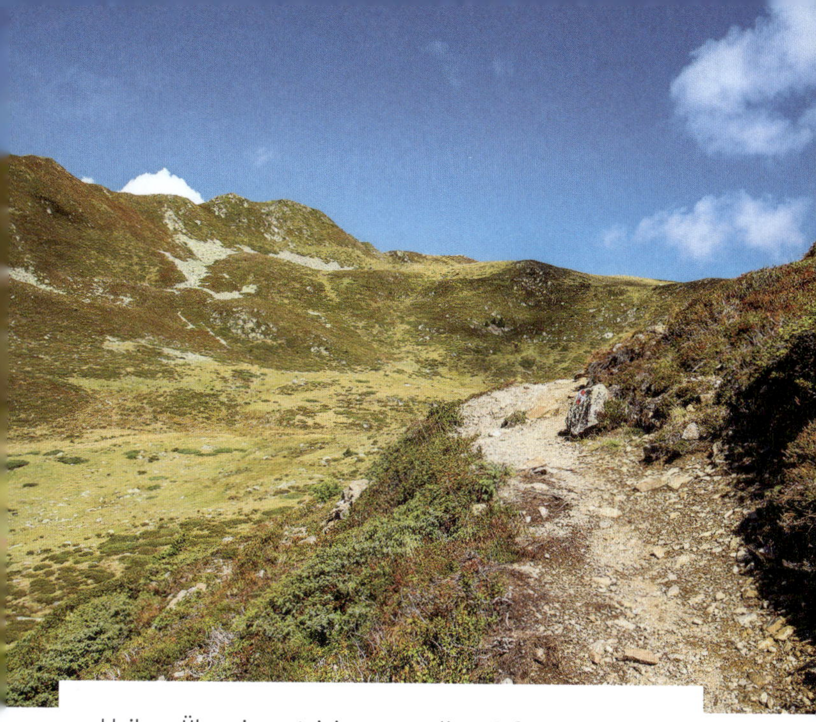

zu bleiben. Über einen steinigen, wurzeligen Fußsteig geht es erst im Wald, dann über Almwiesen recht steil bergauf zur Unteren Grünbacher Alm. Vor der Alm biegen wir links ab und wandern weiter auf Weg Nr. 65 bergauf, auf breitem Weg in mäßiger Steigung durch eine herrliche Almenlandschaft. Der letzte Anstieg zum

GRÜNBACHSEE

Der etwa 130 × 100 m große Bergsee, in dem sich zahlreiche Fische tummeln, liegt zwischen dem Mühlwalder Tal und dem Pustertal. Besonders im Sommer ist er ein hübsches Ausflugsziel, wenn nahe dem Ufer die Alpenblumen in voller Blüte stehen. Anders als der Name vermuten lässt, schimmert der Grünbachsee nicht in Grüntönen, sondern in strahlendem Blau. Seinen Namen verdankt er dem Umstand, dass er mitsamt dem umliegenden Almgebiet Ende des 16. Jahrhunderts zum Grünbachhof kam.

EINKEHRTIPP

Moarhofalm: Bewirtschaftete Alm mit Panoramaterrasse, typische Hüttengerichte. Kiens, Tel. 0474 565486, im Sommer Mitte Mai-Ende Okt. geöffnet (im Winter Rodelbetrieb)

Grünbachsee verläuft wieder auf einem Steig, das heißt, wir biegen vom Almenweg rechts ab und folgen dem sich den Hang hoch schlängelnden Pfad (Weg Nr. 65). Dieser führt uns in knapp ½ Stunde direkt zum See, der wie gemalt unterhalb der Pfunderer Berge in einer kleinen Mulde liegt.

ⓘ Vor dem See zweigt rechts ein Pfad ab, über den man in etwa 30–45 Min. die Putzenhöhe – ein herrlicher Aussichtsberg in den Pfunderer Alpen – und den Pfunderer Höhenweg erreichen kann. Der Weg führt durch gerölliges Gelände, ist aber nicht schwierig.

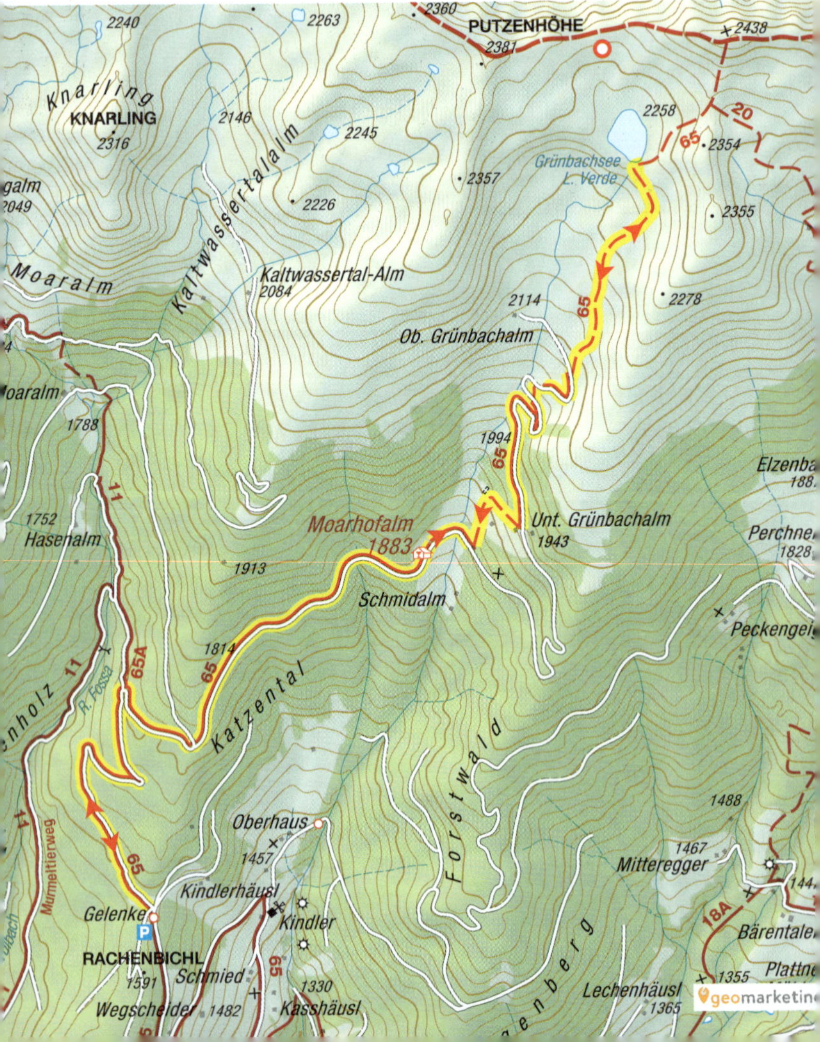

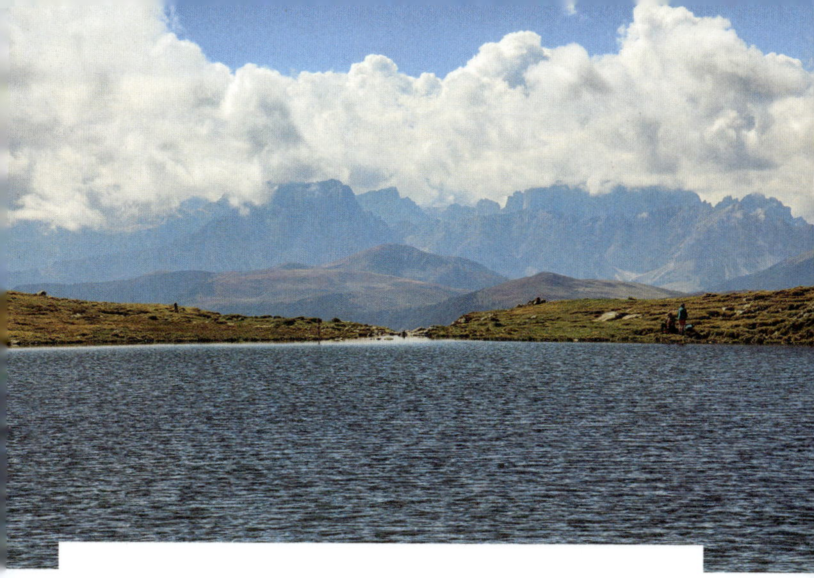

Den Grünbachsee kann man in wenigen Minuten umwandern. Ein mehr als lohnender Abstecher, denn wenn man den See etwa halb umrundet hat, ragen hinter ihm die mächtigen Gipfel der Dolomiten in die Höhe. Auf dem Rückweg kehren wir zunächst über den Hinweg bis zur Unteren Grünbacher Alm zurück. Wer sich das steile, manchmal auch morastige Stück über den Hang beim Abstieg sparen will, kann hier – anstatt rechts abzubiegen – weiter geradeaus gehen und kommt über den breiten Almenweg zur Moarhofalm. Von hier geht es dann auf dem Hinweg wieder zurück zum Parkplatz.

ⓘ Zum Baden lädt der kalte Grünbachsee eher nicht ein. Auf dem Rückweg könnte man aber einen Stopp beim Issinger Weiher (gebührenpflichtiger Badesee) einbauen. Dafür fährt man auf dem Rückweg wieder in Richtung Pfalzen und folgt dann kurz vor Issing der Ausschilderung zum Issinger Weiher. Juni–Anf. Sept.: 10–19.30 Uhr, www.issingerweiher.it

INFOS IN KÜRZE

Wanderung durch eine zauberhafte Landschaft, die auch für konditionsstarke Kinder geeignet ist
Wanderparkplatz Gelenke, 1.590 m
Einfach
3½–4 Stunden
680 Hm
10,1 km

Zwischen Pfalzen und Terenten zweigt rechts eine schmale Fahrstraße ab (Ausschilderung „Moarhofalm"). Dieser schmalen Bergstraße bis zum großen Wanderparkplatz folgen.
Mit dem Bus ist der Ausgangspunkt nicht zu erreichen.

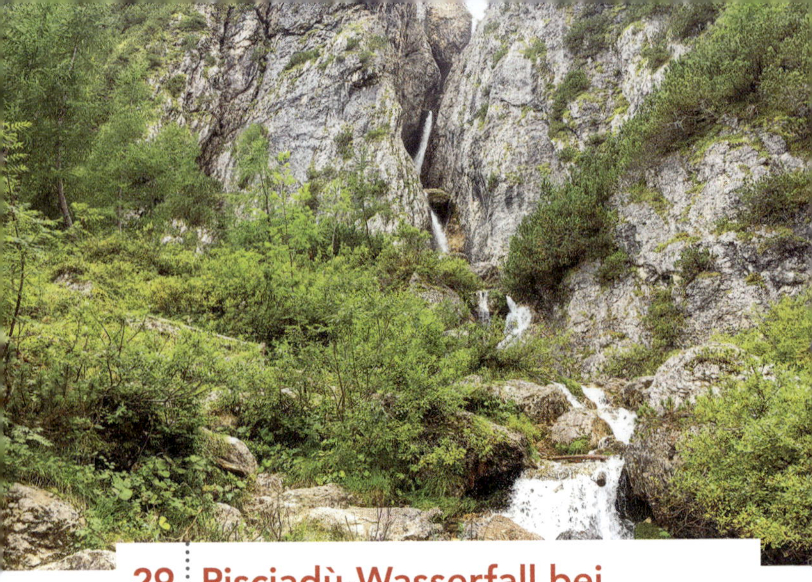

29 Pisciadù-Wasserfall bei Kolfuschg

Die vor allem im Herbst lohnende Wanderung zum Pisciadù-Wasserfall ist bis zum hübschen Picknickplatz eher ein Spaziergang durch den Kolfuschger Talboden. Nur das letzte Stück, das zum Wasserfall hochführt, erfordert ein wenig Kraxelei. Dafür werden wir mit dem Pisciadù-Bach, der sich hier wild rauschend über die Bergflanken des Sellamassivs ins Tal stürzt, und dem herrlichen Ausblick ins Gadertal und auf die nahen Cirspitzen belohnt.

Wir verlassen den Parkplatz der Liftanlagen Plans-Frara in südwestlicher Richtung und folgen einem breiten Weg, der leicht bergab Richtung Sellamassiv führt. Nach 200 m kommt eine Abzweigung zur Plans-Kabinenbahn. Wir folgen dem Wanderschild „Cascades de Pisciadù", gehen geradeaus weiter und unterqueren die Bahn. Der

LÄRCHEN IM HERBST

Die Lärchen geben dieser Wanderung vor allem im Herbst ein besonderes Flair, wenn sich die Bäume goldgelb färben und zusammen mit den hellgrauen Felsflanken des Sellamassivs einen wunderbaren Kontrast zum Grün der Wiesen und dem tiefen Blau des Herbsthimmels bilden. Die Lärche ist zwar ein Nadelbaum der Gattung Kieferngewächse, aber der sommergrüne Baum wirft im Spätherbst, im Gegensatz zur immergrünen Waldkiefer, seine nadelförmigen Blätter ab.

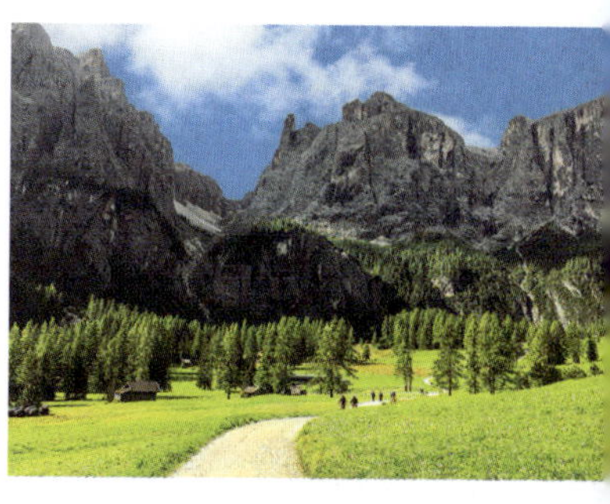

gemütliche Weg führt durch den mit Lärchen besetzten Kolfuschger Talboden. Nach ca. 15 Min. überqueren wir eine Brücke und gelangen wenig später zu einem Picknickplatz mit Tischen, Bänken, einem Brunnen mit frischem Wasser und einer Toilette. Wir folgen dem Schild zu den Wasserfällen, das eine Gehzeit von 5 Min. ausweist. Es geht quer über den Picknickplatz. Hinter der Erholungszone führt ein Pfad durch lichten Wald zum Wasserfall. Wer höher hinauf zum Wasserlauf möchte, der findet hier die erste Hürde in Form eines Schwebebalkens über den Bach. Diesen gilt es im Balanceakt zu überqueren. Danach müssen wir noch eine kleine Felsstufe überwinden. Der Rest des sich entlang des rauschenden Wasserfalls nach oben windenden Pfads ist steil, aber unschwierig. Nach ein paar Minuten endet der Steig und wir genießen das Tosen der Wassermassen, die aus den Wänden des Sellastocks an uns vorbeischießen, und den traumhaften Blick hinab ins Gadertal. Auf unserem Rückweg kehren wir über Felsstufen und Schwebebalken zum Picknickplatz zurück. Beim Zaun biegen wir rechts ab und folgen dem Weg Nr. 28 in Richtung Kolfuschg. Es geht leicht bergab und wir

PISCIADÙ-WASSERFALL

Der Pisciadù-Wasserfall verdankt seinen Namen der Pisciadù-Spitze, einem 2.987 m hohen Berg im Sellamassiv. Der gleichnamige See unterhalb der Spitze ist vom Grödner Joch über den Dolomitenhöhenweg Nr. 2 durch das Val Setus oder alternativ über den anspruchsvollen und oft überlaufenen Pisciadù-Klettersteig zu erreichen. Vom See fließt der Pisciadù-Bach herunter, der sich später über die Feldwände als beeindruckender Wasserfall zu Tal stürzt, um dann bei Corvara in die Gader zu münden.

EINKEHRTIPP

Keine Einkehrmöglichkeiten auf dem Weg. Direkt neben dem Parkplatz liegt der

Mathiaskeller im Hotel Luianta: Café und Restaurant mit Sonnenterrasse, italienisch-europäische Küche, ladinische Spezialitäten. Str. Pecëi 31, Kolfuschg, Tel. 0471 836754, www.mathiaskeller.it, durchgehend geöffnet

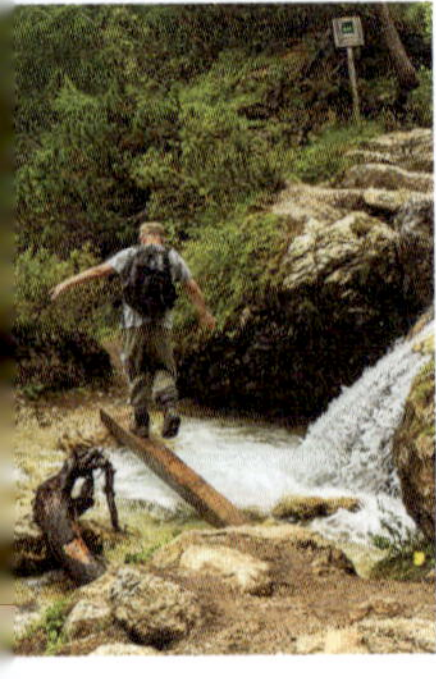

werden immer wieder mit spektakulären Blicken auf die Steilhänge des Sellamassivs belohnt. Nach ca. 10 Min. kreuzen wir einen Bach und biegen danach an einer Gabelung links auf den Weg Nr. 651 in Richtung Parkplatz Luianta ab. Der Weg führt durch ein kleines Waldstück, in dem wir auch den Pisciadù-Bach wieder überqueren. Anschließend wandern wir zunächst leicht bergauf, dann relativ eben über Wiesen. Wir stoßen auf einen breiten Wanderweg, dem wir nun rechts bergauf zum Parkplatz der Plans-Frara-Bahn folgen. Nach einer Gesamtgehzeit von rund 60 Min. sind wir am Ausgangspunkt unserer kleinen Wasserfallrunde zurück.

INFOS IN KÜRZE

Panorama-Wanderung auf gut ausgebauten Wegen, kleines Steilstück am Wasserfall

Parkplatz der Plans-Frara-Bahn in Kolfschug, 1.680 m

Einfach

1 Stunde

100 Hm

3,2 km

Von Corvara kommend durch Kolfuschg in Richtung Grödner Joch fahren. Im Ortsteil Pezzei kurz hinter dem Hotel Luianta geht es zum Parkplatz der Plans-Frara-Bahn.

Bus 460, Haltestelle: Peceistraße. Bushaltestelle in unmittelbarer Nähe des Parkplatzes.

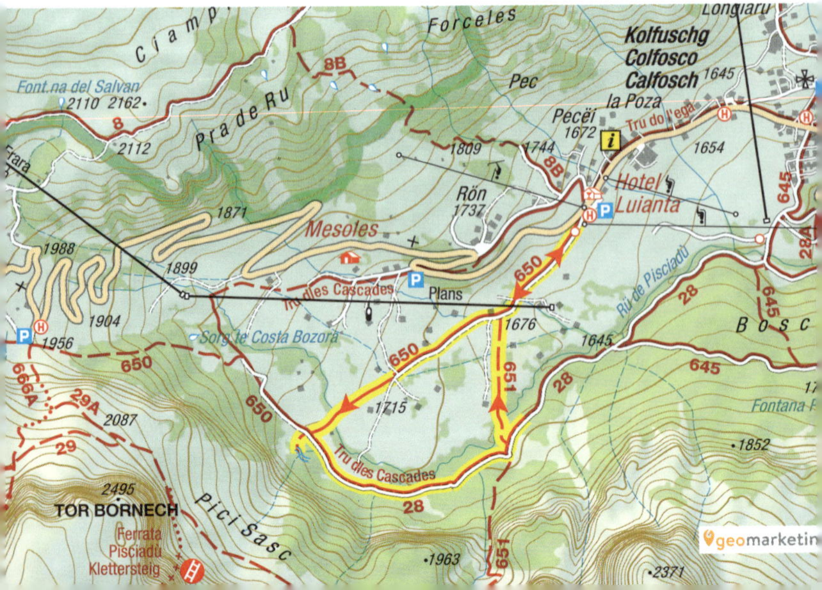

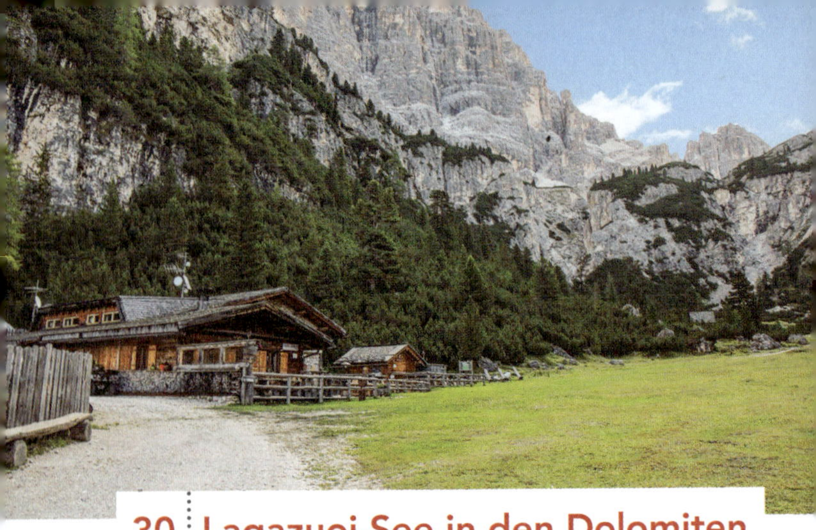

30 Lagazuoi-See in den Dolomiten

Der Lagazuoi-See liegt an einem geschichtsträchtigen Ort, mitten in der herrlichen Bergwelt der Südtiroler Dolomiten. Im Ersten Weltkrieg verlief in dieser Gegend die sogenannte Dolomitenfront. Heute ist das Gebiet des Lagazuoi ein Freilichtmuseum, Reste der ehemaligen Stellungen, Schützengräben und Stollen sowie eine kleine Kapelle unterhalb des Sees erinnern an den erbitterten Gebirgskrieg. Obwohl man den hübschen Bergsee über einen gut ausgebauten Wanderweg erreicht, ist er auch in der Hochsaison selten überlaufen.

Bis zum Lagazuoi-See muss man zwar nur knapp 470 Hm überwinden, trotzdem ist die Wanderung recht anstrengend, denn es geht größtenteils steil bergauf. Direkt beim Gasthaus Capanna Alpina folgen wir der Markierung Nr. 20 und der Ausschilderung zur Scotoni-Hütte. Kurz darauf halten wir uns an einer Gabelung rechts und bleiben auf dem Weg Nr. 20. Auf einer breiten, ebenen Forststraße, die gleichzeitig auch die Zufahrtsstraße zur Scotoni-Hütte ist, spazieren wir nun gemütlich durch einen lichten Latschenwald ins Tal hinein und genießen den herrlichen Ausblick auf mächtige Dolomitenberge wie Conturines, Lagazuoi und die Scotonispitze. Der gemütliche Teil ist nach wenigen Minuten jedoch vorbei; der Weg, der jetzt neben einer Skipiste verläuft, wird merklich steiler und an manchen Stellen müssen wir auch recht ruppige Anstiege bewältigen. Aufgrund der guten Wegbeschaffenheit ist dieser Abschnitt aber gut zu meistern, zumal wir von der Capanna Alpina bis zur Scotoni-Hütte (2.040 m) nur etwa 50 Min. brauchen. Die Scotoni-Hütte liegt in einem ebenen Talkessel, umgeben von den Bergen der Fanesgruppe. Die Hütte ist im Sommer und im Winter ein beliebtes Ausflugsziel – im Winter erreicht man sie von der Lagazuoi-Bergstation aus über die Piste Nr. 1 „Armentarola", die

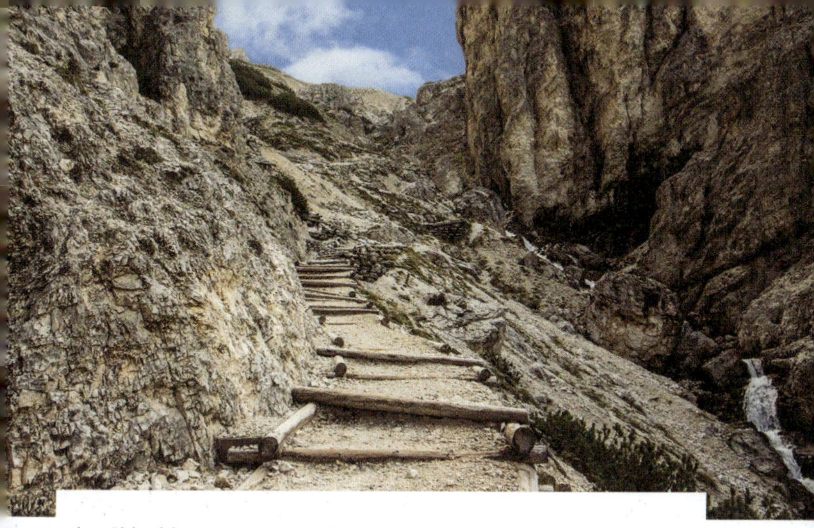

das Skigebiet von Cortina d'Ampezzo mit dem von Alta Badia verbindet. Einkehren sollte man aber besser auf dem Rückweg. Bis zum Lagazuoi-See brauchen wir von hier nämlich noch etwa 40 Min. Wir bleiben auf dem Wanderweg, der rechts an der Hütte vorbeiführt, und erreichen kurz darauf eine Abzweigung. Hier geht es geradeaus auf Weg Nr. 20 weiter. Ein paar Meter weiter befindet sich eine kleine, sehenswerte Holzkapelle. Gedenktafeln im Inneren erinnern an die im Dolomitenkrieg gefallenen Soldaten. Wir verlassen jetzt die Ebene und folgen dem von unten bereits gut sichtbaren Weg hinauf in eine Schlucht. Auf einem gerölligen Pfad steigen wir, an einem Bach entlang, in vielen Kehren steil bergauf. Nach knapp 40 Min. erreichen wir eine große Geröllterrasse. Hier verlassen wir den Weg Nr. 20 und biegen links auf den Weg Nr. 20B ab. Kurz darauf stehen wir auch schon vor dem Lagazuoi-See. Von der Capanna Alpina 🍴 bis zum See braucht man etwa 1½ Stunden. Für den Rückweg, der auf dem Hinweg erfolgt, sollte man 1–1¼ Stunden einplanen.

GEBIRGSKRIEG 1915–1918

In der Region rund um den Lagazuoi-See verlief im Ersten Weltkrieg die sogenannte Dolomitenfront. Österreichische (k.u.k. Kaiserjäger) und italienische Soldaten lieferten sich hier einen erbitterten Stellungskrieg. Besonders der zweigipflige Lagazuoi war ein hart umkämpfter Berg. Beide Heere legten im Berg Stollensysteme an, verlagerten ihre Stellungen ins geschützte Innere des Berges und versuchten, mit Stollensprengungen die gegnerischen Lager zu schwächen. Fast alle der ehemaligen Schützengräben und Stollen sind restauriert, man kann sie heute noch besichtigen. (Infos: www.lagazuoi.it)

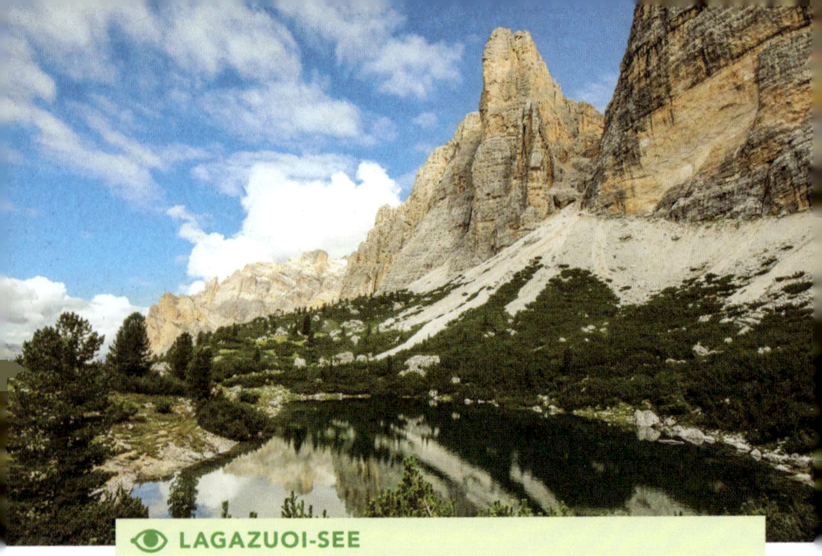

LAGAZUOI-SEE

Der Lagazuoi-See liegt im Naturpark Fanes-Sennes-Prags, auf einer Höhe von 2.180 m. Mit einer Länge von etwa 80 m und einer Breite von 60 m ist er zwar nicht besonders groß, bietet dafür aber ein großartiges Panorama. Hinter dem See recken sich die mächtigen Dolomitengipfel der Fanesgruppe wie die Scotonispitze und der Lagazuoi in die Höhe und spiegeln sich in dem grünen Wasser. Wer mag, kann sich nach der Wanderung auch in dem hübschen Bergsee erfrischen. Aber: Der See ist ein paar Meter tief, sodass er auch im Hochsommer recht kalt ist.

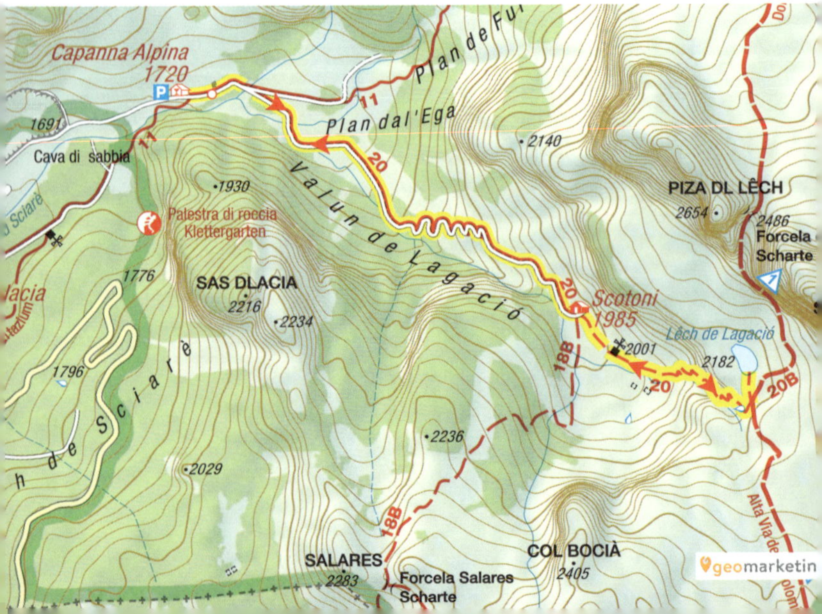

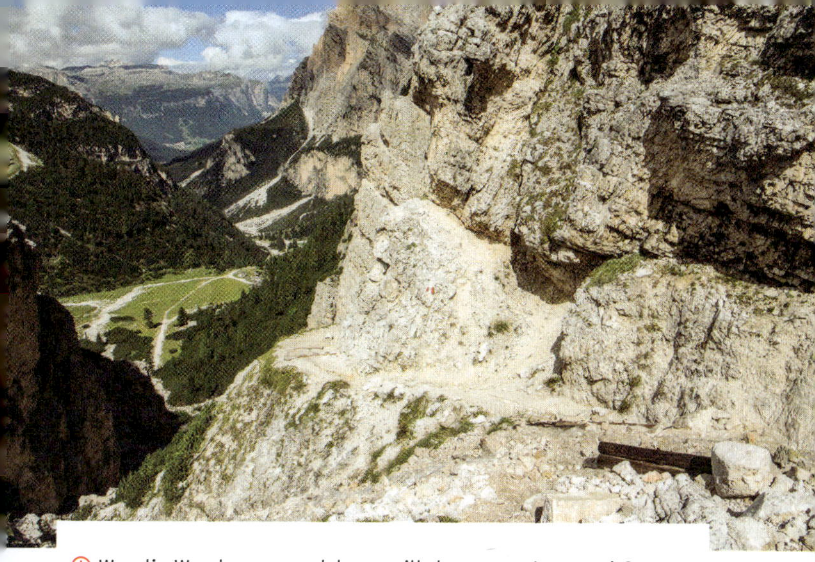

ⓘ Wer die Wanderung ausdehnen will, kann vom Lagazuoi-See aus über den Dolomiten-Höhenweg Nr. 1 in knapp 2 Stunden zum Gipfel des Kleinen Lagazuoi wandern.

EINKEHRTIPPS

Capanna Alpina: Almgasthof mit Sonnenterrasse, typische Südtiroler Spezialitäten. Str. Sciaré 9, St. Kassian, Tel. 0471 849418, www.facebook.com/Ristorante-Capanna-Alpina-1419902994920412/, Mitte Juni–Ende Sept. geöffnet

Scotoni-Hütte: Berghütte mit Sonnenterrasse, Kinderspielplatz und Alpakagehege, authentische Südtiroler Küche, Übernachtungsmöglichkeit. Alpe Lagazuoi 2, St. Kassian, Tel. 0471 847330, www.scotoni.it, Mitte Juni–Ende Sept. geöffnet

INFOS IN KÜRZE

Panorama-Wanderung auf gut ausgebauten Wegen, stellenweise sehr steil

Gasthaus Capanna Alpina, 1.726 m

Einfach bis mittel

Ca. 2¾ Stunden

470 Hm

5,7 km

Von St. Kassian der Ausschilderung zum Valparolapass folgen. Etwa 3 km hinter St. Kassian links abbiegen und ca. 1½ km zur Capanna Alpina fahren, dort großer, kostenpflichtiger Parkplatz.

Bus 465, Haltestelle: Sciaré. Die Bushaltestelle befindet sich direkt an der Straße, die zum Valparolapass führt. Von dort auf Weg Nr. 11 zur Capanna Alpina (+60 Hm + ½ Stunde Gehzeit).

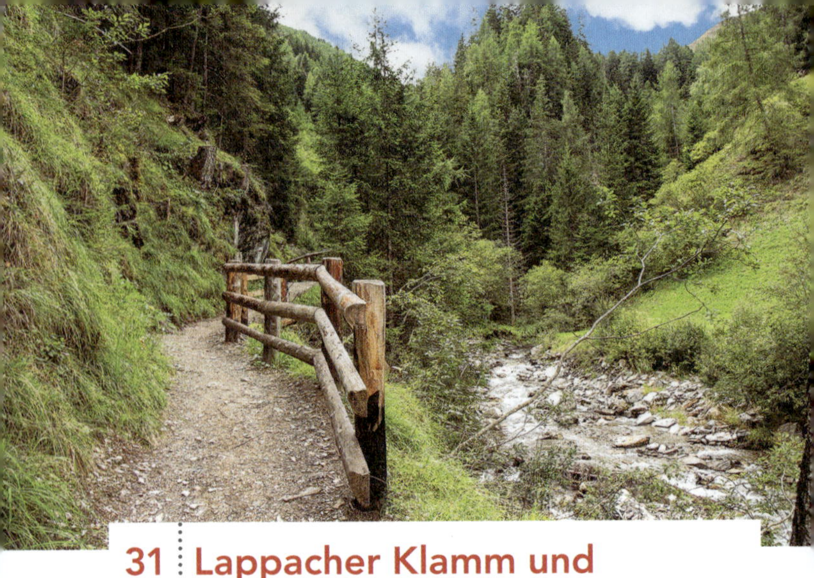

31 Lappacher Klamm und Neves-Wasserfälle

Diese kurze und leichte Wanderung führt zu den beeindruckendsten Wasserfällen des Mühlwalder Tals. Der vom Neves-Stausee herunterfließende Neves-Bach hat in Millionen von Jahren die Lappacher Klamm in den Fels gegraben. Abseits überlaufener Touristenrouten ist man im stillen Mühlwalder Tal oftmals allein unterwegs. Doch die entlang der Klamm und der Wasserfälle verlegten Fixseile verraten, dass sich hier an manchen Tagen Abenteuerlustige bei geführten Touren am Trendsport Canyoning versuchen.

Vom Parkplatz beim Spielplatz vor Lappach folgen wir der Fahrstraße ca. 150 m taleinwärts bis zu einer Brücke bei einigen kleinen Mühlhäusern. Kurz danach zweigt ein Weg rechts ab, (Schild „Lappacher Klamme"), dem wir bachaufwärts folgen, bis wir nach wenigen Minuten eine kleine Metallbrücke erreichen. Nach der Brücke folgen wir dem Hinweisschild „Lappacher Klamme" nach rechts, vorbei an den Überresten eines Wasserkraftwerks. Von dort geht es teils über Stufen hinauf Richtung Wasserfall. Wir treffen auf eine weitere Metallbrücke, doch bevor wir sie überqueren, wandern wir noch ein paar Meter geradeaus bergauf. Wir kommen zu einer Aussichtsplattform, von der wir einen herrlichen Blick auf das tiefblaue Becken haben, in das sich tosend der untere Neves-Wasserfall über mehrere Kaskaden stürzt. Von der Plattform kehren wir wieder zurück zur Brücke und queren diese. Der Weg führt nun steil in Serpentinen durch den Wald bergauf. Nach gut 5 Min. erreichen wir eine Abzweigung und folgen dem Wegweiser „Großer Wasserfall" bis zum Aussichtspunkt, wo wir den Blick auf den oberen und sehr hohen Neves-Wasserfall genießen. Von dort kehren wir ca. 70 m zurück und biegen an der Gabelung links ab, Hinweisschild „Neves Kreuzung Zösen“. Der recht steile Weg bringt uns in wenigen Minuten auf eine breite Fahrstraße, der wir links folgen. Sie führt über eine hohe Brücke über den Neves-Bach. Wer Glück hat, trifft hier Wagemutige in Neoprenanzügen, die sich tief zum Bach abseilen, um den Wasserfall im Canyoning-Stil zu erobern. Nach der Brücke zweigt in gut 200 m links ein Weg ab, Wegweiser „Lappacher Klamme“. Nach ein paar Minuten kommen wir an eine Abzweigung. Hier könnten wir links zurück zum Wasserfall, wir folgen aber dem

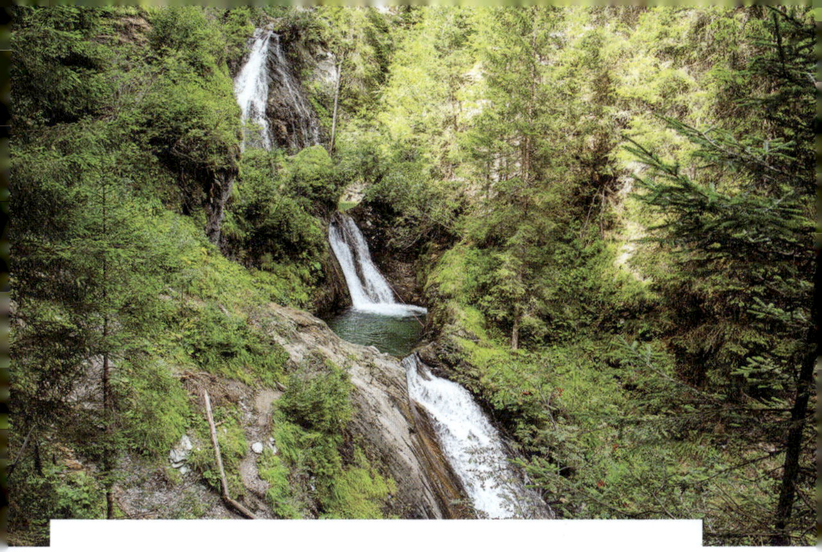

NEVES-WASSERFÄLLE

Die Neves-Wasserfälle werden auch als Lappacher-Klamm-Wasserfälle oder Lappacher Wasserfälle bezeichnet. Sie gehören zum Neves-Bach, der aus dem Neves-Stausee gespeist wird. Der untere Wasserfall gliedert sich in drei Kaskaden, während der große, obere Wasserfall sich in einem Stück tief über die Felsen stürzt.

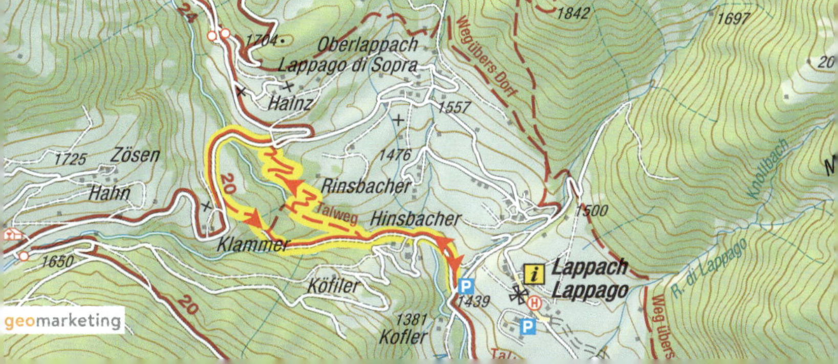

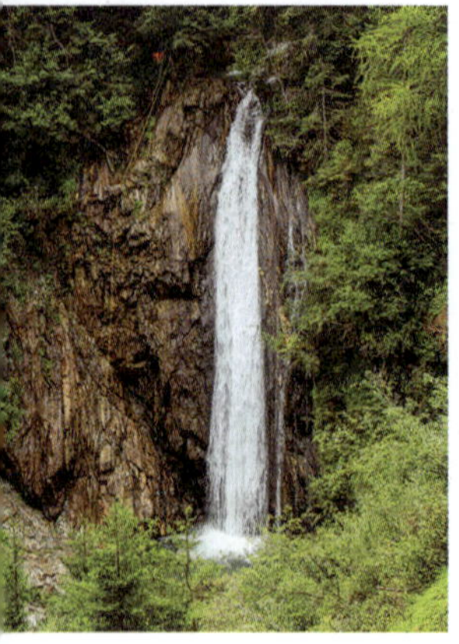

Schild in Richtung Lappach und dem Lauf des Zösen-Bachs und treffen kurz darauf auf unseren Hinweg. Wir queren die kleine Metallbrücke, auf der wir gekommen sind, und kehren links zurück zum Parkplatz, den wir nach einer Gesamtgehzeit von 1 Stunde wieder erreichen.

ⓘ Wassermuseum „Magie des Wassers" in Lappach, muehlwaldertal.it/wasser-museum, Tel. 320 6914437, Mai–Sept.: Di. 10–13 Uhr, So. und Fr. 14.30–17.45 Uhr geöffnet.

ⓘ Ein Besuch der Neves-Alm (Tel. 348 8501449) und das Kosten der hausgemachten Käsespezialitäten lohnt!

NEVES-STAUSEE

Von Lappach sind es nur 4 km bis zum Neves-Stausee (1.860 m). Die letzten 2 km führen über eine schmale und steile Mautstraße mit Ampelregelung hoch zum Stausee. Die Straße ist im Winter gesperrt. Um den Stausee führt ein leichter Wanderweg, am anderen Ende des Sees liegen die Untermauerer-Alm und die Neves-Alm.

EINKEHRTIPPS

Keine Einkehrmöglichkeiten auf dem Weg; Cafés und Restaurants in Lappach und Mühlwald

INFOS IN KÜRZE

Leichte Wanderung auf gut ausgebauten Wegen, teilweise Stufen und Treppen in der Klamm

Parkplatz am Spielplatz unterhalb von Lappach, 1.390 m

Einfach

1 Stunde

220 Hm

2,6 km

Von Mühlwald Richtung Lappach fahren. Vor Lappach bzw. 6,5 Kilometer nach der Staumauer Mühlwalder Stausee links auf einer schmalen Straße ca. 1,2 km bergab bis zum Parkplatz des großen Spielplatzes.

Bus 451, Haltestelle: Lappach Zinsbach. Die Bushaltestelle befindet sich an der Abzweigung vor Lappach, zu Fuß noch ca. 1,2 km bis zum Spielplatz.

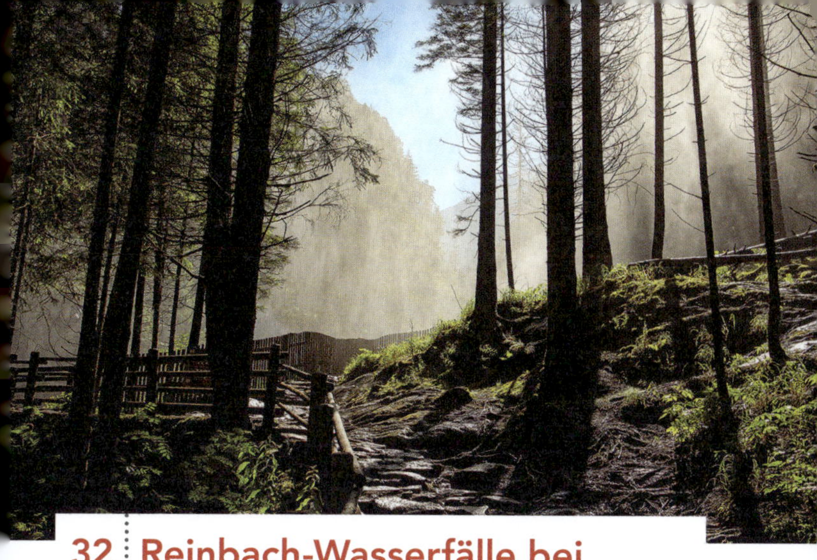

32 Reinbach-Wasserfälle bei Sand in Taufers

Bei dieser Wanderung im Tauferer Ahrntal gibt es viel zu sehen: Drei beeindruckende Wasserfälle und die Ruine der Toblburg mit der restaurierten Burgkapelle gehören zu den absoluten Höhepunkten. Wer die Runde etwas abkürzt, kann mit der im Sommer 2017 eröffneten Fly-Line fast zurück zum Ausgangspunkt „fliegen".

Vom Parkplatz im Ortsteil Winkel gehen wir an der Wasserfallbar 🍴 vorbei und müssen uns dann zwischen zwei Wegen entscheiden: dem Franziskusweg, einem hübsch angelegten Besinnungsweg, und einer Forststraße (bei Regen oder Nässe die bessere Wahl). Wir nehmen den Franziskusweg, der mit einem T markiert ist (das „T" steht für „tau", den letzten Buchstaben des hebräischen Alphabets). Insgesamt zehn Besinnungspunkte, die von den Pfarreien des Tauferer Ahrntals gestaltet wurden und zum Innehalten und Nachdenken anregen wollen, finden sich entlang des Wegs, der stetig, aber mit mäßiger Steigung, bergan führt und dabei mehrmals den Forstweg kreuzt. Eine gute ¼ Stunde nach dem Start erreichen wir auch schon den ersten Reinbach-Wasserfall. Mit einer Fallhöhe von gut 10 m ist er der kleinste der drei Wasserfälle. Trotzdem ist seine Lautstärke wahrlich beeindruckend!

ⓘ Wenn man vom Aussichtspunkt die paar Meter bis zum Bach hinuntergeht und zum Wasserfall blickt, kann man den sogenannten Christuskopf sehen. Dabei handelt es sich um einen mächtigen Felsen, der mit etwas Fantasie das Profil eines Menschen/Christus darstellt.

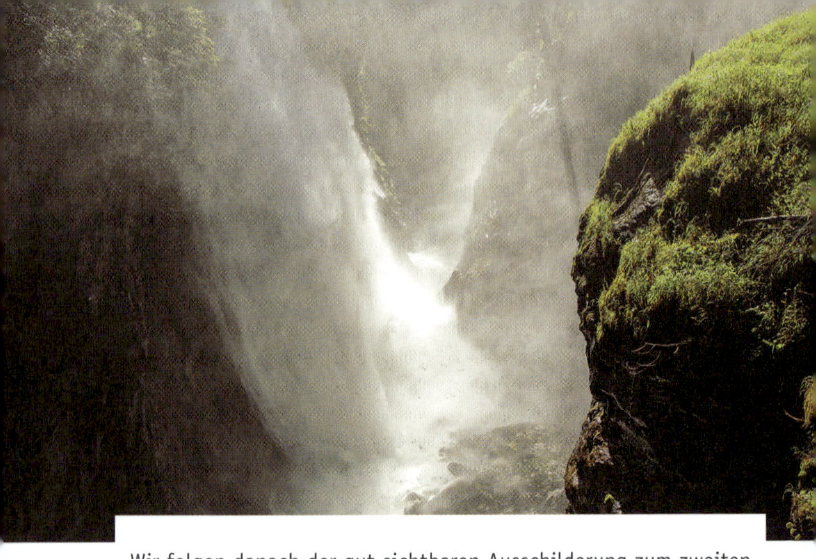

Wir folgen danach der gut sichtbaren Ausschilderung zum zweiten Wasserfall. Der Weg wird jetzt etwas steiniger, bleibt aber erst einmal relativ flach. Wir wandern ein paar Meter auf der Forststraße entlang und biegen dann – bei den unzähligen Steinmännchen – links ab. Über gemauerte Stufen geht es jetzt etwas steiler bergauf, dann noch kurz geradeaus, bis wir zum Aussichtspunkt für den zweiten Wasserfall kommen. Vom ersten Wasserfall bis hier braucht man gut 10 Min. Vom Aussichtspunkt gehen wir wieder ein paar Meter zurück, biegen links ab und folgen der Ausschilderung zum dritten Reinbach-Wasserfall. Das stärker werdende Rauschen kündigt diesen schon an, lange bevor man ihn sieht. Mit einer Fallhöhe von 40–50 m ist dies der höchste der drei Reinbach-Wasserfälle. Rund um den Aussichtspunkt ist Vorsicht geboten, denn der steinige Weg ist aufgrund der herabstürzenden Wassermassen (Kamera schützen!) eigentlich bei jedem Wetter nass und rutschig.

REINBACH-WASSERFÄLLE

Der Reinbach, der im Naturpark Rieserferner-Ahrn seinen Ursprung hat, durchfließt das Reintal und die Toblschlucht, bevor er bei Sand in Taufers in die Ahr mündet. Seinen Weg durch die Toblschlucht kann man bei dieser Wanderung aus nächster Nähe betrachten. An drei verschiedenen Stellen stürzt der Bach auf seinem Weg ins Tal über gewaltige Felsen. Der obere und der mittlere Wasserfall haben eine Höhe von 40–50 m, der untere Wasserfall ist mit einer Fallhöhe von gut 10 m am kleinsten. Der untere und der mittlere Wasserfall sind natürlichen Ursprungs, der obere Wasserfall ist durch Menschenhand entstanden. Hier wurde der Reinbach zur Stromgewinnung umgeleitet.

Wir überqueren eine Brücke, biegen rechts ab, um auf dem Franziskusweg zu bleiben, passieren eine weitere Brücke und halten uns danach wieder rechts. Erneut geht es über gemauerte Stufen, stellenweise ein wenig steiler, bergauf. Ungefähr 20 Min. nach dem dritten Wasserfall stoßen wir auf einige Mauerreste. Mehr ist von der einstmals sehr großen Toblburg (erbaut im 12. Jahrhundert) leider nicht mehr erhalten. Dafür ist die ehemalige Burgkapelle, die dem hl. Franz und der hl. Klara geweiht ist, wirklich sehenswert. Wir bleiben weiter auf dem nun bergab führenden Wanderweg und erreichen ein paar Minuten später einen großen Parkplatz. Diesen überqueren wir, wandern dann auf der wenig befahrenen Fahrstraße bergab und genießen dabei den herrlichen Ausblick auf die umliegende Bergwelt. Nach 15 Min. kommen wir zum Gasthof Toblhof. Hier biegen wir links ab, folgen der Ausschilderung zu den Wasserfällen bzw. müssen uns kurz danach entscheiden: entweder ab dem dritten Wasserfall über den Hinweg oder später auch über den Forstweg zurück zum Parkplatz wandern oder mit der „Fly-Line" zum ersten Reinbach-Wasserfall herunterschweben und von dort über den Franziskusweg oder Forstweg wieder zurück zum Ausgangspunkt.

FRANZ-UND-KLARA-KAPELLE BEI DER TOBLBURG

Die ehemalige Burgkapelle der Toblburg wurde wahrscheinlich etwas später als die Burg errichtet. 1982 wurde die Kapelle von Grund auf restauriert und der Franziskusweg errichtet. Die Kapelle besteht aus zwei Ebenen, einer Oberkirche und einer Unterkirche. Die Oberkirche wurde von der Schnitzschule Ahrntal gestaltet, als Sitzgelegenheiten dienen abgesägte Baumstämme. Über eine kleine Treppe erreicht man die abgedunkelte Krypta, einen wirklich mystischen Ort.

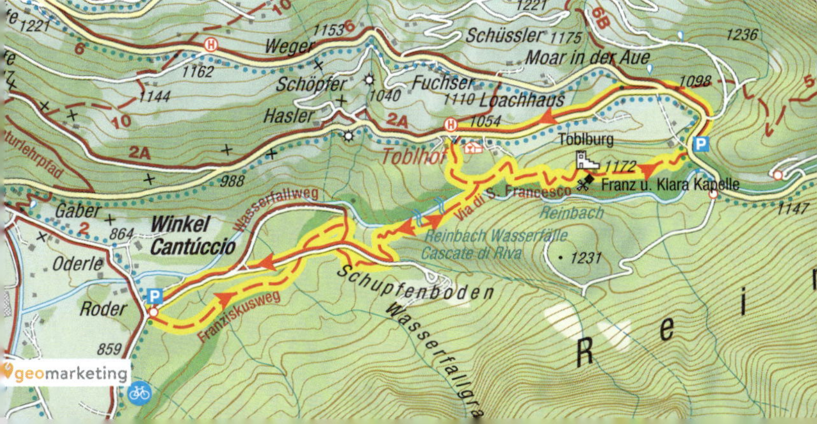

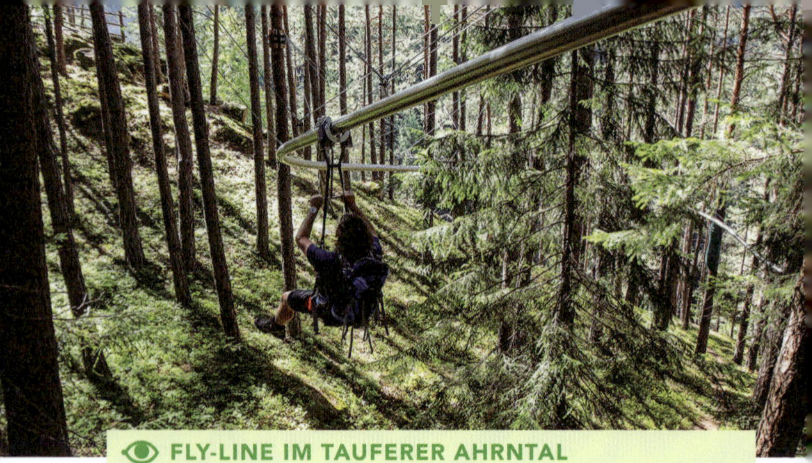

FLY-LINE IM TAUFERER AHRNTAL

Die Seilrutsche Fly-Line wurde im Juni 2017 eröffnet, der Startpunkt befindet sich zwischen dem Toblhof und dem dritten Wasserfall. Man schwebt mit etwa 10 km/h zum Teil in luftiger Höhe zwischen den Bäumen entlang und überquert zum Abschluss den Reinbach. Für die 830 m lange Strecke braucht man 5½ Min. Kleine Kinder können mit den Eltern mitfahren. Die Mitnahme von großen Rucksäcken ist problemlos möglich. April–Mitte Okt. geöffnet (bei Regen und Gewitter bleibt die Anlage geschlossen). Tel. 388 5777270, www.fly-line-wasserfall.eu

EINKEHRTIPPS

Gasthof Toblhof: Traditionelles Gasthaus, Sonnenterrasse, Südtiroler Küche. Reinstraße 11, Sand in Taufers, Tel. 0474 678009, www.toblhof.it, ganzjährig geöffnet.

INFOS IN KÜRZE

Familienwanderung, bei der es viel zu sehen und erleben gibt
Wanderparkplatz im Weiler Winkel/ Sand in Taufers, 860 m
Einfach
2 Stunden
300 Hm
5,5 km
Von Bruneck ins Tauferer Ahrntal, in Sand in Taufers rechts abbiegen und der Ausschilderung zum Weiler Winkel bzw. den Reinbach-Wasserfällen folgen. Den Wanderparkplatz (gebührenpflichtig) erreicht man über den Winkelweg. Alternativ kurz vor Sand in Taufers rechts der Beschilderung „Reinbachfälle" folgen.
Mit dem Bus Nr. 455 bis zum Schwimmbad und zu Fuß in ca. 10 Min. zum Ausgangsort.

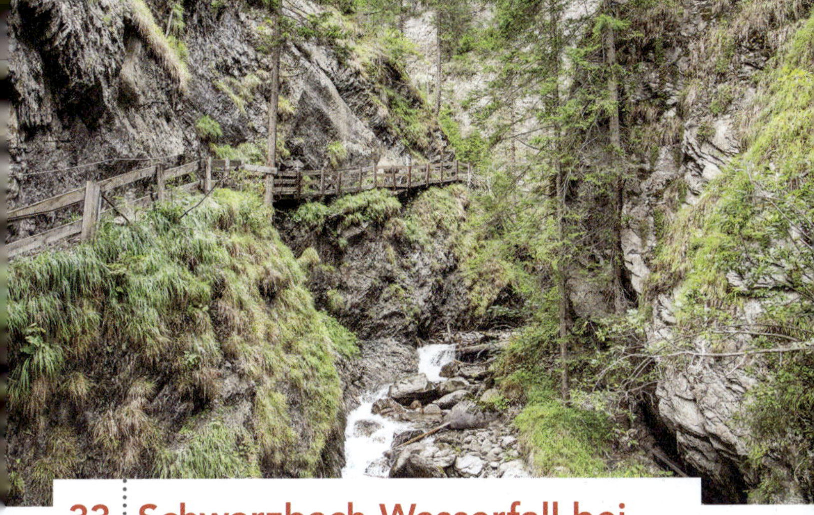

33 Schwarzbach-Wasserfall bei Luttach

Das Tauferer Ahrntal ist reich an Wasserfällen, einer der schönsten ist der Schwarzbach-Wasserfall bei Luttach. Zwischen einer kleinen Felsspalte stürzt er rauschend in ein kleines Becken, von Aussichtspunkten kann man den Wasserfall aus unterschiedlichen Höhen betrachten. Neben der malerischen Landschaft des Ahrntals sorgen auch zahlreiche Holzskulpturen entlang des Weges für Abwechslung. Die Skulpturen wurden während des jährlich stattfindenden Bildhauer-Symposiums im Ahrntal von internationalen Künstlern geschaffen.

Wir folgen vom Tourismusbüro in Luttach zunächst ein kurzes Stück der Fahrstraße in Richtung Talschluss. Auf Höhe der Feuerwehr biegen wir links ab („Wasserfallrunde“) und durchschreiten das „Sonnentor“. Wir befinden uns jetzt im Naturerfahrungspark „Moarwald“, wo uns bereits die ersten Skulpturen begegnen. Am Ende des großen Spielplatzes zweigen wir links und dann gleich rechts ab und folgen Weg Nr. 23, der kurz darauf im Wald verschwindet. An den folgenden Abzweigungen bleiben wir auf Weg Nr. 23, der stellenweise am Waldrand entlangführt – mit Panoramablick aufs Ahrntal. Wir wandern an einem nahezu ausgetrockneten Waal entlang, biegen hinter einer Brücke links und kurz danach erneut links ab (Nr. 26). Nun passieren wir eine Art Tor aus zwei Holzskulpturen und kurz danach eine Brücke und sehen vor uns die enge, romantische Schlucht. Ein Schild informiert darüber, dass der Durchgang bei und nach starkem Regen verboten ist. An der nächsten Abzweigung gehen wir geradeaus weiter, um zum ersten Wasserfall zu kommen. Kurz darauf stehen wir ungefähr auf Höhe des Beckens, in

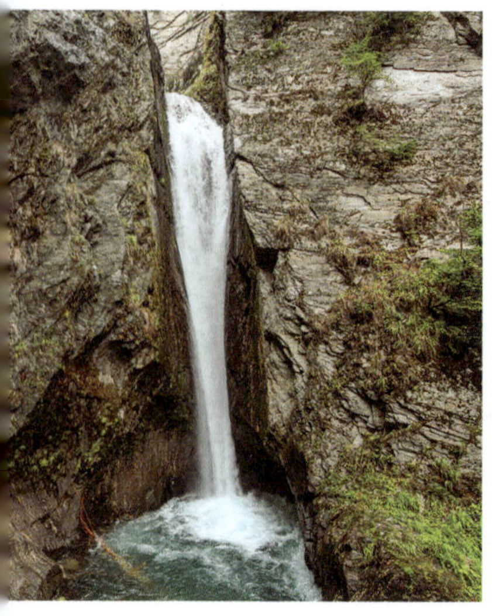

das sich der Wasserfall mit lautem Getöse ergießt. Wir kehren zur Abzweigung zurück und wandern nun bergauf zum zweiten Wasserfall. Der Weg ist mit Stufen und Geländer ausgebaut und somit problemlos zu gehen. Wir kommen zu einer etwas höher gelegenen Aussichtsplattform und erreichen dann einen weiteren Aussichtspunkt. Von diesem hat man noch einmal einen schönen Blick auf den ersten Wasserfall und sieht auch den deutlich kleineren zweiten Wasserfall, der fast in den unteren Wasserfall übergeht. Vom Aussichtspunkt gehen wir in Richtung Straße und biegen dort, wo die Leitplanke endet, rechts und kurz danach links ab („Wasserfallrunde“). Es geht jetzt noch ein steiles Stück bergauf, danach aber nur noch bergab bzw. auf ebenem Weg weiter. An den nächsten Weggabelungen bleiben wir immer auf der „Wasserfallrunde“, erreichen schließlich eine Fahrstraße und folgen dieser bergab. 3–4 Min. später biegen wir scharf rechts ab (am Ende der Leitplanke) und sind jetzt auf einem schmalen, steinigen Waldpfad (Weg Nr. 23) unterwegs. Dieser führt zu den beiden Holzskulpturen, die den Zugang zum Wasserfall markieren. Von hier kehren wir auf dem Hinweg zum Ausgangspunkt zurück.

EINKEHRTIPPS

Keine Einkehrmöglichkeiten auf dem Weg; Cafés und Restaurants in Luttach

SCHWARZBACH-WASSERFALL

Der Schwarzbach entspringt in den Zillertaler Alpen und mündet bei Luttach in die Ahr. In einer kleinen Schlucht stürzt der Bach durch eine enge Felsspalte eindrucksvoll etwa 15 m in die Tiefe. Dank des guten Wegausbaus und den schönen Aussichtspunkten kommt man dem Wasserfall bei dieser Wanderung ganz nahe. Etwas oberhalb des Wasserfall-Beckens steht eine kleine Holzskulptur, die auf den Wasserfall blickt.

ⓘ Die Wanderung zum Schwarzbach-Wasserfall lässt sich gut mit einem Besuch des Krippenmuseums Marantha verbinden, denn es befindet sich nur ungefähr 5 Min. vom Parkplatz entfernt. Im Museum kann man Krippen aus verschiedenen Epochen sehen und dem Bildhauer Lukas Troi bei der Arbeit über die Schulter sehen. Weißenbachstraße 17, Luttach/Ahrntal, Tel. 0474/671682, www.krippenmuseum.com, ganzjährig Mo.–Sa. 9–12 Uhr und 14–18 Uhr, So. 14–17 Uhr geöffnet.

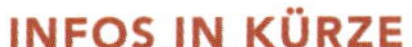

Wild-romantische Wanderung zu einem zauberhaften Wasserfall

Luttach, beim Tourismusbüro, 960 m

Einfach

1½–2 Stunden

220 Hm

4,1 km

Von Bruneck ins Tauferer Ahrntal und der Talstraße bis Luttach folgen. Großer Parkplatz beim Büro des Tourismusvereins Ahrntal, direkt an der Hauptstraße.

Bus 450, Haltestelle: Tourismusbüro

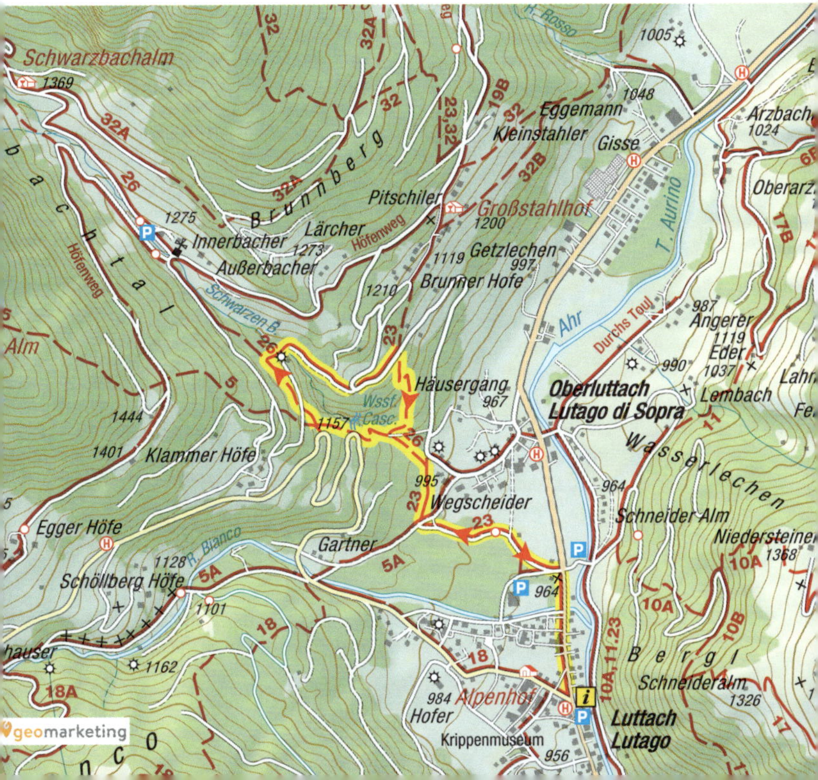

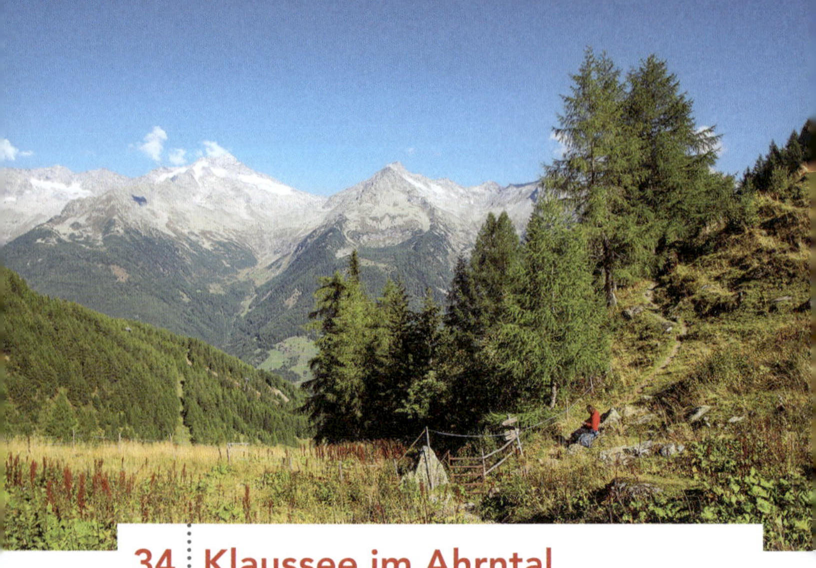

34 Klaussee im Ahrntal

Mit der Kabinenbahn schwebt man in wenigen Minuten auf eine Höhe von fast 1.600 m. Dort erwartet den Wanderer bereits ein traumhaftes Bergpanorama. Von der Bergstation führt ein gut ausgebauter Wanderweg, den auch Kinder und Hunde problemlos bewältigen können, zum Klaussee. Dieser liegt genau gegenüber des vergletscherten Hauptkamms der Zillertaler Alpen – ein überwältigender Anblick. Ideal für Familien mit Kindern: der Family Park an der Bergstation, zu dem unter anderem eine Schienenrodelbahn gehört.

Wir verlassen die Bergstation der Kabinenbahn Klausberg, gehen an der Kristallalm 🍴 vorbei und dann hinauf zur Moareggalm 🍴. Dort halten wir uns links und folgen hinter der Alm dem bergauf verlaufenden Pfad (Nr. 33, „Klaussee"), der kurz danach in den Wald führt. Langsam an Höhe gewinnend, erreichen wir ½ Stunde später mit der Speck- und Schnapsalm 🍴 auch schon die nächste Einkehrmöglichkeit. Wir verlassen nun den Wald und wandern geradeaus auf Weg Nr. 33 weiter. Über freie Hänge und entlang von Skipisten geht es auf dem Durreck-Höhenweg weiter mäßig bergauf. Einfach atemberaubend: ein Blick über die Schulter, der uns ein herrliches Panorama auf die Zillertaler Alpen beschert. 20 Min. später biegen wir an einer Abzweigung rechts ab (Nr. 33), queren eine Almstraße, passieren ein Drehkreuz und halten uns danach links. Kurz danach erreichen wir die Jausenstation Bachmair 🍴. Ein paar Meter geht es jetzt über die bergauf führende Almstraße, dann schlagen wir bei den Wanderschildern den links in den Wald hineinführenden Steig ein (Nr. 33, „Klaussee"). Alternativ könnte man auf der Almstraße bleiben (auf den Schildern als „leichte" Alternative gekennzeich-

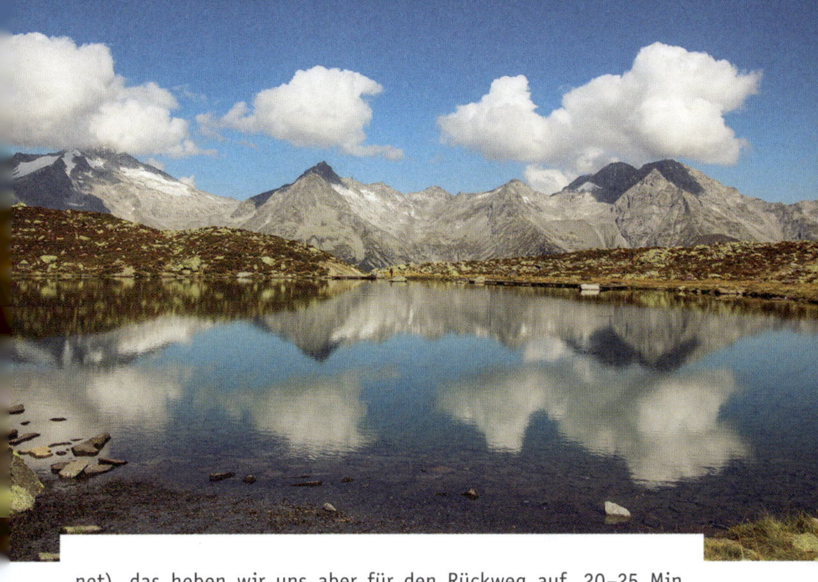

net), das heben wir uns aber für den Rückweg auf. 20–25 Min. steigen wir jetzt auf dem felsigen Steig steil bergauf, dann erreichen wir die Almstraße und folgen dieser weiter bergauf. Wegweiser, die bergab weisen, fehlen an dieser Stelle übrigens. Bergab wäre dieser Steig auch anstrengend zu gehen, bei Nässe raten wir auf jeden Fall davon ab. An der nächsten Abzweigung verlassen wir die Almstraße, biegen rechts ab (Nr. 33) und stehen kurz danach vor dem wunderschönen Klaussee. Man kann den kleinen Bergsee problemlos umrunden, von der anderen Seite haben wir einen herrlichen Ausblick auf das Wasser und die dahinter aufragenden Zillertaler Alpen. Für den Rückweg wählen wir die längere, knieschonendere und aussichtsreiche Variante über den Almweg. Wir kommen wieder an der Jausenstation Bachmair vorbei und halten uns danach links, bleiben also auf dem Almweg. 15 Min. später könnte man rechts abbiegen, wenn man zur Speck- und Schnapsalm möchte, oder man folgt weiter dem Almweg in Richtung Bergstation. Wir schlendern gemütlich weiter und genießen das schöne Panorama. Kurz vor der Bergstation sehen wir links noch die Rodelbahn, dann sind wir zurück am Ausgangspunkt.

KLAUSSEE

Der Klaussee (2.162 m) ist einer der schönsten Bergseen in der Durreckgruppe. Er liegt in einer kleinen Karmulde oberhalb von Steinhaus im Tauferer Ahrntal. Der etwa 110 × 75 m große See hat eine ovale Form und ist etwa 5 m tief. Auf der anderen Talseite erheben sich die mächtigen Dreitausender des Zillertaler Hauptkamms, die den See auch zu einem beliebten Fotomotiv machen.

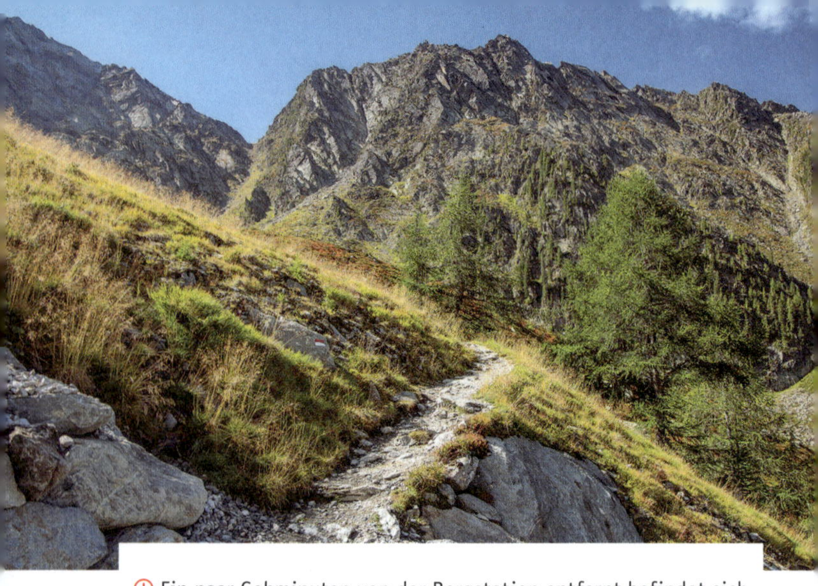

ⓘ Ein paar Gehminuten von der Bergstation entfernt befindet sich der Alpine Coaster „Klausberg Flitzer“. Die Bobbahn-Anlage auf Schienen hat sowohl im Sommer als auch im Winter geöffnet, auf der 1.800 m langen Rodelbahn kann man Geschwindigkeiten von bis zu 40 km/h erreichen. Der Alpine Coaster ist Teil des sogenannten Family Parks. Zu diesem gehören noch ein Balance-Parcours mit Slackline und Hindernissen in Bodennähe, die Wassererlebniswelt mit Kneippbecken und kleinem Teich mit Flößen, ein Hochseilgarten und der Dinopark mit großen Dinofiguren. Bis auf den „Klausberg Flitzer“ sind alle Attraktionen kostenfrei. Infos: www.skiworldahrntal.it

EINKEHRTIPPS

Kristallalm: Berghütte mit großer Sonnenterrasse direkt an der Bergstation. Kleinklausen 4, Steinhaus/Ahrntal, Tel. 0474 651432, www.kristallalm.it, im Sommer Mitte/Ende Mai–Mitte/Ende Okt. geöffnet

Moaregg Alm: Urige Berghütte in Nähe der Bergstation, rustikale Südtiroler Küche. Kleinklausen 3, Steinhaus/Ahrntal, Tel. 347 1938757, www.facebook.com/MoareggAlm/, im Sommer Mitte/Ende Mai–Mitte/Ende Okt. geöffnet

Speck- und Schnapsalm: Almhütte mit traumhafter Bergkulisse, regionale Küche. Tel. 348 9201975, www.speck-schnapsalm.com, im Sommer Mitte/Ende Mai–Mitte/Ende Okt. geöffnet, Mo. Ruhetag

Jausenstation Bachmair: Berghütte mit herrlichem Blick auf die Zillertaler Alpen. Südtiroler Küche (Tipp: Kaiserschmarrn probieren!). Kleinklausen 14, Steinhaus/Ahrntal, Tel. 349 4173980, www.bachmair.bz, Anfang Juli–Ende Sept. geöffnet

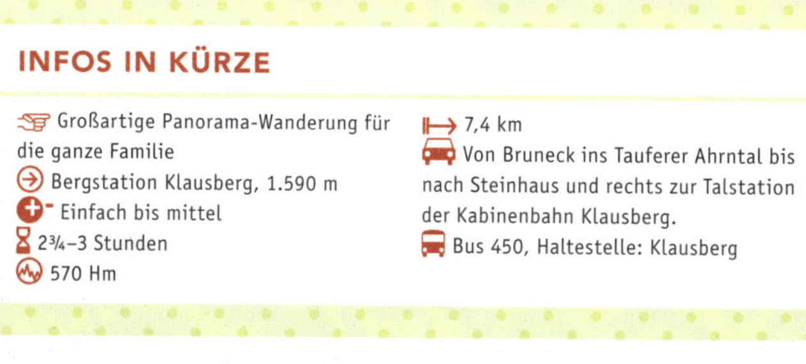

INFOS IN KÜRZE

Großartige Panorama-Wanderung für die ganze Familie

Bergstation Klausberg, 1.590 m

Einfach bis mittel

2¾–3 Stunden

570 Hm

7,4 km

Von Bruneck ins Tauferer Ahrntal bis nach Steinhaus und rechts zur Talstation der Kabinenbahn Klausberg.

Bus 450, Haltestelle: Klausberg

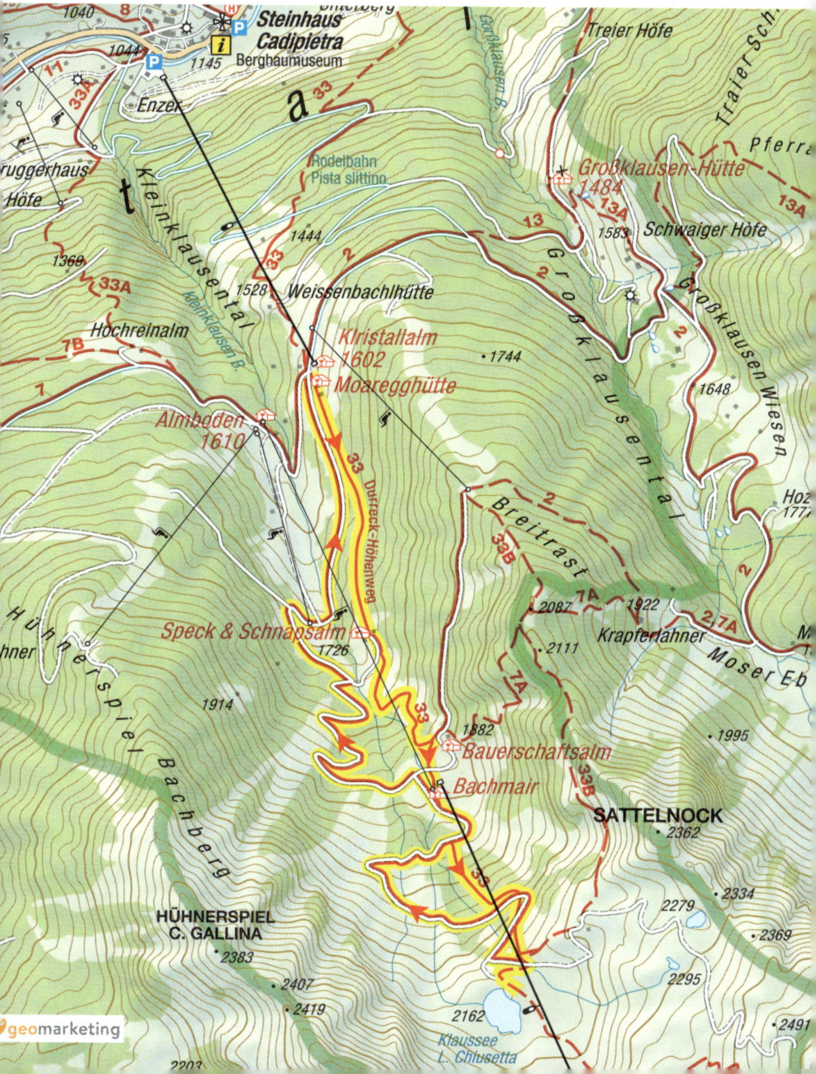

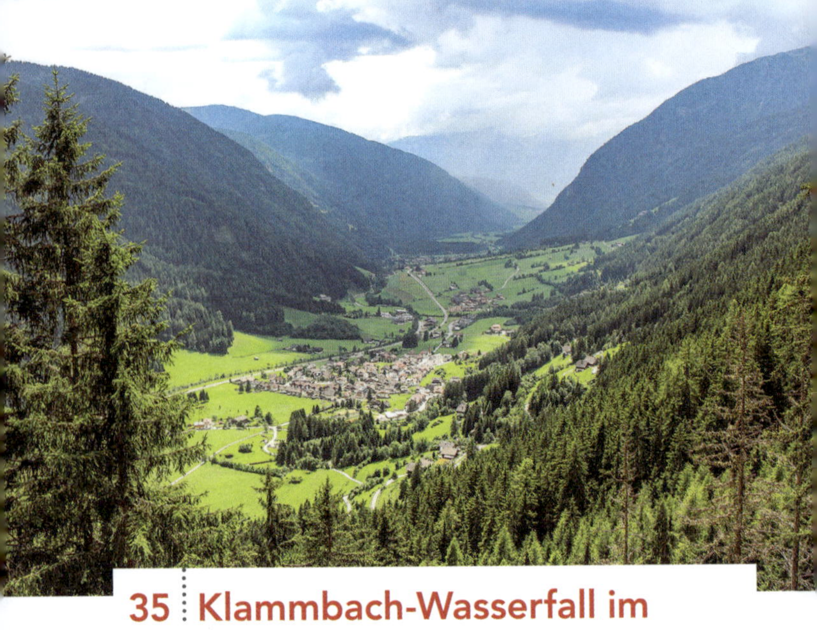

35 Klammbach-Wasserfall im Antholzer Tal

Den mächtigen Klammbach-Wasserfall erkennt man bei einer Fahrt durchs Antholzer Tal bereits vom Tal aus sehr gut. Bei dieser Wanderung kann man den Wasserfall – dank einer Aussichtsplattform – ganz aus der Nähe betrachten. Außerdem genießen wir herrliche Ausblicke ins Antholzer Tal und auf die Rieserfernergruppe und an netten Einkehrmöglichkeiten fehlt es zum Glück auch nicht.

Vom Parkplatz folgen wir der ansteigenden, asphaltierten Fahrstraße in Richtung Eggerhöfe. Wenige Minuten später in einer Rechtskurve schlagen wir vor der kleinen Holzbrücke den links in den Wald hineinführenden Pfad ein (Weg Nr. 12, „Klammbach-Wasserfall"). Auf dem schmalen Steig geht es jetzt knapp 10 Min. bergauf, dann treffen wir wieder auf die Fahrstraße. Wir überqueren eine Brücke und folgen weiter der Ausschilderung „Klammbach-Wasserfall" und der Markierung Nr. 12. Wir kommen nun direkt an den Eggerhöfen 🍴 vorbei. Die hübsche Sonnenterrasse lädt zwar zum Verweilen ein, aber nach einer viertelstündigen Wanderung haben wir uns eine Rast leider noch nicht verdient … Es geht also weiter, der Fahrstraße folgend, bergauf, die nach rund 5 Min. in eine Forststraße übergeht. Ein paar Minuten später bleiben wir an einer Gabelung auf der Forststraße und wandern jetzt auf dem Mittertaler Höhenweg weiter (Nr. 12). Wenig später erreichen wir auch schon die Aussichtsplattform beim Klammbach-Wasserfall, die neben dem Wanderweg liegt. Von der Plattform kommen wir dem beeindruckenden Wasserfall, der über eine mächtige Felswand rauschend in die Tiefe stürzt, ganz nahe. Außerdem haben wir von hier oben einen herrlichen Blick auf das Antholzer Tal und die das Tal umgebenden Berge der Rieserfernergruppe. Wir kehren zum Weg zurück und wandern weiter bergauf. Über den rechts abzweigenden Weg Nr. 3 kürzen wir ab und erreichen schließlich die urige Bergeralm 🍴. Nach der Alm folgen wir weiter Weg Nr. 3 und halten uns an der nächsten Gabelung rechts (Nr. 3B). Den höchsten

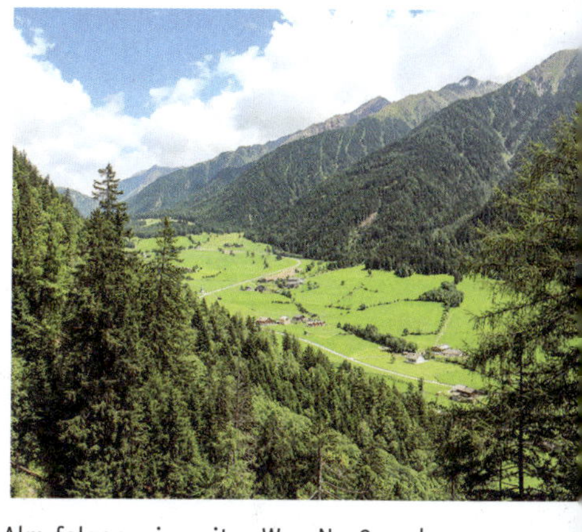

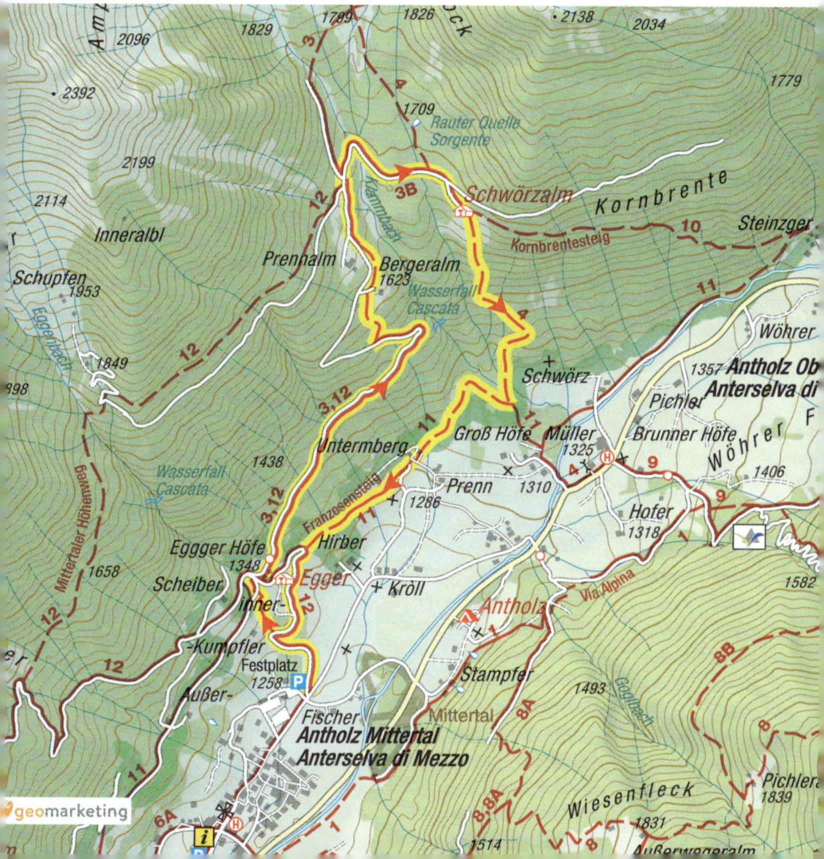

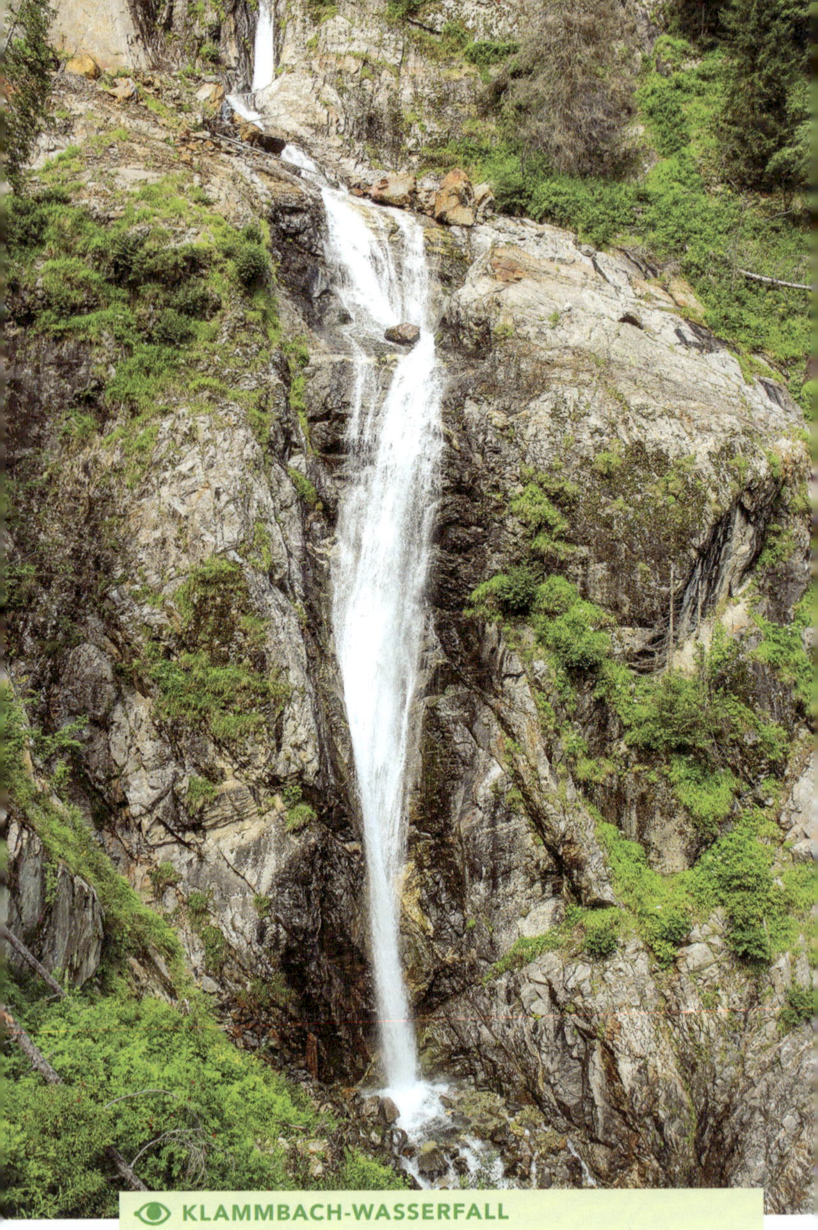

KLAMMBACH-WASSERFALL

Der Klammbach entspringt im Gletschergebiet der Rieserferner und stürzt oberhalb von Antholz Mittertal auf einer Höhe von etwa 1.500 m als beeindruckender Wasserfall in die Tiefe, bevor er im Tal in den Antholzer Bach mündet.

Punkt der Wanderung haben wir erreicht, jetzt geht es fast nur noch eben oder bergab weiter. Wir queren den Klammbach, der nur wenige Meter später zu dem rauschenden Wasserfall wird, und biegen dann rechts auf Weg Nr. 3B/4 ab. Kurz danach liegt mit der Schwörzalm eine weitere schöne Einkehrmöglichkeit vor uns. Wir genießen den herrlichen Panoramablick aufs Antholzer Tal und steigen nun auf Weg Nr. 4 im Zickzack steil bergab. An der nächsten Gabelung biegen wir rechts ab (Nr. 11) und wandern nun relativ eben etwas oberhalb des Tals dahin. Wir erreichen schließlich eine Forststraße. Wer bei den Eggerhöfen einkehren will, geht hier geradeaus weiter, ansonsten biegen wir links ab und kehren zu unserem Ausgangspunkt zurück.

Wer die Tour mit kleineren Kindern macht, wandert ab der Bergeralm besser über den Hinweg wieder zurück und spart sich den steileren Abstieg nach der Schwörzalm.

EINKEHRTIPPS

Eggerhöfe: Hofschank mit Sonnenterrasse und heimeliger Zirbenstube, gute, bodenständige Südtiroler Küche. Sunnseitnweg 10, Antholz Mittertal, Tel. 0474 493030, www.eggerhoefe.it, Mitte/Ende Mai–Mitte/Ende Okt. geöffnet

Bergeralm: Urige, über 100 Jahre alte Almhütte, regionale Südtiroler Küche. Bergerstraße 8, Antholz Mittertal (Bergerhof), Tel. 0474 492467, www.bergerhof.it/de/bergeralm/, Mitte/Ende Mai–Anf. Okt. geöffnet

Schwörzalm: Almhütte mit herrlichem Blick aufs Antholzer Tal, Südtiroler Bauernküche. Antholz Obertal, Tel. 0474 492268, Ende Juni–Anf. Okt. geöffnet

INFOS IN KÜRZE

Größtenteils einfache Wanderung mit Panoramablick ins Antholzer Tal

Antholz Mittertal, Wanderparkplatz an der Zufahrt zu den Eggerhöfen, 1.260 m

Mittel

2½ Stunden

430 Hm

5,6 km

Bei Olang/Niederrasen vom Pustertal ins Antholzer Tal bis Antholz Mittertal fahren, am Ortsausgang liegt links der Parkplatz bei der Zufahrt zu den Eggerhöfen.

Bus 431, Haltestelle: Antholz Mittertal (der St.-Georg-Straße bis zum Ausgangspunkt der Wanderung folgen)

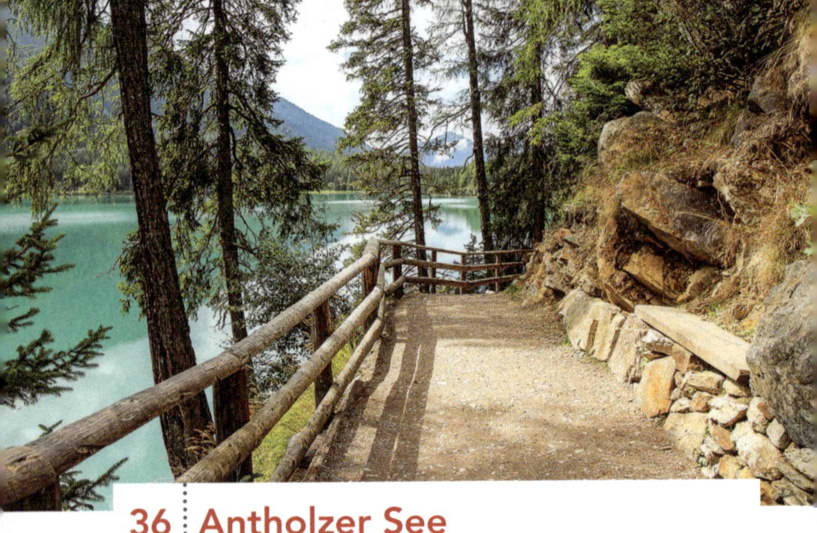

36 Antholzer See

Ein liebevoll angelegter Naturlehrpfad macht diese Rundwanderung um den Antholzer See, dem drittgrößten Natursee Südtirols, zu einem idealen Ausflug für Familien. So kann man nämlich nicht nur die herrliche Landschaft des Antholzer Tals und den Ausblick auf die mächtigen Berge der Rieserfernergruppe genießen, sondern erfährt auch viel Wissenswerte über die Flora und Fauna der Umgebung.

Die einzelnen Stationen des Naturerlebniswegs „Antholzer See" sind zwar nummeriert, für das Verständnis ist es aber nicht notwendig, dass man der Nummerierung der Infotafeln folgt und vom Westufer aus im Uhrzeigersinn um den See wandert. An Tagen, an denen am See viel los ist, kann es empfehlenswert sein, ein wenig gegen den Strom zu schwimmen, und so starten wir am Seerestaurant Platzl am See 🍴. Nur wenige Meter trennen uns hier vom Ufer.

STALLER SATTEL

Oberhalb des Antholzer Sees liegt der Staller Sattel (2.052 m), ein Alpenpass, der das Defreggental in Osttirol mit dem Antholzer Tal in Südtirol verbindet und damit auch gleichzeitig eine natürliche Grenze zwischen Österreich und Italien bildet. Der Pass ist im Regelfall von Mitte Mai bis Ende Oktober geöffnet. Aufgrund der geringen Straßenbreite herrscht auf der Passstraße eine Einbahnregelung. Die Fahrt in Richtung Defreggental ist nur von der 30. bis 45. Minute und in Richtung Antholzer Tal nur zu jeder vollen Stunde bis zur 15. Minute möglich. Im Winter wird aus der Straße eine Rodelbahn, die vom Staller Sattel bis zum Antholzer See führt.

Von einer kleinen, ins Wasser hineinragenden Plattform kann man schöne Fotos machen. Danach folgen wir dem Seerundweg entgegen des Uhrzeigersinns. Dieser führt im minimalen Auf und Ab am bzw. etwas oberhalb des türkisgrün strahlenden Wassers entlang. Im ersten Abschnitt der Rundwanderung erfahren wir an den Infostationen viel Spannendes über die Gesteinsarten im Antholzer Tal.

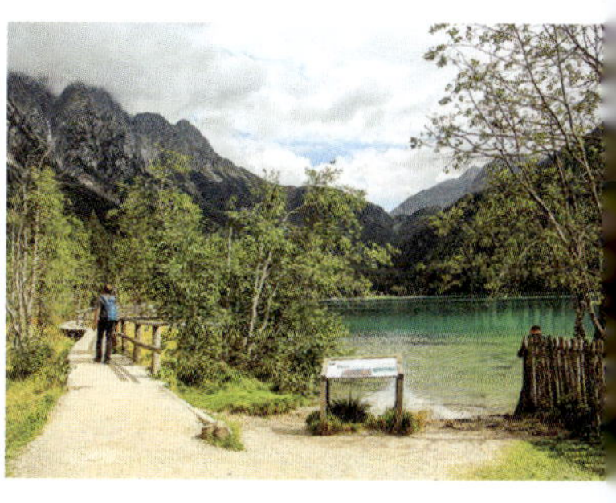

Auf einem schön angelegten Holzpfad kommen wir noch einmal ganz nah am See vorbei und erreichen schließlich das andere Ufer und die Tiroler Hütte 🍴. Vor der Hütte biegen wir links ab, um weiter dem Seerundweg zu folgen, und überqueren die zum Staller Sattel führende Fahrstraße über eine Überführung. Danach halten wir uns links und gehen im Wald und neben der Straße weiter. Der Weg schlängelt sich dann leicht ansteigend durch den Wald, sodass wir noch einmal einen schönen Blick von oben auf den Antholzer

DIE SAGE VOM ANTHOLZER SEE

Laut einer Sage befanden sich in der Gegend des Sees vor langer Zeit drei Bauernhöfe. Als die hartherzigen Bewohner einem armen Bettler nur schimmliges Brot gaben, war dieser erzürnt und warnte sie vor einem Brünnlein, dass hinter ihren Häusern entstehen würde. Vier Tage später sprudelte tatsächlich hinter jedem der drei Häuser ein Brunnen. Diese wurden immer größer, bis sie schließlich die gesamte Gegend in einen See verwandelten und die Häuser und ihre Insassen verschlangen.

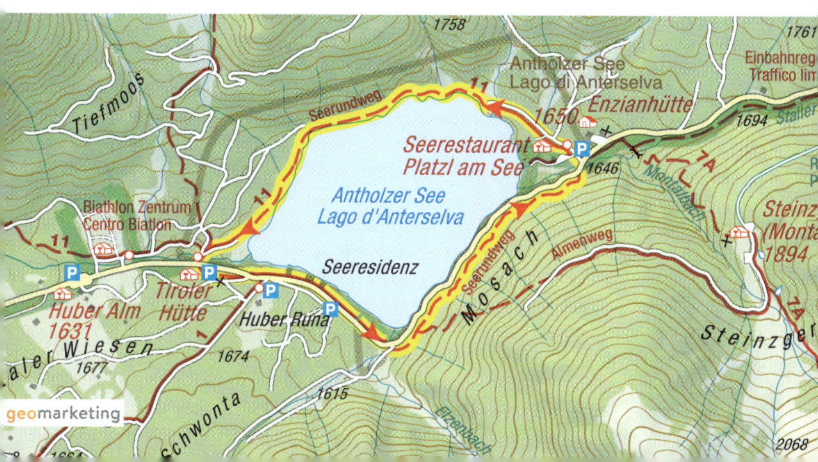

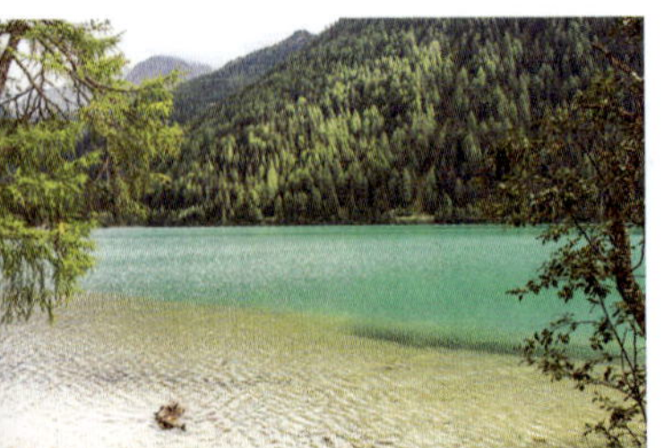

See und die dahinter aufragenden Berge haben. Zum Abschluss wandern wir noch einmal ein Stück bergab und kommen dann wieder beim Parkplatz heraus.

! Wer jetzt noch weiter möchte, kann zum Beispiel auf Weg Nr. 11 in gut 1 Stunde den Staller Sattel erreichen.

ANTHOLZER SEE

Mit einer Länge von über 900 m, einer Breite von etwa 700 m und einer Tiefe von bis zu 37 m ist der Antholzer See (1.642 m) der drittgrößte natürliche See in Südtirol. Hinter ihm ragen die mächtigen Dreitausender der Rieserfernergruppe in die Höhe wie Hochgall, Wildgall und Magerstein. Entstanden ist der See durch gewaltige Murenabgänge auf beiden Seiten des Tals. Zwischen den Schuttmassen staute sich dann das Wasser auf.

EINKEHRTIPPS

Platzl am See: Restaurant-Terrasse mit Blick zum See, Kinderspielplatz, regionale Küche. Obertaler Straße 39, Rasen-Antholz, Tel. 349 6210987, www.seerestaurant.it, im Sommer Mitte Mai–Anfang Nov. geöffnet
Tiroler Hütte: Rustikale Hütte mit kleiner Freifläche, einfache Tiroler Küche. Obertaler Straße, Rasen-Antholz, Mitte/Ende Mai–Ende Okt. geöffnet

INFOS IN KÜRZE

Leichte Familienwanderung auf einem schön gestalteten Naturlehrpfad
Parkplätze am Antholzer See (Platzl am See oder Biathlonzentrum), 1.640 m
Einfach
1 Stunde
80 Hm
3,4 km

Bei Olang vom Pustertal ins Antholzer Tal abbiegen, am oberen Ende des Antholzer Sees Parkplatz am Ostufer, beim Restaurant Platzl am See. Alternativ Parkplatz beim Biathlonzentrum.
Bus 431, Haltestelle: Antholzer See beim Biathlonzentrum

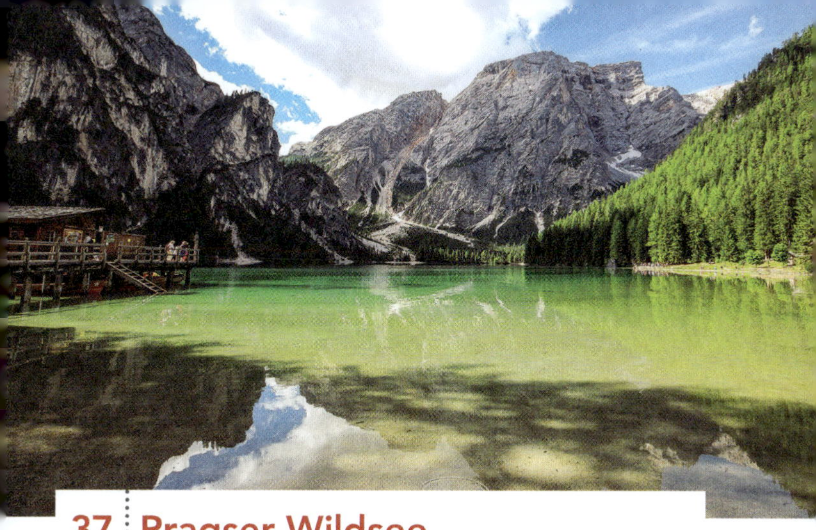

37 Pragser Wildsee

Am nördlichen Rand der Dolomiten befindet sich mit dem Pragser Wildsee eines der beliebtesten Ausflugsziele Südtirols. Der smaragdgrüne Gebirgssee liegt in einem abgeschlossenen Talkessel im Naturpark Fanes-Sennes-Prags und wird zu Recht als „Perle unter den Dolomitenseen" bezeichnet. Auf einem schönen Wanderweg kann man den See einmal umrunden – und das zu jeder Jahreszeit.

Wir starten an der Nordseite des Sees, beim Hotel Pragser Wildsee. Für welche Richtung man sich entscheidet, ist Geschmackssache, wir finden die Umrundung entgegen des Uhrzeigersinns schöner. Auf einem breiten, nahezu ebenen Weg wandern wir an der Westseite des Pragser Wildsees entlang, passieren eine kleine Kapelle und genießen den schönen Panoramablick auf den smaragdgrün funkelnden See und den Seekofel, der sich dahinter in die Höhe reckt – ein tolles Fotomotiv! Nicht nur der mächtige Seekofel flankiert den Pragser Wildsee, sondern zahlreiche weitere Gipfel der Pragser Dolomiten wie der Kleine und Große Apostel und der Schwarzberg. Am Südufer, also direkt unterhalb des Seekofels,

SEEKOFEL

Es gibt kaum ein Foto vom Pragser Wildsee, auf dem nicht auch der Seekofel zu sehen ist. Das verwundert nicht, denn die Nordwand des 2.810 m hohen Dolomitenbergs ragt am Südufer des Sees gut 1.000 m in die Höhe. Konditionsstarke und erfahrene Bergwanderer können den Gipfel des Seekofels von der Südseite des Pragser Sees aus in etwa 4 Stunden über den Dolomiten-Höhenweg Nr. 1 erreichen.

haben wir dank der flachen Kiesstrände auch die Möglichkeit, ein paar Meter ins Wasser zu gehen. Die Wassertemperatur bleibt aber auch im Hochsommer relativ niedrig und eignet sich eher nicht zum Schwimmen. An der Ostseite des Sees gehen wir kurz am Ufer entlang, danach wird der Weg etwas schmaler und führt in Serpentinen bergauf. Dieses kurze Stück ist ein wenig anstrengender als der Rest der nahezu ebenen Wanderung. Dafür kann man nun von oben auf den Pragser Wildsee blicken. Der Pfad, der stellenweise mit Wurzeln durchsetzt ist, führt dann bergab, bis wir wieder auf Höhe des Sees sind. Den Rest der Wanderung schlendern wir gemütlich am Ufer entlang, bis wir wieder die Promenade auf der Nordseite erreichen.

ⓘ In der Hochsaison ist der See ziemlich überlaufen, besser in der Nebensaison oder zeitig in der Früh starten!

ⓘ Beim Steg an der Nordseite des Sees befindet sich ein Bootsverleih; Anfang/Mitte Juni–Ende Sept. täglich 10–17 Uhr geöffnet.

EINKEHRTIPPS

Hotel Pragser Wildsee: Restaurant in einem geschichtsträchtigen ehemaligen Grandhotel, große Sonnenterrasse, lokale Spezialitäten. St. Veit 27, Prags, Tel. 0474 748602, www.lagodibraies.com, ganzjährig geöffnet

Moserhof: Uriger Berggasthof ein paar Kilometer vom See entfernt, schöne Panoramaterrasse, typische Südtiroler Küche. Innerprags 31, Prags, Tel. 0474 748653, www.moserhof-prags.com, Mitte Mai–Mitte Sept. geöffnet

INFOS IN KÜRZE

Einfache Wanderung mit großartigem Dolomiten-Panorama

Hotel Pragser Wildsee, 1.496 m

Einfach

1¼–1½ Stunden

90 Hm

3,7 km

Bei Welsberg von der Pustertaler Straße (SS49, E66) abbiegen, nach 8 km erreicht man die gebührenpflichtigen Parkplätze am See. Achtung! Das Pragser Tal ist im Sommer mit PKW nur eingeschränkt erreichbar, Alternativen: mit öffentlichen Verkehrsmitteln, zu Fuß, mit dem Fahrrad oder gegen Vorweis einer Online-Reservierung/einer gültigen Durchfahrtsgenehmigung erreichbar. Informationen: www.prags.bz

Bus 442 ab Toblach über Niederdorf zum See

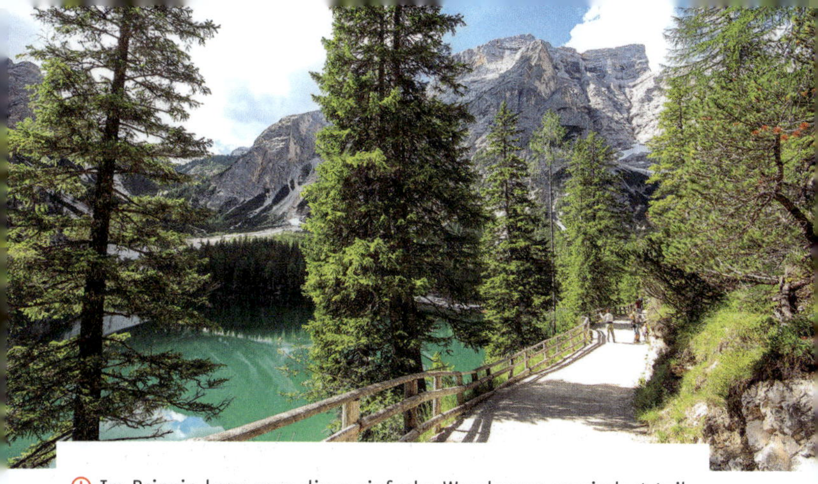

ⓘ Im Prinzip kann man diese einfache Wanderung zumindest teilweise auch mit dem Kinderwagen machen. Dann lässt man aber besser die Ostseite des Sees aus, weil der Kinderwagen aufgrund des wurzeligen Weges stellenweise getragen werden müsste.

PRAGSER WILDSEE

Der eiskalte Bergsee liegt in den Pragser Dolomiten, auf einer Höhe von 1.494 m. Er gehört zum UNESCO-Welterbe Dolomiten. Mit einer Länge von 1,2 km und einer Breite von 300–400 m ist er einer der größten Dolomitenseen. Die durchschnittliche Wassertiefe liegt bei 17 m, an den tiefsten Stellen erreicht er sogar 36 m! In der Südtiroler Sagenwelt nimmt der Pragser Wildsee eine wichtige Rolle ein: In der Nähe des Seekofels hat sich angeblich einst das Tor zur Unterwelt befunden. Dieses soll zwar mittlerweile verschüttet sein, die Ladiner nennen den Seekofel aber trotzdem noch *Sass dla Porta* (Torberg).

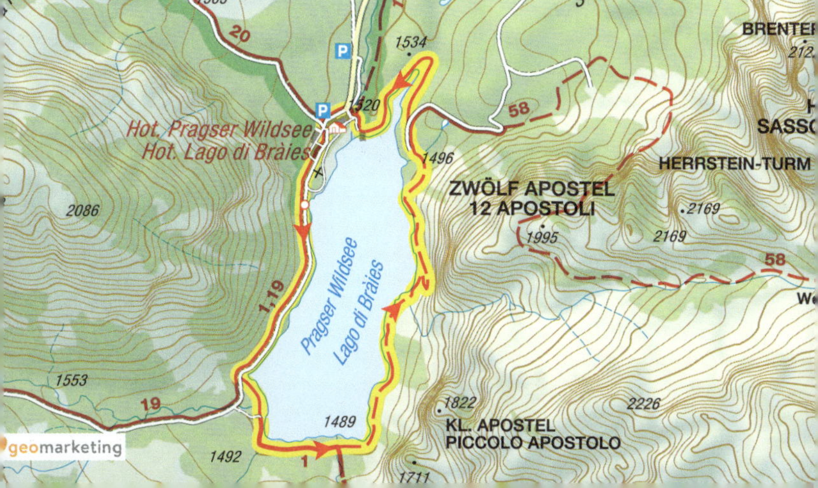

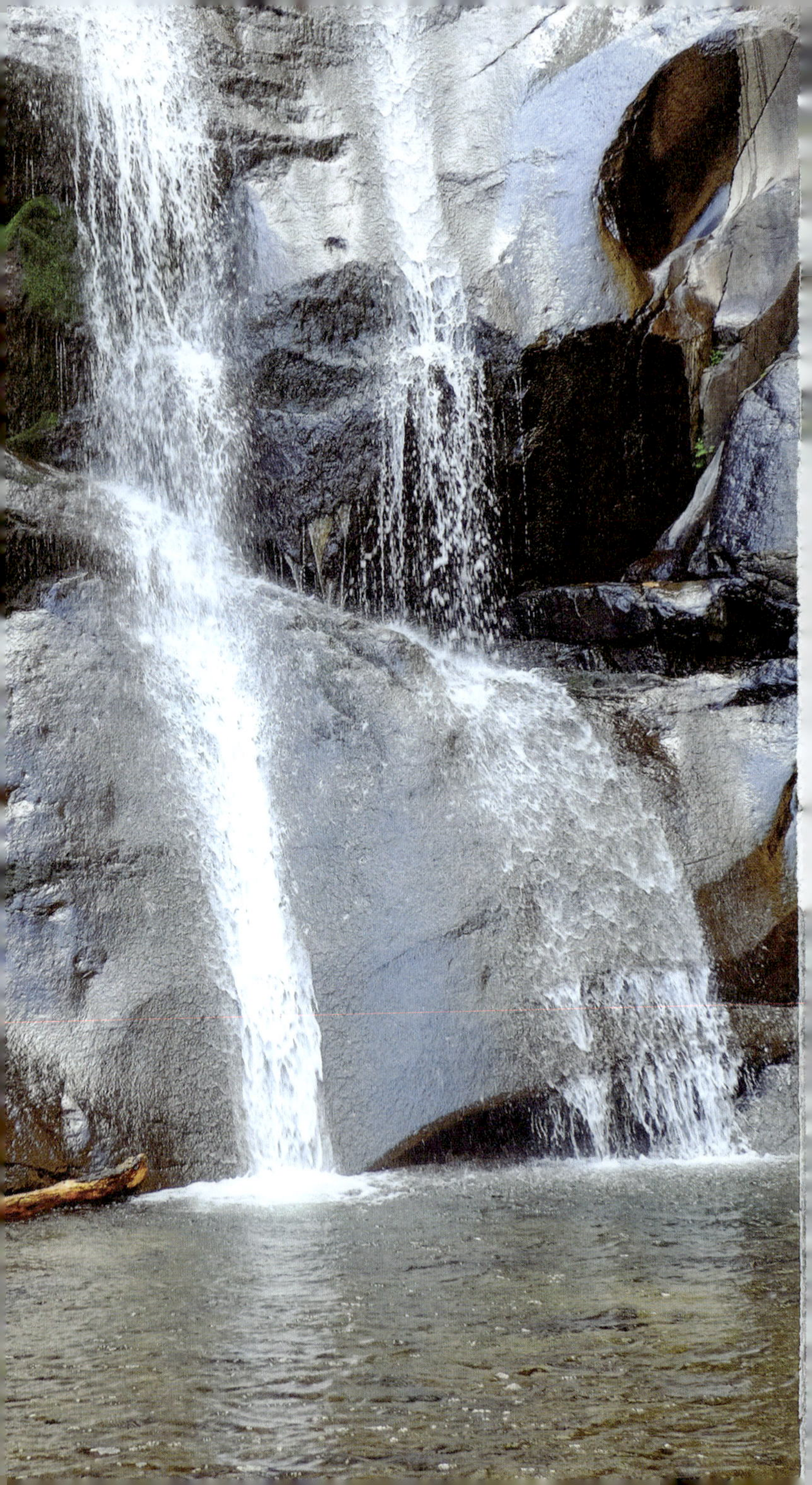